A meus pais,
Orlando (*in memoriam*) e Neides

Para Christina, Luiz Guilherme,
Fernanda e Marina

Sumário

Apresentação

Este trabalho procurou retomar questões já discutidas em outros escritos e apresentar um olhar sobre as relações intergovernamentais e as condições de financiamento estadual. A análise desses problemas oferece um campo privilegiado de observação das mudanças na economia brasileira e nas relações de poder entre as esferas de governo. Além disso, revela a força dos Estados de responderem às demandas que recaem sobre eles e reproduzirem as suas formas de atuação.

A heterogeneidade da federação brasileira não permite tratar os Estados como iguais, requerendo que seja reconhecida a especificidade de cada unidade. O reconhecimento dessas diferenças, no entanto, não impediu o trabalho de dar atenção ao que há de comum na evolução das finanças estaduais e de destacar as mudanças na trajetória das relações intergovernamentais. A idéia foi delinear as características de cada momento e o porquê das alterações na autonomia estadual no trato das questões fiscais e nas relações de poder entre as esferas de governo.

O trabalho discutiu quatro grandes movimentos, partindo do início do período republicano, quando os Estados detinham autonomia na reprodução das suas formas de atuação; passando pelo processo de centralização tributária e política em mãos do governo federal após as *Reformas de 1964*; atravessando o período de crise das condições de financiamento estadual dos anos 80, até chegar à fase mais recente de renegociação das dívidas estaduais, reestruturação das relações intra e intergovernamentais e crise da federação.

O primeiro movimento reconstituiu a evolução do sistema tributário e das relações intergovernamentais no período anterior a 1964, apontando as peculiaridades de uma estrutura fiscal montada para atender aos interesses das várias unidades e preservar a força do poder central. O caráter federalista do governo garantiu liberdade às frações dominantes locais e poder de gerir os próprios interesses. Porém, simultaneamente, engendrou um governo central instrumentalizado, capaz de atender aos requerimentos necessários à acumulação dos complexos regionais e manter a reprodução global do sistema.

A presença desse *Estado* central permitiu assegurar as condições de existência do *pacto oligárquico*. No plano econômico, atuou na sustentação da rentabilidade dos complexos regionais nos momentos de crise e deu apoio aos Estados, sem autonomia financeira, por meio de formas específicas de articulação com o orçamento federal. No plano político, a sua ação foi igualmente importante, beneficiando as frações regionais dominantes, que, apesar de economicamente pouco expressivas, cumpriam papel relevante no sistema de alianças.

Essa estrutura tributária, mesmo com várias mudanças no decorrer do tempo, manteve as suas linhas mestras. A autonomia para manipular os instrumentos tributários e fiscais deu aos Estados condições de reproduzirem suas formas de atuação e garantirem seus interesses específicos, seja pelo incentivo à expansão das atividades econômicas, seja na tentativa de perpetuar as relações de poder local.

As mudanças no formato tributário e nas relações intergovernamentais só ocorreram, efetivamente, a partir da implantação do regime militar e da edição do AI-5. O novo regime político permitiu a centralização tributária e financeira na esfera federal, bem como ampla reformulação das condições de financiamento público. As reformas implantadas no bojo do Programa de Ação Econômica do Governo (PAEG) criaram um novo padrão de financiamento público, que foi responsável por redefinir as articulações mantidas no interior dos próprios Estados e as relações entre as esferas de governo. Os Estados perderam autonomia no manejo dos instrumentos tributários e fiscais e tornaram-se mais dependentes de decisões da órbita federal para definir o valor e o ritmo dos investimentos.

A perda de autonomia dos Estados no comando dos instrumentos fiscais e tributários foi compensada pela busca de outras fontes de financiamento. A alavancagem dos gastos estaduais, acima do que seria possível com base na estrutura tributária em vigor e na receita tarifária, passou a depender do endividamento externo e do acesso aos recursos internos, que dependiam de formas específicas de articulação das empresas estaduais com a União, da negociação de verbas federais, de financiamentos das agências oficiais de crédito e dos bancos dos próprios Estados.

As condições de financiamento implantadas após as Reformas de 1964 favoreceram a expansão dos gastos das empresas em detrimento das despesas do Tesouro e interferiram nas relações financeiras no interior dos governos estaduais. Os Estados intensificaram as relações do Tesouro e das empresas com os bancos estaduais e transferiram aos agentes financeiros parte de suas dificuldades de financiamento, ampliando a captação de novos créditos.

O período de crescimento acelerado da economia favoreceu a expansão dos gastos sem comprometer a situação financeira dos Estados. Entretanto, o descolamento das necessidades de financiamento em relação à base fiscal e à receita tarifária das empresas, aliado aos primeiros sinais de desaceleração do crescimento, deixou os Estados presos à *continuidade* do fluxo dos recursos federais e à ampliação das operações de crédito para sustentarem os investimentos e as despesas com os encargos das dívidas passadas.

A crise dos anos 80 marcou o momento de colapso da estratégia de financiamento da economia baseada em recursos externos e o movimento de fragilização financeira dos diferentes segmentos do setor público brasileiro. A partir desse momento, assistiu-se ao colapso do padrão de financiamento estadual criado nas reformas econômicas de 1964, com a perda de funcionalidade das condições de financiamento atreladas à continuidade da contratação de empréstimos e da expansão das relações financeiras com a esfera federal.

A indefinição de uma nova base de sustentação financeira para os Estados acabou envolvendo na crise o conjunto do setor público estadual. O corte do fluxo de recursos externos ao país e a mudança de rumo da política econômica, no início dos anos 80, comprometeram as relações financeiras existentes no seio dos governos estaduais e as formas de articulação com a esfera federal, arrastando à crise o Tesouro, as empresas e os agentes financeiros de todos os Estados. Certamente, o alcance da crise e a perspectiva de ação econômica não são semelhantes em São Paulo e nos Estados de menor nível de renda, mas todos, independentemente do reconhecimento de suas diferenças políticas e econômicas, sofreram agudo processo de deterioração financeira.

A ausência de uma saída para a crise do setor público e a falta de definição de uma nova estrutura de financiamento provocaram o acúmulo de encargos financeiros nos Tesouros, nas empresas e nos bancos estaduais e geraram impasses na condução da política econômica. A decisão dos responsáveis pela área econômica de conter as necessidades de financiamento nos anos 80 esbarrou sempre na força política e na capacidade dos Estados de negociarem com a esfera federal meios de superar os momentos mais agudos da crise, mesmo que à custa de perda na autonomia econômica e política. Esses caminhos foram exaustivamente utilizados e permitiram aos Estados defender os seus espaços de atuação e arrastar a situação de penúria financeira, sem mudança patrimonial significativa.

A mudança do quadro macroeconômico, a queda da inflação no Plano Real e a decisão de integrar o país na economia globalizada alteraram a situação vigente até aquele momento, dando início à fase de redesenho do federalismo e de gestação de novas condições de financiamento dos governos estaduais. O esgotamento da capacidade de convivência com a crise financeira permitiu a imposição de duras regras de atuação aos governos estaduais. A renegociação da dívida estadual, a reforma patrimonial do setor público e a aprovação da Lei de Responsabilidade Fiscal definiram outras regras de financiamento e de correlação de forças entre as esferas de governo, criando novas bases para a análise dos rumos do federalismo brasileiro.

A nova moldura das relações federativas ampliou os conflitos e colocou a federação brasileira diante de impasses. A incapacidade de lidar com as várias questões em aberto turvou o horizonte e colocou o desafio de avançar em meio ao conflito e reconstruir a federação.

1
Antecedentes históricos: a distribuição institucional de rendas no período anterior a 1964

O arcabouço institucional de 1891

A Proclamação da República marcou o momento de nascimento dos governos estaduais como novos atores no cenário político-econômico. A criação de uma república de caráter federativo alçou os Estados à posição de entes políticos fundamentais no arranjo do pacto de poder cuja força ia além daquela de que dispunham como províncias do império. As condições políticas e econômicas então vigentes levaram à concessão de amplos poderes políticos às frações de classes dominantes locais e à definição de uma estrutura tributária capaz de assegurar autonomia fiscal e administrativa aos Estados recém-criados.

A primeira Constituição republicana garantiu aos Estados o controle da principal fonte de arrecadação tributária – o imposto de exportação –, o direito de manipularem os seus tributos e de criarem outros não concorrentes com a União, bem como de recorrerem à dívida pública e aos empréstimos externos. O sistema da Constituição de 1891 abriu às unidades da federação, com condições políticas e econômicas, a possibilidade de atuarem em qualquer área de seu interesse, respeitados os poderes expressos da União.

Entretanto, apesar do caráter federalista de governo e da liberdade com que as frações dominantes locais geriam os próprios interesses, convinha-lhes um governo central instrumentalizado que proporcionasse os requerimentos necessários à acumulação dos complexos regionais e fosse capaz de manter a reprodução global do sistema. A presença desse *Estado* central garantia a interface com o sistema internacional com que o país estava envolvido e assegurava as condições de existência do *pacto oligárquico*. Realizava esse papel, no plano econômico, atuando na sustentação da rentabilidade dos complexos regionais nos momentos de dificuldade econômica e, no plano político, apoiando os interesses daquelas frações dominantes que, mesmo não sendo importantes economicamente, cumpriam papel relevante no sistema de alianças.

Os Estados cafeeiros desfrutaram de sólida base financeira durante todo o período e de ampla autonomia de ação (sobretudo São Paulo) para atender às exigências da acumulação cafeeira. Concentravam parte considerável das receitas de exportação, e, ao mesmo tempo, a diferenciação do complexo permitiu diversificar a arrecadação, embora a base da receita tributária continuasse sendo dada pelo imposto de exportação.[1] Além disso, em tempos difíceis, os Estados cafeeiros podiam mais facilmente recorrer à sobrecarga nos tributos, uma vez que a posição do país no mercado internacional

1 Ver, para o estudo da economia cafeeira, o trabalho de Cano (1977).

garantia a possibilidade de transferir parte importante desse peso para o comprador, defendendo as margens de lucro do produto.[2]

O poder financeiro garantia capacidade a essas unidades de sustentarem os gastos em infra-estrutura e levarem à frente vários programas de apoio à cafeicultura com recursos próprios ou com empréstimos (internos/externos). A ação estadual na área de transporte, na definição de políticas de emigração e de ocupação de terras, bem como nas sucessivas medidas de valorização e sustentação do preço do café no mercado internacional assegurou o sucesso das articulações com os interesses cafeeiros e a continuidade do poder político da oligarquia local.

Todavia, os demais Estados, por não possuírem importante participação no comércio exterior, sofriam dificuldades financeiras em razão da precária arrecadação. Essas unidades, em busca de maior poder de arrecadação, utilizaram-se dos impostos interestaduais para incrementar suas receitas, tributando: a) as operações de exportação de produtos para outros Estados; b) a circulação e trânsito de mercadorias nos seus territórios. A fragilidade tributária da maioria desses Estados, amarrados aos impostos interestaduais e com precário índice de atividade interna, tornava-os incapazes de criar fontes promissoras de renda e os levava a impor medidas de entrave ao desenvolvimento do mercado interno.

A precária base tributária obrigava-os a usar um sem-número de novos impostos e taxas, respondendo por parcela ínfima no total da receita, a recorrer a sistemáticos emprésti-

---

2 Dada a inelasticidade da demanda de café, o aumento das tarifas sobre o produto era, na maioria das vezes, transferido aos preços, sem provocar queda nas compras do exterior e, conseqüentemente, na receita tributária estadual.

mos externos e ainda a elevar a carga do imposto de exportação, acarretando sensíveis perdas de competitividade a seus produtos (Bouças, 1934). Esse procedimento mereceu, desde cedo, atenção por parte do governo. Em 1904, o Decreto-Lei nº 1.185 proibiu a cobrança dos impostos interestaduais, mas a base tributária estreita e a autonomia com que os Estados decidiam sobre as questões fiscais levaram o decreto a tornar-se *letra morta*.

As receitas dos impostos interestaduais constituíam norma e representavam parcela importante da receita tributária de que os governos estaduais se valiam para atender aos gastos.[3] Entretanto, sem dispor de autonomia financeira para suprir os requerimentos de acumulação, eles reproduziam suas formas internas de dominação pela articulação específica que mantinham com a União, seja por meio de transferências fiscais, seja simplesmente por manejos de inserção no próprio orçamento federal, política de emprego ou política de clientela junto aos órgãos federais.

A atuação do governo federal, no âmbito do projeto político, era decisiva para manter o poder local e o pacto oligárquico, garantindo as regras de convivência no Congresso e a própria reprodução política do sistema.

---

3 Como observou Bouças (1934, p.19) em estudo da época: "Depois da lei n. 1185 ... vários Estados criaram os impostos de incorporação, outros os de consumo. E, alguns deles, as leis respectivas ainda distinguem, para efeito de taxação, os produtos estrangeiros ou dos de outros Estados, dos de produção do próprio estado ... Desrespeitando os dispositivos da lei, muitos Estados, senão todos, quer para a cobrança dos impostos de incorporação, quer para os de consumo, quando se trata de mercadorias de procedência estrangeira ou de produção de outros Estados, exigem o pagamento dos impostos do próprios importador, sem o que os produtos importados não podem sair dos armazéns, 'verdadeiras alfândegas estaduais' aos quais são obrigatoriamente recolhidas todas as mercadorias que desembarcam em território do estado, seja por via marítima ou fluvial, seja por via terrestre".

Criou-se, assim, um formato tributário peculiar: de um lado, o poder financeiro dos Estados era fortalecido pelo domínio do imposto de exportação, pela capacidade de conseguir empréstimos, pela autonomia tributária e fiscal, o que dava às oligarquias regionais mais dinâmicas condições de resolverem os problemas emergentes dentro do próprio complexo; de outro, colocavam-se as unidades com base tributária frágil, mas assegurava-se a presença da União, que, sustentando o pacto oligárquico por meio de seu orçamento e reproduzindo globalmente o sistema, legitimava a sua atuação.

Destaca-se aí o papel fundamental do *Estado* central e da sua forma de atuação nos momentos em que a crise não era resolvida pela simples desvalorização cambial. O governo central, ao se ver ameaçado pela insolvência financeira, pelo acúmulo de compromissos internos e externos, foi forçado a adotar políticas fiscal e monetária ortodoxas. Mesmo contrariando os interesses imediatos do setor cafeeiro, foi levado, muitas vezes, a aprofundar a crise com o corte dos gastos públicos e a revalorizar o câmbio em defesa da própria sobrevivência do aparelho de *Estado* e da manutenção do pacto de poder (Silva, 1981).

Esse arranjo institucional, apesar da precária situação financeira de muitas das unidades da federação, manteve as condições de funcionalidade do sistema tributário. A estrutura tributária, embora tenha apresentado alguma desfiguração ao longo dos anos, em razão da proliferação de inúmeros impostos e taxas agregados ao sistema original com nomes os mais variados, e por causa das bases de tributação mal definidas e campos de incidência sobrepostos, manteve-se inalterada em suas linhas mestras. Na verdade, essa estrutura tributária, uma vez estável o pacto social que lhe deu origem, pôde se manter fundamentalmente a mesma enquanto teve capacidade de atender ao crescimento econômico. E, ao que tudo indica, o padrão de financiamento público teve fôlego suficiente para responder aos anseios da acumulação cafeeira, mantendo os interesses dominantes do café e propiciando a expansão do capital industrial. Mas, ao mesmo tempo, explicitou-se o lado conflituoso dessas relações, inerente a uma estrutura altamente desigual, em que se colocavam, de um lado, os Estados de maior poder econômico questionando a pesada tributação federal em comparação aos gastos realizados na região e, de outro, os demais Estados criticando o "abandono" a que estavam relegados e a subordinação federal aos interesses do café.

O período 1930/1945: uma nova fase do federalismo fiscal?

A crise da economia cafeeira e a Revolução de 1930 inauguraram uma nova etapa da federação brasileira. A conjugação da crise econômica e o esgotamento do quadro político da República Velha mexeram com a realidade dos anos anteriores e abriram espaços a alterações nas relações entre as esferas de governo e no reordenamento institucional do país.

A superprodução do café, aliada à grande depressão, reduziu sobremaneira o valor das exportações e a capacidade de arrecadação estadual. A crise alcançou tal dimensão que não poderia mais ser resolvida no âmbito dos Estados. As burguesias regionais, comprometidas financeiramente, perderam o poder de administrá-la e abriram espaço à ação federal.

O governo central passou, então, a gerir os complexos exportadores em crise, tomando a dianteira e atuando com certa autonomia em relação aos interesses imediatos. Inaugurou-se uma nova etapa na formação do *Estado* brasileiro. Houve um movimento de centralização do poder, antes fortemente descentralizado em mãos das diferentes burguesias regionais, e de constituição de um aparelho estatal com maior poder de regulação e controle sobre diversos interesses específicos, transformando-os em problemas gerais e nacionais, cujos desdobramentos passaram a ser objeto de definição de uma política de *Estado*.[4]

A crise criou as condições, no plano econômico e político, para a ampliação e diversificação dos órgãos regulatórios federais. O governo central, em 1931 e 1933, incorporou os órgãos estaduais encarregados da política de valorização de preços, assumindo o controle sobre as economias do café e do açúcar. Nos anos seguintes, criou outros institutos semelhantes (sal, mate, cacau e pinho) e estendeu a sua atuação a novas áreas pela implantação do Ministério do Trabalho, Educação e Saúde Pública, Indústria e Comércio. Ampliou o espaço na definição da política econômica com a estruturação de órgãos responsáveis pela ação nas áreas cambial, de comércio exterior, monetária e creditícia e de seguros e passou a ter presença ativa na política de desenvolvimento industrial com a criação de empresas estatais e comissões executivas para atuar em diferentes áreas (Draibe, 1985, p.87-100).

A ação federal no campo social levou ainda à implantação dos Institutos de Previdência e dos Fundos de Seguridade Social, que garantiu o controle sobre uma parcela de recursos financeiros que transitavam fora do orçamento fiscal.

O conjunto dessas reformas permitiu a constituição de um aparelho estatal centralizado e com maior poder de interferência nas questões de ordem econômica de caráter nacional, em detrimento dos Estados, que perderam a capacidade de sustentar com recursos próprios a crise em que se envolveram os complexos regionais a partir de 1930 e tiveram de apelar à arbitragem federal.

O aparelhamento do governo central para intervir na esfera econômica e social e a superação do movimento de descentralização dos anos seguintes à promulgação da Constituição de

4 Ver, para a análise da formação do Estado brasileiro, Draibe (1985).

1891 marcaram uma nova fase da federação brasileira, cuja especificidade foi dada pela presença de um poder federal mais forte, com capacidade de gestar as decisões de caráter nacional. Esse movimento de centralização do poder e de desenvolvimento do *Estado* nacional-capitalista, no entanto, tem que ser visto com atenção, porque não se completou no campo fiscal e tributário, como veremos a seguir. A centralização revelou-se muito mais a expansão das esferas de atividade do poder central e de sua capacidade de formular políticas de caráter nacional do que uma perda fundamental dos poderes estaduais.

O governo provisório tratou de constituir a Comissão de Estudos Financeiros e Econômicos dos Estados e Municípios com a responsabilidade de estudar a situação das finanças públicas e propor normas para a reformulação do sistema tributário. Os dados por ela levantados mostraram o emaranhado existente no campo tributário: proliferavam os impostos e taxas, cada qual respondendo por pequena parcela da receita estadual; o objeto tributário era mal definido; o campo de incidência das três esferas de governo não era claramente delineado e muitas vezes se sobrepunha; não existia nenhuma padronização das contas orçamentárias, e os tributos diferenciavam-se a cada unidade; enfim, o sistema apresentava variações de Estado a Estado, refletindo a autonomia com que legislavam na área. Além disso, constataram a precária situação financeira dos Estados decorrente da queda do valor das exportações e do maior peso das obrigações da dívida pública acumulada nos anos precedentes.

A análise realizada pela comissão forneceu subsídios à ação dos novos dirigentes. As medidas iniciais – coerentes com a preocupação de fortalecer a nação em detrimento do poder das burguesias regionais – buscaram remover os entraves à integração do mercado nacional, por meio de atos que proibiam as esferas subnacionais de criarem ou manterem qualquer imposto, taxa, contribuição ou favor que estabelecesse desigualdade entre os próprios produtos e os de outras praças.[5] Ademais, limitaram a liberdade das unidades de negociarem empréstimos no exterior, que dependeriam agora da aprovação do Senado, e emitirem bônus, vales ou títulos destinados a circular como dinheiro.

Todavia, as reformulações do sistema tributário só foram mesmo definidas com a Constituição de 1934. A transição vivida pelo país, caracterizada pela ausência de hegemonia política, certamente refletiu-se no Legislativo e eliminou a possibilidade de concentração da maior parte dos recursos tributários na mão de uma esfera governamental.

A nova sistemática, por um lado, procurou definir melhor a competência tributária das três esferas de governo, principalmente a dos municípios, não explicitada com clareza no marco institucional anterior. Por outro, objetivando eliminar o emaranhado de figuras tributárias existentes, tentou uniformizar e racionalizar os impostos e taxas, de modo a colocar todas as unidades sob certa padronização de nomenclatura e coerência nos objetos de tributação.

Outras medidas visaram ainda coibir alguns excessos cometidos pelos Estados: a limitação da alíquota do impostos de exportação a um máximo de 10%, vedados quaisquer adicionais; a proibição da bitributação sobre a mesma matéria – prática usual no sistema anterior –, fazendo prevalecer a competência da União em caso de sobreposição; a reafirmação da proibição de impostos interestaduais.

A reforma, no essencial, não foi muito além das medidas já citadas, mesmo porque as figuras tributárias do regime anterior foram preservadas e a distribuição institucional de rendas manteve-se praticamente invariável.

---

5 Cf. Decreto-Lei nº 19.995, de maio de 1931, e Decreto-Lei nº 21.418, do ano seguinte.

Na esfera federal, as alterações limitaram-se a ampliar o âmbito do imposto de consumo e regulamentar a cobrança do Imposto de Renda e proventos de qualquer natureza, de competência federal, cuja instituição legal se deu em 1923 e sua aplicação a partir do ano seguinte. Com isso, os impostos de renda e consumo, além do imposto do selo, passaram a formar a base da arrecadação fiscal do governo central, que deixou de ser vinculada às transações externas.

Os Estados, por sua vez, foram contemplados com os seguintes impostos: a) transmissão de propriedades *inter vivos* e *causa mortis*; b) vendas e consignações (IVC); c) propriedade territorial, exceto urbana; d) consumo de combustíveis de motor de explosão; e) indústria e profissões; e f) exportação. A principal mudança, além da passagem do imposto territorial urbano para os Municípios, ateve-se à transferência do IVC (antigo imposto federal sobre vendas mercantis, criado em 1923 e cobrado segundo valores fixos proporcionais aos preços de transação da mercadoria) para a competência estadual, transformado num imposto do tipo *cascata*, cobrado a cada operação de venda ou consignação pelo valor total da mercadoria de acordo com uma alíquota fixa *ad valorem*.

Enfim, o sistema tributário, apesar das modificações sofridas, manteve as características mais importantes da estrutura pretérita. Senão vejamos: permaneceram em vigor as mesmas figuras tributárias; não se alterou a distribuição das receitas entre as esferas governamentais; os Estados conservaram a autonomia de fixar a própria política tributária e fiscal, inclusive o direito de fixar as alíquotas de seus impostos e de impor adicionais. Ademais, as unidades preservaram o poder de lançar outros impostos, além dos que lhes são atribuídos, desde que destinassem 30% dos recursos arrecadados à União e 20% aos Municípios de onde tinham provindo.

O *Estado Novo*, implantado em 1937, embora sendo um governo autoritário e centralizador no plano político, pouco alterou o quadro tributário criado com a Constituição de 1934, fora defender a racionalização burocrática e a padronização dos tributos nas diferentes unidades. À exceção da transferência para a esfera federal da cobrança do imposto de consumo sobre combustíveis de motor de explosão que, em 1940, teve unificadas as diversas tarifas existentes em diferentes pontos do território nacional, resultando no Imposto Único sobre Combustíveis e Lubrificantes (IUCL), o *Estado Novo* respeitou as normas em vigor.

Assim, apesar das modificações introduzidas no sistema tributário, uma observação mais atenta indica que, no fundamental, o formato institucional existente no período anterior a 1930 foi preservado, devendo-se as alterações mais pertinentes à modernização, à racionalização da estrutura tributária e à definição mais clara da competência das esferas governamentais. No entanto, as novas condições da economia inviabilizaram a sustentação do sistema tributário nos fluxos do comércio exterior. O desenvolvimento já alcançado permitiu que se criassem as condições necessárias para que a renda interna passasse a comandar o processo de realização do capital. Com isso, os impostos com base no mercado interno, já presentes no momento anterior, passaram a responder por maior parcela do total da receita e permitiram a mudança do perfil da arrecadação, agora assentada na renda interna.

A alteração do perfil de arrecadação foi determinada muito mais pela nova dinâmica da economia, com a expansão da renda urbana e a crise do setor externo, do que por uma estrutura tributária substancialmente diferente. Na verdade, a principal alteração, o IVC, passou a ocupar o espaço do imposto de exportação nos Estados mais importantes; porém, em outras unidades, onde a renda interna ainda não havia se constituído no elemento dinâmico, a atividade exportadora, e mesmo o imposto interestadual de exportação, continuou importante e, às vezes, a principal fonte de arrecadação, até os primeiros anos da década de 1940, como mostra a Tabela 1.

Tabela 1 – Participação do imposto de exportação e do IVC na receita tributária

Anos	1940	1940	1941	1941	1942	1942
Estados	Imp. Exp.	IVC	Imp. Exp.	IVC	Imp. Exp.	IVC
Amazonas	13,13	41,75	14,29	43,56	14,22	41,54
Pará	12,40	61,86	13,35	58,31	8,79	63,10
Maranhão	24,88	46,91	27,57	44,39	23,21	45,96
Piauí	42,14	37,50	46,86	36,07	45,56	36,70
Ceará	38,43	22,28	40,03	22,94	30,89	25,55
R. G. do Norte	28,65	14,86	26,04	21,48	16,08	30,41
Paraíba	25,11	31,68	26,32	39,72	20,55	44,85
Pernambuco	20,32	41,49	16,91	48,91	11,69	52,15
Alagoas	37,83	30,87	28,90	35,16	15,60	41,67
Sergipe	15,44	22,11	14,10	24,91	12,46	26,43
Bahia	22,60	27,95	26,06	27,96	19,38	30,03
Minas Gerais	7,49	27,21	6,08	30,73	3,84	34,14
Espírito Santo	19,78	28,38	24,43	30,95	19,59	37,04
Rio de Janeiro	13,04	39,09	8,58	41,11	7,91	44,63
Distrito Federal	-	22,00	-	24,23	-	25,73
São Paulo	-	53,06	-	56,05	-	58,06
Paraná	16,77	27,92	11,19	34,72	9,67	38,92
Santa Catarina	12,36	34,96	12,14	38,02	11,01	41,91
R. G. do Sul	6,11	41,20	6,78	45,69	7,83	53,47
Mato Grosso	29,33	23,27	25,78	27,06	20,44	32,63
Goiás	21,26	23,44	16,95	24,78	12,59	31,72
BRASIL	7,78	37,27	7,80	40,37	5,96	43,55

Fonte: Bouças, 1934.

O imposto de exportação só perdeu participação na receita tributária dos Estados de menor nível de renda em razão dos efeitos produzidos pela guerra, pelas limitações ao aumento das alíquotas e pelas reiteradas pressões para o fim da cobrança do imposto interestadual de exportação, passando, então, o IVC a ocupar a posição de principal tributo.[6]

A nova estrutura tributária não se diferenciou da anterior no que se refere à distribuição regional e intergovernamental da receita tributária. A formação de um aparelho de *Estado* mais centralizador e com maior capacidade de regulação e controle não levou a alterações substanciais no campo tributário e fiscal. Os governos estaduais preservaram a autonomia, e até mesmo a participação no valor da receita tributária total manteve-se similar àquela existente no período anterior. O problema da distribuição regional da receita fiscal também não foi tocado e continuou a ser enfrentado por meio de transferências *ad hoc* e dos gastos orçamentários do governo central. Vale dizer, a modernização do *Estado*, a centralização do poder e a definição de um projeto de industrialização não tiveram como contrapartida o aumento da carga tributária nem sua concentração no governo federal, de modo a torná-la compatível com as novas funções a que o *Estado* havia se proposto. A questão fundamental é: a proposta do governo Vargas de avançar o projeto de industrialização e usar o *Estado* como instrumento indutor desse processo não ocorreu à custa de um movimento de perda do controle sobre os recursos tributários por parte dos governos subnacionais. A busca de soluções para os problemas de financiamento, que se colocavam para o governo central, prosseguiu de forma alternativa, sem implicar a perda

6 A redução dos impostos interestaduais fora tentada anteriormente com os Decretos-Lei nº 19.995, de 14.5.1931, e nº 21.418, de 17.5.1932. Agora o Decreto-Lei nº 379, de 19.4.1938, colocou a questão nos seguintes termos: "Os impostos interestaduais de exportação extinguir-se-ão gradativamente, mantida no exercício corrente a redução inicial de 20%, procedendo-se à diminuição cumulativa de 15% na elaboração dos orçamentos dos Estados nos anos de 1939 a 1942 e a sua total eliminação no Orçamento a vigorar em 1943" (Cf. Brasil, *Coleção de Decretos e Leis do Brasil*).

de autonomia e a redução dos recursos fiscais disponíveis dos Estados e Municípios.

O governo central não produziu uma elevação genérica dos recursos fiscais à sua disposição para suprir os gastos orçamentários tradicionais e, muito menos, para responder pela crescente demanda de recursos necessária para atender aos programas de investimentos em infra-estrutura e de expansão industrial elaborados pelo governo. De modo que, na ausência de alterações no sistema tributário que induzissem à centralização fiscal e de um sistema financeiro avançado, as possíveis alternativas de financiamento dos investimentos governamentais se resumiram aos fundos específicos e vinculados a setores de infra-estrutura (sobretudo energia e transporte), à criação das empresas estatais e à busca de empréstimos externos. As soluções tentadas, é importante frisar, não contrariavam os interesses dos governos estaduais porque não mexiam com o domínio sobre os recursos fiscais. Pelo contrário, significavam a possibilidade de ampliação dos gastos e de articulação dos interesses públicos e privados em seus territórios.

A sustentação do formato institucional tributário e dos interesses regionais nos leva a tentar, num outro nível de análise, algumas ilações sobre a crise da economia brasileira. Pensamos que a questão como foi aqui exposta constitui, dentro deste campo específico de estudo, uma indicação de que a ruptura do anterior pacto oligárquico de dominação não pressupôs a desconsideração das alianças regionais como um elemento central do *Estado* brasileiro.

A proposta política dos tenentes, interventores do governo provisório, como se sabe, visava ao estabelecimento de um governo central forte e ao aniquilamento das estruturas de domínio político das velhas oligarquias. Contudo, a sua prática política acabou por levá-los a conviver e a se amoldar aos grupos regionais dominantes, o que sugere a reconstituição do pacto oligárquico em novas bases, tendo à frente os interventores, e articulando-se com um governo central mais forte. A Revolução de 1932, apesar de derrotada militarmente, deixou claro que não seria possível desconsiderar a realidade regional brasileira, e os novos governantes teriam que reorganizar o país, refazendo os pactos e negociando acordos com as forças políticas estaduais (Camargo, 1992).

A Constituição de 1934 reflete esse fato, uma vez que, ao lado de algumas proposições que reforçaram o papel do governo central, preservou o poderio econômico e financeiro das forças políticas estaduais pelo sistema tributário. O golpe de 1937, como foi visto, trouxe poucas alterações nesse sentido. Apesar da presença de um governo autoritário, da derrogação do Poder Legislativo e de toda a centralização realizada no período, as oligarquias estaduais continuaram imprescindíveis à reestruturação do pacto de dominação.

A passagem dos órgãos responsáveis pela administração dos complexos exportadores para a órbita da União traduziu muito mais a incapacidade de as frações dominantes locais administrarem uma crise profunda (daí, o recurso à arbitragem do governo federal!) do que o seu alijamento do processo de decisão. A preservação da autonomia fiscal, apesar de cancelada a federação, parece provar isso.[7]

Ao que tudo indica, a burguesia cafeeira, embora em declínio por causa da crise, ainda mantém o seu papel no desenho da política econômica, pois o governo central, ao adotar uma política de administração dos complexos em crise, defende parcialmente a sua renda. Acontece que, a partir dessa época, o capital cafeeiro não mais comanda o processo de acumulação,

7 Embora, é importante lembrar, o governo central tenha avançado sobre outras frentes, como o controle sobre as divisas estrangeiras, cujas implicações foram: a) colocar o *Estado* no controle do mercado de divisas e fechar os espaços para a especulação cambial; e b) ampliar o poder de *seignoriage*.

vale dizer, não mais se reproduz ampliadamente como complexo (cf. Cano, 1977; Cardoso de Mello, 1981).

Assim, a política econômica levada adiante pela União, mesmo esboçada em defesa de seus interesses, acabou por favorecer a órbita do capital industrial, possibilitando a expansão da produção corrente e sua diferenciação produtiva. Até mesmo durante o *Estado Novo*, apesar do sonho da industrialização pesada, pouco se avançou concretamente para consolidar o comando do capital industrial no processo de acumulação. O *Estado Novo* ainda atendeu aos interesses das burguesias regionais, tanto assim que as manteve financeiramente fortes. E, ao fazê-lo, promoveu em seu bojo a expansão do capital industrial. Além disso, privilegiou, efetivamente, as burguesias de maior peso relativo ao arbitrar em favor do Estado produtor a competência sobre o IVC nas operações interestaduais efetuadas pelo próprio fabricante ou produtor.[8]

O governo central, ao fixar esse critério, atendeu, por um lado, aos anseios das burguesias regionais mais importantes, que seriam favorecidas com o Estado financeiramente forte e, por outro, ao arbitrar o IVC em favor das burguesias de maior peso, beneficiou também o capital industrial, que aí estava concentrado. Esses Estados tiveram, então, asseguradas melhores condições de realizar os gastos públicos e alimentar a acumulação privada com recursos próprios. Os Estados mais pobres, por sua vez, com baixo poder de arrecadação, em razão das

8 A discussão a respeito da cobrança do IVC nas operações interestaduais obrigou a intervenção do governo federal, pelo Decreto-Lei nº 915, de 1.12.1938, emendado posteriormente pelo Decreto-Lei nº 1.061, de 20.1.1939. O decreto estipulava ainda que, quando da transferência de mercadoria para outra praça com a finalidade de formação de estoques, o imposto seria pago adiantadamente por ocasião da saída da mercadoria do Estado produtor. Essa mercadoria não seria tributada na primeira operação no Estado consumidor; ademais, se o preço de venda fosse superior ao de transferência, o imposto sobre a diferença seria creditado à unidade produtora.

condições históricas de desenvolvimento, e pressionados pelo critério de arrecadação do IVC, continuaram dependentes da União.

As condições políticas que possibilitaram consolidar a estrutura tributária vigente favoreceram a atuação dos Estados mais desenvolvidos, sobretudo São Paulo, ampliando-lhes a capacidade financeira de responder por uma política de gastos públicos de fomento ao capital privado. Na verdade, reproduziam-se, com bases um pouco alteradas, as condições tributárias e fiscais definidas desde a Constituição de 1891, com a maior autonomia financeira de uns poucos Estados e a dependência dos demais. O apoio financeiro e a distribuição dos gastos federais colocavam-se como fator de barganha política e moeda de troca na busca de apoio junto às burguesias regionais.

Autonomia tributária dos governos estaduais: 1946/1964

A queda de Vargas abriu espaço para a promulgação de nova Constituição e um rearranjo das forças sociais atuantes no sistema. A Carta de 1946, apesar de manter, com pequenas alterações, as mesmas características das Constituições de 1946 e de 1937, introduziu algumas novidades no sistema tributário. O fim do *Estado Novo* recolocou em cena o Congresso Nacional, proscrito durante todo o período anterior, e deslocou para o Legislativo poderes até então concentrados em mãos do Executivo. A reabertura do Congresso Nacional impôs outro canal de negociação, por onde começaram a passar os debates presentes na sociedade brasileira.

O momento de maior participação política ampliou as perspectivas de manifestação das forças sociais atuantes no sistema de defesa de seus interesses e permitiu ao Congresso Nacional, em razão de seu peso, atuar com determinação no encaminhamento das questões no plano político e econômico. O poder de ação do Congresso Nacional constitui o fator determinante do corte analítico realizado em 1946 e da introdução de algumas alterações na estrutura tributária.

A importância do Congresso como instância política, por onde passavam as negociações referentes à administração das alianças inter-regionais, deu a seus membros poder de iniciativa para que propusessem projetos de lei com o intuito de criar ou aumentar a despesa pública. Em outros termos, o Legislativo passou a ter condições de manipular verbas do orçamento público em defesa de seus interesses concretos e definir as articulações em busca desses objetivos como instrumento do jogo político. Nos momentos em que se fortalece a democracia, há uma valorização do voto e cresce o poder das oligarquias de negociar favores e verbas. Os representantes do Norte e Nordeste, em número expressivo na bancada parlamentar, souberam tirar proveito dessa situação e barganharam mecanismos financeiros capazes de atender aos interesses de suas regiões.

A partir desse jogo parlamentar, em que a aprovação de qualquer ação de interesse dos Estados mais industrializados passava pela negociação, é que se pode entender o reforço do montante de recursos destinados à *periferia*, por meio de leis elevando os gastos orçamentários na região e pela instituição de normas constitucionais promovendo a transferência de recursos federais. Foram estabelecidas normas regulando as transferências de recursos arrecadados pelo governo federal aos Estados e Municípios,[9] bem como instrumentos compro-

9 A Constituição de 1946 determinava a distribuição de 60% do total arrecadado com os Impostos Únicos aos Estados e Municípios, proporcionalmente à sua superfície, população, consumo e produção. Ademais, empregava 10% da arrecadação do IR aos Municípios, distribuídos em partes iguais e com a obrigatoriedade de aplicar pelos menos a metade dos recursos em benefício de ordem rural.

metendo parcela da receita tributária total da União com gastos a serem realizados em determinados Estados.

Especificamente, o texto constitucional fixava o volume mínimo de despesas federais a serem aplicadas em certas áreas: 3% na execução do plano de defesa contra os efeitos da seca do Nordeste e obras de assistência econômica e social, 3% no plano de valorização da Amazônia e 1% no plano de aproveitamento das possibilidades econômicas do Rio São Francisco e afluentes. O dispêndio mínimo era de caráter permanente contra os efeitos da seca do Nordeste e obrigatório durante vinte anos para os planos de valorização da Amazônia e de aproveitamento do Rio São Francisco. Enfim, assiste-se, no âmbito do orçamento da União, à formação de verdadeiro orçamento regional, que incluía os gastos federais com a Comissão do Vale do São Francisco (CVSF), a Superintendência do Plano de Valorização Econômica da Amazônia (SPVEA) e o Departamento Nacional de Obras contra as Secas (DNOCS).

Observa-se ainda a passagem do Imposto sobre Indústrias e Profissões dos Estados para os Municípios, a fixação da alíquota máxima de 5% – em vez de 10% – nas vendas realizadas para o exterior e a regulamentação da cobrança do Imposto Único sobre Combustíveis e Lubrificantes – formalizada em 1940 – e dos Impostos Únicos sobre Minerais e Energia Elétrica.

As alterações, porém, significam mais uma adequação à presença de um Legislativo forte do que propriamente uma mudança no perfil do sistema tributário. O sistema anterior foi preservado em seus traços fundamentais, isto é, continuavam sendo garantidas, aos Estados, autonomia – para que manipulassem os instrumentos de política tributária e fiscal – e condições para que fixassem as alíquotas de seus impostos, bem como criassem outros – não concorrentes com a esfera federal – desde que distribuíssem 20% do total arrecadado à União e 40% aos Municípios.

A análise específica do formato tributário sugere-nos que a necessidade de o *Estado* administrar, no plano político, as alianças inter-regionais e buscar base de sustentação, levou-o, de um lado, a assegurar liberdade às unidades para manipularem a política tributária e fiscal própria em defesa de seus interesses e, de outro, a criar mecanismos federais ampliando o apoio às oligarquias periféricas, de modo a permitir que elas reproduzissem sua forma de atuação e dominação local. Vale dizer, asseguravam-se aos Estados com maior poder econômico condições de ampliar os gastos públicos e apoiar o capital privado no processo de crescimento. Mas, ao mesmo tempo, era fundamental, nos Estados periféricos, garantir o espaço de atuação econômica e social das forças dominantes locais e o apoio de suas bancadas nas lutas políticas travadas no Congresso. Quanto maior o peso relativo das bancadas das unidades *periféricas* na composição do Legislativo, mais crescia a capacidade de barganha dessas forças políticas que tinham o voto como moeda de troca na busca de verbas federais.

Esse arranjo político assegurou liberdade aos Estados na condução da política estadual e capacidade financeira aos mais desenvolvidos para ampliar os gastos públicos e o fornecimento do capital social básico em apoio ao capital privado, principalmente por parte de São Paulo. Por outro lado, as unidades financeiramente mais fracas dependiam das formas de articulação com a esfera federal para garantir os seus interesses e financiar os investimentos. De qualquer modo, a autonomia na manipulação da política tributária e fiscal permitia que os Estados usassem o aumento das alíquotas do IVC e a expansão dos déficits públicos para cobrir os gastos e atender aos interesses próprios, contrapondo-se, muitas vezes, à política federal de cunho ortodoxo que defendia orçamentos superavitários.

O quadro tributário criado com a Constituição de 1946, apesar de algumas propostas de mudanças em tramitação no Congresso desde o início dos anos 50, manteve-se praticamente sem alterações nos anos seguintes e enfrentou o seu maior desafio no período do governo Kubitschek, com a implantação do Plano de Metas.[10] Viabilizar o programa de ação, sem dúvida, requeria aumentos consideráveis na captação de recursos, uma vez que o projeto de expansão industrial em pauta impunha o alargamento das bases fiscais e financeiras do *Estado*. É verdade que o governo buscou aparelhar-se financeiramente em anos anteriores, mas a inexistência de um setor financeiro capaz de responder satisfatoriamente pela captação de recursos exigida pelo plano de ação colocava dificuldades para o seu financiamento.

O governo teria de sustentar financeiramente o plano, sem inviabilizá-lo no aspecto político. Isso implicava assegurar o apoio do Congresso. O êxito alcançado só pode ser explicado considerando-se as características peculiares com que Kubitschek levou adiante o projeto desenvolvimentista. Era claro que qualquer reforma nos instrumentos de política econômica que afetasse os interesses regionais e locais, constituídos desde longa data, enfrentaria obstáculos intransponíveis no Congresso. A forma de contornar os possíveis problemas foi conciliar os interesses da maioria parlamentar. Apoiado na aliança PTB/PSD, Kubitschek conseguiu a aprovação dos projetos levados adiante pelo Executivo, adotando como linha de ação a garantia dos interesses de setores preocupados com a defesa das oligarquias locais e regionais e não diretamente ligados ao Plano de Metas. Kubitschek harmonizou duas bases de sustentação do governo, que, apesar das contradições latentes, conviveram durante o período e contribuíram para assegurar a estabilidade política: uma, ligada ao projeto desenvolvimentista e sob o comando direto do Executivo (administração paralela); a outra, ligada a setores não engajados diretamente no projeto, empe-

10 Para a análise do Plano de Metas, ver: Lessa (1981), Cardoso de Mello (1981) e Tavares (1976).

nhados em manter a estrutura vigente e os interesses a ela conectados (Benevides, 1976).

O governo, desse modo, garantiu a maioria parlamentar e o apoio necessário às iniciativas do Executivo, como também à aprovação de créditos complementares para atender ao Plano de Metas. No entanto, perdeu graus de liberdade na manipulação dos instrumentos de política econômica, que se circunscreveram ao papel de remover os obstáculos antepostos à realização do plano, atendendo aos diferentes interesses das bases de sustentação do governo.

A ação do governo teve de caminhar, por um lado, na tentativa de levar à frente o projeto desenvolvimentista, movendo-se em busca dos recursos necessários pelas linhas de menor resistência e, por outro, para sustentar politicamente o plano. O resultado foi a adoção simultânea, no âmbito das políticas concretas de atuação, de medidas contraditórias, pois pretendiam atender a diferentes objetivos.

Explica-se, assim, a impossibilidade de se alterarem as políticas tributária e fiscal então vigentes, mesmo considerando o crescente volume de recursos demandado pelo plano de ação. A política de gastos do governo, apesar de observar fielmente os objetivos do plano de desenvolvimento, manteve todos os interesses políticos previamente estabelecidos, sustentando as articulações com as regiões e setores tradicionais com importante peso político. A política tributária, por sua vez, respondendo aos interesses no plano político, permaneceu todo o tempo resistente a mudanças capazes de alterar a composição da base parlamentar. O próprio governo, preocupado em defender sua linha de sustentação política, procurou não modificar os mecanismos de cooptação existentes na política tributária. Até porque qualquer tentativa de alterar o formato tributário objetivando redistribuir a receita em favor da União, restringir a liberdade estadual ou eliminar as transferências vinculadas, enfrentaria sérios obstáculos, uma vez que deveria se sobrepor a todos os interesses representados no Parlamento. Entende-se, então, por que, apesar do aparente caos da gestão fiscal, permaneceram intactas as prerrogativas já consolidadas.[11]

A decisão do governo de levar à frente o plano de ação e de não alterar a prática vigente no manejo dos instrumentos de política econômica acabou provocando a ocorrência de déficit. Mas não se pode atribuir a existência de vultosos déficits fiscais à má administração dos instrumentos tributários; ao contrário, eles foram eficientemente conduzidos pela antecipação dos prazos de recolhimento dos tributos, pela transformação das tarifas específicas em *ad valorem*, pela expansão da base e da carga tributária. Todavia, esses elementos não foram suficientes para impedir a ocorrência de déficits, mesmo porque o governo não recuou em nenhum momento de sua disposição de elevar os gastos públicos, apesar de não contar com esquema de financiamento adequado nem condições de alterar o formato tributário de modo a elevar sua participação na distribuição institucional de rendas.

No plano das finanças públicas estaduais, a situação não era diferente. Como forma de responder aos elevados gastos com infra-estrutura de apoio aos investimentos privados e às aplicações em setores produtivos exigidos pelo Plano de Metas, os Estados valeram-se da autonomia de que dispunham e recorreram ao aumento das alíquotas do IVC e à utilização de adicionais cobrados sobre esse imposto. Entretanto, os expedientes usados para elevar as receitas mostraram-se, na maioria das vezes, insuficientes para contrabalançar o aumento das despesas, o que implicou recorrentes déficits orçamentários, que, agregados ao da União, serviram de base para a expansão pri-

---

11 Como observou Tancredo Neves (apud Benevides, 1976, p.80): "A Reforma Tributária não sai enquanto depender do apoio do Congresso, porque incidia sobre todos os grupos a ninguém interessando".

mária dos meios de pagamento e a conseqüente expansão creditícia requerida pelo padrão de financiamento do período.

O esquema expansionista dos meios de pagamento, apoiado no déficit do setor público, constituiu o elemento nuclear do padrão de financiamento da economia, dado que a emissão primária permitia a expansão do crédito ao setor privado por parte dos bancos comerciais e criava condições para *sancionar* o aumento dos preços. A expansão do déficit e o seu financiamento pela linha de menor resistência atenderam a amplos interesses e resultaram em estreita solidariedade do setor público com o capital industrial, tornando funcional o esquema de financiamento adotado, pois permitia àquele elevar os gastos e a este beneficiar-se com o aumento da demanda, com a expansão do crédito bancário e ainda se valer do poder de *mark-up* e da alta proteção do mercado para defender as margens de lucro.

Desse ponto de vista, não se podem procurar as causas do déficit público senão na lógica do processo de acumulação presente no país e nas articulações do *Estado*, no plano político, para garantir sua base de sustentação. O governo central não relutou em manter todos os acordos com as forças políticas regionais e locais e com os setores não diretamente ligados ao Plano de Metas. Para tanto, precisou recorrer aos créditos extra-orçamentários, pois as regras vigentes no campo tributário e fiscal não foram tocadas. Mas isso não impediu que os investimentos contemplando o Plano de Metas fossem levados adiante pelos créditos extra-orçamentários e dos gastos das empresas estatais financiadas com recursos vinculados. A esfera federal, mesmo sofrendo alguma perda na distribuição da receita tributária entre as esferas de governo, como mostra a Tabela 2, manteve sua participação na formação bruta de capital fixo, valendo-se do crescente peso da administração descentralizada, que elevou sua participação no total dos dispêndios do setor público.

Tabela 2 – Evolução nominal das receitas tributárias da União e dos Estados e participação das três esferas de governo

	Números Índices (1951=100)		Porcentagens		
	União	Estados	União	Estados	Municípios
1952	113	112	49,12	40,16	10,72
1954	169	180	48,50	40,87	10,64
1956	279	297	47,44	41,68	10,88
1958	466	463	48,06	40,97	11,02
1960	899	999	47,61	43,29	9,12
1962	2.028	2.265	46,58	44,84	8,58
1964	7.843	8.914	47,29	44,56	8,15

Fonte: Ministério da Fazenda – Secretaria Geral, Secretaria de Economia e Finanças. *Finanças do Brasil*, v.XXI, 1971.

No caso dos Estados, o processo foi bastante semelhante. Eles conseguiram até mesmo elevar a participação na distribuição institucional de rendas, mas ainda assim recorreram ao déficit fiscal para sustentar os gastos e também ampliar o peso da administração descentralizada na efetivação dos gastos (Prado, 1985, cap.3). Os Municípios foram os mais prejudicados, pois perderam participação no total da arrecadação ao longo do período, em razão da pouca dinâmica de seus tributos e da ineficiência do sistema de transferência então vigente.

No início dos anos 60, as condições econômicas se alteraram profundamente. Os primeiros sintomas de crise manifestaram-se com os sinais de desaceleração da taxa de acumulação da economia, uma vez cessado o efeito acelerador provocado pela implantação de um bloco de inversões de alta complementaridade entre si, e o concomitante aumento da taxa de inflação.

Com a reversão cíclica, o padrão de financiamento vigente tornou-se disfuncional. O crescente déficit público, por sua vez, transformou-se em óbice ao rearranjo da economia. A preocupação com a intensificação do processo inflacionário e a necessidade de se alcançarem recursos não monetários para o financiamento do setor público levaram ao questionamento da situação tributária.

A meta dos responsáveis pela política econômica de reduzir o déficit público abriu a perspectiva de alterações no formato tributário e desencadeou, no plano político, acirradas discussões em torno das possíveis mudanças, já que os anos anteriores haviam deixado, como saldo, as três esferas de governo em dificuldades orçamentárias. O Congresso Nacional, paralelamente à reforma cambial realizada em março de 1961, reforçando a situação financeira federal, ampliou os debates sobre o aumento da capacidade de arrecadação e a redistribuição institucional de rendas.

O primeiro resultado desse processo surgiu em novembro de 1961, quando o Congresso Nacional aprovou a Emenda Constitucional nº 5, cujo objetivo era recompor parte das perdas dos Municípios na distribuição dos recursos tributários durante o governo Kubitschek.[12] A aprovação da norma provocou reação imediata. Ainda em novembro, o Senado aprovou projeto de emenda constitucional que visava dar aos Estados recursos fiscais capazes de cobrir os prejuízos decorrentes da reforma recém-aprovada. Simultaneamente, o Conselho de Ministros (já da fase do parlamentarismo) apresentou à apreciação do Con-

---

12 A emenda transferiu aos Municípios o Imposto sobre Transmissão de Propriedades Imobiliárias *Inter Vivos* e o Imposto Territorial Rural, anteriormente arrecadados pelos Estados. Além disso, determinou que os Municípios passassem a receber 15% (antes eram 10%) do total da arrecadação do IR e 10% do total da arrecadação do Imposto de Consumo, preservando-se, entretanto, a obrigatoriedade de destinarem ao setor rural pelo menos a metade dos recursos do IR recebidos como transferências. Embora não seja objeto do trabalho, cabe realçar que a transferência do ITR para a competência dos Municípios se deveu muito mais à tentativa de impedir a reforma agrária do que à intenção de elevar a receita municipal.

gresso um projeto de Reforma Tributária, procurando formas de elevar as receitas da União, como resposta ao prenúncio de vultoso déficit fiscal para o ano seguinte e ao perigo de utilização de fontes inflacionárias para o seu financiamento.

Todavia, as discussões sobre a reforma e as alterações na distribuição das receitas tributárias arrastaram-se por todo o primeiro triênio dos anos 60, sem obter uma solução concreta. Na verdade, essa situação era compreensível, uma vez que mudanças de vulto no sistema tributário – implicando redistribuição dos recursos orçamentários – dependeriam de um rearranjo institucional do país, sem o que seria improvável a aprovação de qualquer projeto promovendo alterações na estrutura tributária, que fugisse aos parâmetros historicamente estabelecidos.

Não obstante, algumas modificações – além da Emenda Constitucional nº 5 – foram realizadas no sistema tributário, embora sem alterar-lhe a natureza. O governo central, incapaz de promover uma reforma ampla, procurou elevar a carga tributária por meio de alterações pontuais nos seus tributos, sobretudo no IR. No âmbito estadual, a disputa política em torno das questões tributárias reacendera violentamente a discussão quanto à competência tributária sobre o IVC. Em realidade, o problema fora recolocado com o Projeto de Lei nº 813 de 1955, do deputado João Menezes, do PSD-PA, que transferia do Estado produtor para o Estado consumidor a arrecadação do IVC.

Apesar da acalorada discussão que se arrastou por todo o governo Kubitschek, prevaleceu o pacto político vigente e não houve nenhuma alteração profunda na estrutura tributária. As posições inicialmente cristalizadas nesse debate colocavam, de um lado, os que lutavam pela manutenção do *status quo* (sobrevivência da Lei nº 915, de 1º.12.1938) e, de outro, os que reivindicavam a cobrança do IVC pelos Estados consumidores. Surgiu ainda uma posição intermediária que argumentava a favor da cobrança do IVC pelo Estado consumidor, independentemente do imposto pago anteriormente quando da transferência da mercadoria, em contraposição à legislação vigente, que determinava a não-cobrança do IVC por ocasião da primeira venda ou consignação no Estado consumidor, caso realizada pela mesma pessoa responsável por sua transferência do Estado produtor.

A totalidade das bancadas parlamentares paulista e carioca e parcelas da gaúcha, mineira e fluminense empenharam-se ferrenhamente contra qualquer alteração que representasse queda na arrecadação estadual e influenciasse de modo negativo o crescimento industrial nesses Estados. Na luta contra essa posição conservadora, formou-se a "União Parlamentar Norte e Nordeste" que via, na legislação sobre a cobrança do IVC, uma das causas fundamentais do empobrecimento dessas regiões.[13] A tese dos parlamentares acirrou o debate em torno da questão da cobrança do IVC e do desenvolvimento regional desequilibrado, agravado com o Plano de Metas.

Apesar da ação dos representantes do Norte e Nordeste, a legislação vigente foi mantida incólume. Somente em 1961, com a ruptura do pacto político estabelecido durante o governo

---

13 Em memorial datado de 3.11.1959, a União Parlamentar Norte e Nordeste expunha o seu ponto de vista: "As causas que, no fundo, provocam a descapitalização progressiva, o empobrecimento e o subdesenvolvimento do Norte e Nordeste são causas cambiais e causas fiscais ... durante o qüinqüênio 1954/1959, São Paulo exportou 110 bilhões de cruzeiros e importou 192 bilhões de cruzeiros, contando-se um déficit de 81 bilhões de cruzeiros, coberto pelos demais Estados produtores e exportadores de matéria-prima. Em 1958, São Paulo exportou 17 bilhões e importou 57 bilhões, ou seja, 3,3 vezes mais do que exporta. É sacrifício pesadíssimo! Ainda se sacrificarem outra vez, abrindo mão dos impostos que lhe são devidos (inclusive na revenda dos produtos importados à sua custa) é excessivo!! É sacrifício absolutamente insuportável!! ... O Decreto-Lei nº 915 está provocando um estado de asfixia econômica para uns e pletora financeira para outros" (Cf. *A Gazeta*, São Paulo, 10.12.1959).

Kubitschek, a Câmara aprovou o Projeto nº 813 de 1955, e, finalmente, em dezembro de 1963, a Lei nº 4.299 de 23.12.1963 estabeleceu que o imposto seria devido ao Estado onde se efetuasse a operação, considerando-se lugar de operação aquele em que a mercadoria se encontrasse no momento de sua venda ou consignação, beneficiando os Estados consumidores. Estes também foram favorecidos na venda dos produtos agrícolas, pecuários ou extrativos, pois a lei determinou a arrecadação pelo Estado produtor.

Essa lei, sem dúvida, garantia maior participação dos Estados do Norte e Nordeste na arrecadação do IVC e acirrava o debate em torno do problema da concentração espacial da renda. A aprovação da lei revelou o fracionamento das disputas no Congresso com o fim do período Kubitschek, colocando em destaque a *fratura* dos interesses regionais, que veio agregar-se ao confronto entre as esferas de governo na disputa pelos recursos tributários.

Todavia, além das modificações citadas (EC nº 5 e Lei nº 4.299), as finanças públicas não receberam nenhum alento objetivando sua reestruturação. O fim do ciclo de expansão da economia reduziu a taxa de crescimento das receitas tributárias, e a perda de funcionalidade do padrão de financiamento da economia levou ao questionamento da expansão dos gastos públicos pelo déficit, sem que se estruturassem novas formas para o seu financiamento. A inviabilidade de encontrar soluções para o problema no período de 1961 a 1964 e a tentativa de superar as dificuldades obrigaram os governos a adotar medidas *ad hoc* para elevar as receitas, sem, contudo, interferir na sua distribuição entre as esferas de poder e alterar qualquer uma das regras em vigor no período anterior. Os Estados mantiveram autonomia para manipular os tributos e determinar a distribuição dos gastos públicos de acordo com os seus interesses específicos. É claro que essa autonomia manifestava-se de modo diferenciado entre as unidades da federação. No caso de São Paulo, possibilitava atender aos interesses concretos de diferentes setores sociais e defender a expansão dos gastos públicos em favor do crescimento econômico; em Estados de menor expressão, o sentido de autonomia deve ser entendido, apenas, como condição para manter o pacto político local.

Essa característica fundamental na estrutura tributária do período analisado sofreria sérios percalços com a ascensão do regime autoritário a partir de abril de 1964.

Caminho aberto à centralização tributária

As mudanças ocorridas a partir de 1964 criaram condições de superação da grave crise política vivida pelo país e abriram espaço para os novos dirigentes encaminharem amplas reformas que permitiriam, no momento seguinte, a solução da crise econômica. Os novos donos do poder definiram a estabilização como meta prioritária de governo e justificaram o esforço concentrado no combate à inflação como único caminho para alcançar a saída da crise.

A partir de um diagnóstico de inflação de demanda, os gestores de política econômica buscaram particularmente meios de controle do déficit público, uma vez que consideravam estar aí o mecanismo central de explicação do processo inflacionário. O governo promoveu uma série de medidas com o propósito de reduzir o déficit público e conter a expansão monetária,[14] mas, dentre os primeiros atos promulgados sob a égide do regime

14 Entre as principais medidas, destacam-se: eliminação de parte dos subsídios à importação de trigo, petróleo e papel de imprensa; fixação da política de "verdade dos preços" com o reajuste das tarifas públicas; corte dos salários dos funcionários públicos; corte de 30% das despesas governamentais em 1964 e uma Reforma Tributária de Emergência. Para a análise da proposta do governo, ver *Programa de Ação Econômica do Governo – 1964/1966. Síntese (PAEG)*. Ministério do Planejamento e Coordenação Econômica, EPEA, Documento EPEA nº 1, RJ, 1964.

militar no campo fiscal, é importante destacar o que dizia respeito às formas de assegurar maior controle sobre o orçamento. Em abril de 1964 foi promulgado o Ato Institucional nº 1 (AI-1), que, em seu artigo 5º, transferia do Congresso Nacional para o presidente da República o poder de deliberação sobre a política orçamentária: "Caberá, privativamente, ao Presidente da República, a iniciativa dos projetos de lei que criem ou aumentem a despesa pública; não serão admitidas, a esses projetos, em qualquer das Casas do Congresso Nacional, emendas que aumentem a despesa proposta pelo Presidente da República".[15] Essa medida bloqueou um dos caminhos utilizados pelo Legislativo para atender aos interesses concretos que representava, ou seja, conseguir recursos financeiros via orçamento. A medida, embora possa ter sido importante para conter os gastos públicos, naquele momento, teve como objetivo maior negar o pacto populista, que tinha no poder do Legislativo, de sancionar despesas sem a correspondente receita, um dos seus importantes instrumentos de ação.

Sem dúvida, a tentativa do regime de conter o déficit fiscal correspondeu, em termos federais, a um movimento de centralização política, presente, de modo particular, no esvaziamento do Congresso. Entretanto, é interessante perceber que esse movimento não se apresentou, imediatamente, de forma coerente. As derrotas eleitorais sofridas em dois dos principais Estados (RJ e MG) e o elevado déficit fiscal das administrações estaduais explicitaram as suas contradições, respectivamente, no plano político e na área específica das finanças públicas. Isso leva a crer que as medidas autoritárias anunciadas na esfera federal com o objetivo de controlar o orçamento federal não foram acompanhadas no âmbito estadual por proposições de alcance semelhante. A liberdade com que os Estados agiram

15 Cf. Brasil, *Coleção de Leis e Decretos do Brasil.*

no período de 1964 a 1966 parece sugerir a tentativa do regime de buscar apoio para as diretrizes levadas à frente no âmbito do *Estado* central, procurando, em contrapartida, respeitar a autonomia das unidades da federação de manipular as políticas tributária e fiscal. Tanto assim que se manteve nesses anos a capacidade de as autoridades estaduais legislarem sobre o IVC, elevarem as alíquotas de modo a ajustá-las aos interesses locais, concederem isenções ou definirem o objeto de tributação, bem como elevarem os gastos com base em déficit fiscal.

A única alteração em termos de finanças estaduais ocorreu na lei que regulava a competência sobre o ICV. A Lei nº 4.299, aprovada em 1963, teve duração efêmera. Os protestos, principalmente por parte de São Paulo e da antiga Guanabara, receberam acolhida e levaram à mudança de orientação do governo: em 28 de setembro de 1965, promulgou-se a Lei nº 4.784, impondo condições distintas com relação à competência do IVC. Essa lei determinava que o imposto pertenceria ao Estado onde se encontrasse a mercadoria por ocasião de sua venda ou consignação; nos casos em que a mercadoria estivesse em trânsito quando da realização dessas operações, o imposto seria recolhido pelo Estado produtor. Quanto à produção pecuária, agrícola e extrativa, a nova lei manteve as mesmas condições do sistema anterior, estendendo, entretanto, o direito dos Estados produtores à arrecadação do tributo também aos subprodutos dessas categorias.

Em termos práticos, a lei defendia os interesses dos Estados industrializados. Mas atendia, minimamente, às pressões das unidades produtoras de bens primários, uma vez que ampliava o seu campo tributário, dando-lhes a competência sobre o IVC nas transferências de produtos e subprodutos agrícolas, pecuários e extrativos, além de garantir-lhes a cobrança do IVC no caso de exportação de produtos primários, mesmo quando realizada por outros Estados que beneficiassem o produto sem alterar-lhe a natureza.

A preservação da autonomia dos Estados em deliberar sua política tributária e fiscal revela a ambigüidade com que caminha o movimento centralizador na esfera federal. O regime militar, ao estabelecer uma nova forma autoritária de dominação, apesar da centralização de poderes, não prescindiu ainda do sistema de alianças inter-regionais, preservando as formas de cooptação existentes. O caráter centralizador do novo regime no plano político e o movimento da economia certamente levariam a alterações na política tributária, porém o esforço de assegurar apoios políticos tornou o seu desenvolvimento ainda contraditório, uma vez que não há ressonância estadual do controle exercido sobre as finanças federais.

A questão tributária, entretanto, não se apresentava apenas nesses termos. Ao conter o déficit público e encaminhar a reestruturação do padrão de financiamento da economia, que passara a prescindir do déficit, apontava-se claramente para a necessidade de alterar o sistema tributário, de modo a permitir um aumento da capacidade de arrecadação. Uma vez superadas as *démarches* políticas que entravavam as alterações no código tributário, tornou-se viável o seu redesenho.

2
O padrão de financiamento dos governos estaduais pós-1967

Financiamento estadual e relações intergovernamentais no período de crescimento acelerado

As reformas implantadas no bojo do Programa de Ação Econômica do Governo (PAEG) pelo governo militar fizeram parte de um movimento de reformulação das condições de financiamento da economia, objetivando adequá-las à nova realidade socioeconômica criada pelo bloco de investimentos realizado durante o governo Kubitschek e pelas transformações da sociedade. A forma de financiamento inflacionário, característica de anos anteriores, havia perdido sua funcionalidade, tendo ficado clara a obrigatoriedade de se promoverem os ajustes na capacidade financeira do setor público para assegurar recursos ao *Estado*.

As medidas mais importantes na área de financiamento do setor público referem-se à ampla reformulação do sistema tributário e à política de *verdade dos preços*, que asseguraram melhores condições de autofinanciamento do setor produtivo estatal; à criação de títulos da dívida pública com cláusula de correção monetária, responsável pelo *take-off* da dívida pública; e às alterações na área financeira, com a criação do Banco Central e do Sistema Financeiro de Habitação.

O conjunto de medidas tornou possível ao *Estado* alavancar um maior volume de gastos e ampliar sua atuação, além de demarcar um novo quadro institucional, que serviu de base à ação subseqüente do setor público. O regime militar criou condições para a centralização da receita tributária e para o aumento do poder decisório em matéria fiscal e financeira. Esse movimento permitiu à União ampliar sua influência sobre o total dos gastos públicos, redefinir as formas de articulação com as outras esferas de governo e influenciar a reformulação das linhas básicas do padrão de financiamento dos governos estaduais.

As linhas gerais do financiamento estadual se delinearam com base: 1. no controle federal sobre os fluxos de financiamento criado com as alterações do quadro institucional vigente a partir das reformas de 1965 e 2. na centralização tributária.

As reformas promovidas na área financeira em 1965 com a criação do Banco Central, do Conselho Monetário Nacional (CMN) e com a manutenção do Banco do Brasil como autoridade monetária resultaram num formato institucional peculiar. O Executivo passou a dispor de dois importantes instrumentos para realizar gastos, à revelia do Congresso, sem que estivessem expressos no orçamento: um deles referia-se à vinculação perene existente entre o Banco do Brasil e o Banco Central via *conta movimento*, que permitia ao primeiro ampliar os seus empréstimos sem os limites determinados pelas normas bancárias; o outro decorria da institucionalização do orçamento monetário e do poder do CMN de decidir sobre matérias de ampliação dos gastos públicos sem a anuência do Legislativo. Tal prerrogativa permitiu ao CMN definir a incorporação, via orçamento monetário, de uma série de gastos tipicamente fiscais. As autoridades monetárias, sob o controle do CMN, passaram a dispor de amplos poderes para atuar em diferentes setores da economia, considerados prioritários pelos formuladores da política econômica, com recursos de fontes internas e externas. Essa prática resultou no progressivo esvaziamento do orçamento fiscal como peça que deveria refletir as condições financeiras básicas do setor público e retirou do Congresso o poder de definição sobre os contornos gerais da política de gastos. As normas de tramitação do orçamento fiscal no Congresso contribuíram nesse mesmo sentido e impediam o Legislativo de interferir nas prioridades definidas pelo governo federal.

A facilidade de acesso aos recursos externos e a institucionalização de instrumentos de poupança compulsória, com a criação do FGTS, do PIS, do Pasep, do FAS e de outros fundos, ampliaram o controle sobre a massa de recursos financeiros e colocaram em mãos do governo federal o poder de decisão sobre o destino dos gastos realizados com empréstimos de suas agências de crédito. A centralização financeira na esfera da União ganhou corpo quando o Banco Central, pela Lei Complementar nº 12, assumiu o comando da política de dívida pública e passou a ter autonomia para ampliar o volume de títulos e responder pelos encargos decorrentes (Oliveira, 1986).

Essas mudanças multiplicaram o poder federal de controle dos gastos públicos e a possibilidade de subtraí-los ao crivo do Congresso Nacional. A perda de participação dos recursos ligados ao orçamento fiscal no total de gastos realizados pelo poder público, o peso do orçamento monetário, a independência com que se definia a política de crédito das agências oficiais, bem como o trâmite na definição da peça orçamentária, revelam o domínio exercido por poucos sobre o destino de parte substancial dos gastos. O resultado foi a liberdade dos gestores de política econômica para manipular elevado volume de recursos e atender aos interesses da política federal a partir de decisões tomadas no âmbito restrito do governo e, particularmente, do CMN. A questão foi pouco debatida e passou despercebida a muitos, porque a atenção esteve concentrada na Reforma Tributária e seus desdobramentos.

A Reforma Tributária de 1966, em consonância com a política de controle dos fluxos financeiros, apresentou características claramente centralizadoras e foi complementada com as medidas definidas a partir do AI-5. O regime militar viabilizou a adoção de medidas que seriam de difícil execução no período anterior. Permitiu ao governo federal definir um novo quadro tributário capaz de elevar a arrecadação da União e reduzir as prerrogativas de atuação na área tributária e fiscal dos governos subnacionais.[1]

À União coube o maior número de impostos, bem como a possibilidade de criar outros, e o direito de manipular livremente as alíquotas e os campos de incidência dos impostos de sua competência. A União deteve, ainda, poder de determinar as alíquotas do ICM e de criar isenções nos impostos estaduais sem, praticamente, a anuência dos envolvidos. Os Estados perderam as prerrogativas de anos anteriores e tiveram vetadas as possibilidades de manipular as receitas. Sua autonomia em matéria de legislação tributária tornou-se bastante limitada, pois foram impedidos de criar novos impostos ou adicionais, de definir alíquotas ou de conceder favores ou isenções fiscais sem acordo com os demais Estados interessados. A perda de flexibilidade até então existente eliminou os instrumentos à disposição dos Estados para manter a participação no total da arrecadação tributária, prejudicando os detentores das maiores alíquotas do antigo IVC. Os Municípios, por sua vez, ficaram limitados a apenas dois impostos e dispunham de pequeno raio de manobra para vencer os entraves decorrentes da estrutura tributária.

A adoção dessas medidas cerceou a autonomia estadual de legislar sobre os impostos e, certamente, representou um avan-

1 Para a análise da Reforma Tributária, ver Oliveira (1991).

ço em direção ao enquadramento dos Estados no movimento centralizador realizado no período 1964/1966, objetivando *disciplinar* as finanças públicas. Naquele momento, o movimento centralizador apresentou certos aspectos contraditórios, uma vez que foi mantida a autonomia estadual de decidir sobre matéria tributária e fiscal. Essa ambigüidade foi parcialmente resolvida com a reforma, que reforçou a centralização. Todavia, o movimento não se completou de imediato. A instituição do mecanismo de transferência baseado no Fundo de Participação dos Estados e Municípios (FPE e FPM), voltado para atender financeiramente às unidades de menor nível de renda, permitiu a elas gozarem de amplo afluxo de recursos manipuláveis livremente, desde que respeitassem a obrigatoriedade de aplicar 50% em despesas de capital.

O fundo de participação recolocou, sob nova roupagem, a ambigüidade apontada no momento anterior, pois as oligarquias dos Estados mais atrasados passaram a receber grande volume de recursos (comparativamente à receita própria) com condições não só de ampliar os gastos públicos, como também de reforçar a autonomia no tratamento dos problemas locais. Vale dizer, o FPE, de certa maneira, abriu espaços para o governo federal fortalecer o poder local das oligarquias regionais, com recursos provenientes do seu orçamento. O movimento, aparentemente contraditório no campo específico das finanças públicas, revelou a preocupação do regime de manter o apoio dos Estados de menor nível de desenvolvimento às diretrizes emanadas do poder central, de modo a contribuir para a reprodução política do *Estado* brasileiro.

A crise política de 1968, culminando com a promulgação do AI-5, marcou um momento de forte centralização política e o abandono da retórica liberalizante adotada até então. A consolidação do sistema autoritário tornou possível aos mentores oficiais livrarem-se das amarras institucionais e conduzirem suas ações com graus de liberdade desconhecidos. A partir daí, a política econômica poderia ser sancionada por meio de decretos-leis e portarias emanadas dos gabinetes oficiais, com ampla liberdade diante dos questionamentos das bases políticas, setores sociais interessados ou outras esferas de poder. Isto é, o *Estado* passou a ter maior autonomia em relação ao sistema de alianças regionais para garantir sua sustentação política e implementar as diretrizes do poder central.

O resultado imediato do novo quadro político, no plano das finanças públicas, foi a perda de identidade do sistema de transferências apoiado no FPE e no FPM. Não tardou muito para que o FPE e o FPM fossem reduzidos à metade e submetidos a rígidas normas, que condicionavam a entrega dos recursos à *aprovação de programas de aplicação elaborados pelas unidades, com base nas diretrizes e prioridades, bem como nos critérios, normas e instruções estabelecidas pelo Poder Executivo Federal*. Além disso, as unidades, para conseguir a liberação das verbas dos fundos, eram obrigadas a destinar *recursos próprios* para completar os gastos realizados *em programas previamente determinados pela esfera federal e a responder pelos gastos correntes*.[2] A vinculação dos recursos dos fundos e das demais formas de transferências constitucionais (impostos únicos e salário-educação totalmente presos a funções ou despesas de capital), além da obrigatoriedade dos Estados em vincular verbas próprias a esses programas, implicou completa rigidez em sua aplicação, permitindo ao governo federal controlar relevante parcela dos gastos, sobretudo dos Estados do Norte e Nordeste, em decorrência da participação das transferências no total dos investimentos realizados pelo Tesouro estadual (cf. Lopreato, 1981, p.56-80).

A adoção das medidas citadas significou importante golpe nos interesses locais, visto que os recursos financeiros passaram a se concentrar em Brasília, e os políticos locais perderam o

2 Cf. Ato Complementar nº 40, de dezembro de 1968, e Decreto-Lei nº 838, de 8.9.1968.

poder deliberativo sobre as verbas, sendo obrigados a percorrer os corredores dos ministérios com o objetivo de influenciar a sua distribuição e de obter recursos adicionais para atender aos gastos planejados.

A Reforma Tributária e o movimento expansivo da economia brasileira permitiram alcançar os objetivos de elevar o volume de arrecadação e garantir índices crescentes de carga tributária em relação ao PIB. O comportamento favorável da arrecadação, entretanto, manifestou-se de forma desigual entre as esferas de governo. O domínio das matérias fiscais e tributárias garantiu à União crescente participação nas receitas, porque dispunha de condições para manipular os impostos, ao passo que os Estados foram cerceados em seu poder tributário e perderam capacidade de arrecadação. A distribuição dos recursos tributários efetivamente disponíveis por nível de governo revela que, em 1966, couberam à União 40,6% e aos Estados 46,3%. A situação em 1974 se alterou significativamente: a participação da União atingiu 51,6%, enquanto a dos Estados caiu para 35,2%.

O sistema tributário colocou-se, assim, como instrumento para concentrar a receita e para reforçar o poder do governo federal de aglutinar ampla massa de recursos oficiais. Os ganhos na esfera fiscal, aliados às facilidades criadas com o controle dos fluxos financeiros, permitiram à União comandar parte expressiva das fontes de financiamento internas e transformar-se em responsável por sua distribuição ao setor privado e às demais esferas de governo. Além disso, passou a assumir um volume crescente de encargos da competência dos governos subnacionais e ainda a controlar parcela dos gastos estaduais pelas transferências vinculadas. Vale dizer, as alterações na estrutura tributária e o comando sobre recursos financeiros deram condições ao governo federal de exercer influência sobre parcela elevada dos gastos públicos. De um lado, a União teve liberdade de utilizar-se das autoridades monetárias sem contar com fonte específica de recursos, de ampliar o crédito dos bancos e das agências oficiais e o volume de gastos públicos, com o objetivo de acomodar as demandas de diferentes grupos sociais e de atender a setores considerados prioritários. De outro, a folga fiscal criada com a reforma e o controle do sistema tributário instrumentalizaram o poder federal para determinar a distribuição dos recursos entre as esferas de governo e atuar sobre a atividade privada.

O poder de comando sobre o valor dos gastos e a capacidade de criar crédito passaram a ser intensamente utilizados pela União no incentivo à acumulação e no atendimento a áreas prioritárias da política oficial e aos interesses regionais, pela criação de verdadeira parafernália de gastos tributários (via isenções, subsídios, reduções de base de cálculo, alíquotas privilegiadas etc.) e por meio de uma política de crédito fácil com taxas de juros favorecidas. No entanto, a perda de autonomia dos governos subnacionais em matéria de política fiscal e tributária retirou a capacidade de cada unidade de se ajustar às suas condições específicas e de responder aos gastos. As medidas de redução das transferências do FPE, do Imposto Único sobre Combustíveis e Lubrificantes e das alíquotas do ICM, além das isenções concedidas na cobrança desse imposto, afetaram a arrecadação potencial dos Estados, sobretudo das unidades de menor nível de renda, e ampliaram a defasagem existente entre os ritmos de crescimento dos investimentos e da poupança fiscal.

A crescente procura de outras fontes de financiamento foi a saída dos Estados para multiplicar os gastos. A perspectiva de alavancagem dos gastos estaduais, acima do que seria possível prever com base na estrutura tributária em vigor, passou a depender de fontes de financiamento apoiadas na contratação de recursos externos e no acesso a recursos internos controlados, majoritariamente, pela esfera federal.

A possibilidade de acesso a fontes alternativas de financiamento permitiu aos Estados superarem a perda de expressão da poupança fiscal e os conflitos latentes criados pela desproporção na distribuição dos recursos tributários. O afluxo de recursos federais cumpriu papel fundamental no atendimento de parte dos gastos não cobertos com a poupança fiscal e serviu aos objetivos de *harmonizar* os interesses em jogo e de propiciar investimentos em áreas prioritárias. O endividamento com operações externas e com as frentes de crédito interno vinculadas a órgãos públicos desempenhou papel semelhante; também serviu como variável para acomodar os vários interesses, consolidar alianças e superar os problemas criados com a concentração de poder na União, com o esvaziamento financeiro dos Estados e com a polêmica acerca da questão regional surgida no início dos anos 70.[3]

O acesso ao mercado de crédito, entretanto, não se limitou a ser simples válvula de escape para os Estados se livrarem das amarras existentes no campo tributário; foi usado como instrumento do governo federal de intervenção nas diretrizes dos gastos estaduais. A existência de normas fixando restrições ao endividamento e, ao mesmo tempo, a aprovação de inúmeros pedidos de suspensão dos limites na contratação de empréstimos internos e as constantes autorizações de operações externas desnudam o caráter do controle federal e os objetivos de regular o *uso* dos recursos e de influenciar as decisões sobre o destino dos recursos contratados.[4]

O interesse do governo de intervir no poder de decisão sobre o endividamento e de influir no destino dos gastos revelou-se

---

3 A polêmica sobre o ICM e a questão regional foi discutida em Resende & Silva (1973).

4 Várias resoluções procuraram limitar a expansão do endividamento. As medidas buscaram proibir pelo prazo de dois anos, sucessivamente prorrogado, a emissão e lançamento de obrigações de qualquer natureza, exceto as que se destinem exclusivamente à realização de operações de crédito para antecipação de receita e ao resgate das obrigações em circulação. Outras proposições que se seguiram impuseram limitações mais severas às operações de antecipação de receita e à contratação de dívidas com fornecedores, prestadores de serviços e empreiteiros. Cf. Resoluções do Senado Federal n°s 58/68, 79/70, 92/70, 53/71, 52/72 e 35/74.

na abertura dada aos Estados de suspenderem a proibição, quando se tratasse de títulos especificamente vinculados a: financiamento de obras ou serviços *reprodutivos*, financiamento de máquinas, equipamentos e implementos agrícolas ou de máquinas e equipamentos rodoviários; execução de obras de saneamento básico, projetos de urbanização de conjuntos habitacionais de baixa renda; e investimentos específicos financiados com recursos do PIS/Pasep, desde que apreciados pelo CMN e submetidos à deliberação do Senado Federal. Ademais, outros pedidos poderiam merecer apreciação positiva seguindo o mesmo trâmite burocrático.

O peso crescente dos fluxos financeiros originários dos bancos, órgãos e agências oficiais federais e de recursos externos, em lugar das receitas tributárias, alterou a estrutura das fontes de financiamento estadual e transformou a cadeia de relações financeiras no interior dos governos estaduais e nas articulações com a esfera federal.

Nas relações internas dos Estados, o principal reflexo foi a perda de posição relativa das despesas do Tesouro no conjunto dos gastos realizados pelo setor público estadual. A redução do espaço ocupado pela administração direta refletiu o menor poder do Tesouro em alavancar recursos fiscais e financeiros para responder às demandas de gastos.[5] A alternativa foi usar a liberdade administrativa das empresas públicas e dos órgãos da administração descentralizada para ampliar os investimentos. O florescimento das oportunidades de financiamentos interno e externo incentivou a constituição, no âmbito estadual, de órgãos responsáveis por aplicações em áreas específicas até então atendidas por secretarias estaduais. A expansão das empresas, autar-

---

5 Coutinho (1979) realizou um trabalho pioneiro sobre a importância da Administração Descentralizada no setor público paulista. Essa questão voltou a ser tratada por Bonini (1988).

quias e fundações, nesse sentido, pode ser vista como o resultado da lógica de financiamento estadual criada a partir de 1964, e não simplesmente como objetivo determinado por novas estratégias administrativas.

A maioria dos órgãos define-se muito mais como unidade de gasto, com papel tipicamente público, sem condições de valorizar o seu capital de acordo com os princípios da ordem privada. A impossibilidade de se manterem com recursos próprios criou uma dependência quase absoluta de transferências do Tesouro ou de formas de articulação com outras fontes de financiamento para garantir as suas condições operacionais. As empresas produtoras de capital social básico (energia elétrica, transporte, saneamento e telecomunicação), apesar de seu formato empresarial e de se mostrarem eficazes em sustentar o autofinanciamento corrente, não lograram promover os investimentos necessários para acompanhar o crescimento da economia com recursos próprios. A incapacidade do Tesouro em responder a essas demandas colocou as empresas diante da obrigação de buscarem outros espaços de financiamento pela articulação com o governo federal e pela contratação de empréstimos externos.

Dentro dessa lógica de financiamento, as relações do setor público estadual com os seus próprios agentes financeiros, os bancos estaduais, intensificaram-se, em razão do papel que essas instituições desempenharam ao expandir crédito e intermediar os repasses federais e empréstimos externos. Os Estados usaram os seus bancos na alavancagem de recursos financeiros e na rolagem das dívidas, fortalecendo a posição que ocupavam como responsáveis pelo financiamento e ampliando a rede de relações no seio do setor público estadual. Isso potencializou o valor dos gastos públicos e o resultado operacional das instituições financeiras, criando um crescente grau de desconhecimento das contas públicas, pois o exame dos balanços oficiais não permite identificar a complexidade dos fluxos financeiros e torna problemática a análise da real situação financeira dos Estados.

Além disso, o controle federal de ampla massa de recursos tributários e dos fluxos financeiros gerou profunda reformulação nas relações intergovernamentais. As mudanças deram um novo *caráter* às relações dos segmentos que compõem o setor público estadual com a União, cuja característica foi dada pela perda de autonomia estadual e pela dependência nas decisões relativas aos investimentos (Resende, 1982).

As articulações com a União intensificaram-se e responderam pelo suprimento dos recursos exigidos nas várias frentes de aplicação para acompanhar a expansão econômica. A negociação de verbas e o acesso a recursos federais por meio de crédito das agências oficiais, das autoridades monetárias, dos convênios, dos fundos e programas, e dos repasses a fundo perdido ou gastos realizados diretamente nos Estados desempenharam papel decisivo no financiamento público e no jogo político das autoridades federais com as forças regionais/estaduais. Além disso, serviram de veículo à União para impor regras e para retirar graus de liberdade dos Estados no comando da política de gastos, dado que o montante a ser aplicado e a liberação das verbas estavam condicionados a negociações em várias frentes e às diferentes formas de articulação da esfera federal com as administrações diretas, com os órgãos da administração descentralizada ou com o setor empresarial.

No âmbito das empresas públicas, podem-se observar padrões específicos de articulação com a esfera federal: a) a formação dos sistemas nacionais (energia elétrica e telecomunicações), em que as empresas locais atuavam, em grande medida, como agentes do órgão federal responsável direto pela definição das regras de atuação individual e de convivência entre as empresas, com influência decisiva sobre suas condições de investimento e financiamento; b) as unidades historicamente identificadas com a administração direta (transporte, saneamento e habitação), e dependentes de recursos fiscais, se constituíam como empresas para ter maior facilidade de acesso às linhas de financiamento oferecidas pela União; c) as empresas ligadas ao setor primário, responsáveis por assistência técnica e extensão rural, dispunham de baixa capacidade de autofinanciamento e dependiam do acesso aos recursos federais para viabilizarem a seqüência dos programas de gastos. Em todos os casos, as condições de investimentos estavam diretamente atreladas à continuidade do fluxo de recursos federais, e qualquer alteração desse quadro poderia comprometer a situação das unidades (Afonso & Souza, 1985; Afonso, 1986b).

Assim, a dependência de recursos com origem em órgãos oficiais ou em operações de créditos controladas e aprovadas em instâncias federais abriu espaços para intervenções na programação de gastos estaduais e para a sua subordinação a decisões emanadas do poder central. A centralização tributária e o controle dos fluxos financeiros garantiram à União formas concretas de transferir ao plano econômico a lógica da concentração do poder já plenamente delineada em termos políticos. Desse modo, estreitando a capacidade de os Estados controlarem os recursos de investimentos, a União acabou por limitar a liberdade de as autoridades estaduais fixarem as prioridades dos gastos e buscarem soluções por vezes discordantes das determinações federais.

A questão não se resume à perda de autonomia estadual no direcionamento dos gastos. As transferências vinculadas garantiram a possibilidade de a União intervir na orientação dos investimentos, mas explicam apenas parte do poder federal. Do ponto de vista do financiamento, o movimento fundamental refere-se à dependência em relação às liberações de recursos e aos créditos controlados pela União, na determinação do valor e do ritmo dos investimentos e, em alguns casos, até mesmo na capacidade de os Estados sustentarem as despesas correntes. A subordinação, embora refletindo a capacidade econômica de cada Estado, manifestou-se em todas as unidades e não pode ser creditada às dificuldades conjunturais; colocou-se como desdobramento lógico do esquema de financiamento montado a partir das reformas institucionais do PAEG, e pode ser vista como caminho para os donos do poder influenciarem as diretrizes de investimentos.

A montagem do esquema de financiamento contou com condições externas e internas altamente favoráveis durante o período de crescimento acelerado da economia. Do lado externo, o mercado financeiro internacional assegurou o crédito fácil e barato. Do lado interno, o movimento de expansão garantiu a elevação da carga tributária e condições financeiras satisfatórias às empresas públicas, pois os seus preços e tarifas se mantiveram alinhados à inflação.

Os elementos citados deram suporte à ação dos governos estaduais e permitiram à União atender às reivindicações regionais com a ampliação do crédito e dos recursos oficiais. Os Estados, com o apoio da União e beneficiados pelo crescimento econômico e pelo crédito externo, garantiram a potencialização dos gastos sem o comprometimento das receitas próprias (administração direta e empresas) com o pagamento de encargos financeiros. Os primeiros sinais de ruptura surgiram no momento em que as condições responsáveis pela funcionalidade do esquema de financiamento estadual alteraram-se.

Os primeiros sinais de ruptura

As alterações nos campos político e econômico ocorridas entre 1974 e 1979 demarcaram um novo momento na evolução do país, com reflexos nas condições de financiamento do setor público e nas relações intergovernamentais. De um lado, as mudanças no plano político, com o início do processo de abertura e o revigoramento de práticas objetivando a institucionalização do regime, ampliaram os espaços de negociação e a busca de mecanismos voltados para a garantia de um sistema de alianças capaz de dar sustentação às metas anunciadas pelo governo. De outro, o movimento econômico delineado no II PND, dirigido à montagem de novas condições de industrialização, baseado na implantação de novos setores e na correção dos desbalanceamentos da organização industrial, explicitou o enorme esforço financeiro a que seria submetido o *Estado* como principal responsável por manter os pilares da ação econômica.

As evidências da desaceleração da taxa de crescimento da economia e os problemas ligados às condições de financiamento interno necessárias à garantia do investimento público, ao desequilíbrio do balanço de pagamentos, à aceleração do processo inflacionário, bem como às mudanças na ordem econômica internacional, não foram suficientes para remover a determinação oficial de levar adiante o II PND.[6]

O caminho seguido foi o recurso crescente ao endividamento externo como forma de dar sustentação aos gastos públicos e de *fechar* o balanço de pagamentos. O setor governamental ampliou os investimentos e o valor da captação de recursos no exterior, ocupando o espaço criado com a retração do capital privado na determinação da demanda agregada e no total dos empréstimos realizados no exterior. Simultaneamente, o governo benefi-

6 O governo achou possível sustentar o volume dos investimentos estatais requerido pelo II PND sem alterações substanciais no quadro fiscal ou nas demais condições de financiamento. Apesar dos indícios já identificados na redução da carga tributária em relação ao PIB e da deterioração apresentada pelo financiamento via dívidas interna e externa, pouco ou nada se fez para alterar a situação herdada no período anterior. A estrutura de financiamento do setor público havia atingido praticamente o seu potencial máximo e deixou transparecer sinais de disfuncionalidade. Os problemas não levaram o governo a recuar de suas intenções iniciais ou implantar reformas na área de financiamento. As intenções básicas foram mantidas, mesmo sem nenhum esforço adicional à sua base de financiamento (exceto a instituição do Fundo Nacional de Desenvolvimento criado a partir da desvinculação de verbas já existentes). Para a discussão do II PND, ver Lessa (1978).

ciou a esfera privada, sobretudo a agricultura e as áreas de exportação e substituição de importações, com a criação de uma série de favores fiscais e creditícios, além de gastos atrelados ao orçamento monetário, ampliando o conjunto das operações ativas das autoridades monetárias e o poder decisório do CMN como articulador das diretrizes de aplicação dos recursos públicos.

As implicações sobre as condições de financiamento público são conhecidas. Em primeiro lugar, o uso das empresas estatais na captação de recursos externos, aliado ao processo de contenção dos seus preços e tarifas, provocou a perda da capacidade de autofinanciamento desse segmento, ao mesmo tempo em que fragilizou sua posição como fonte de sustentação dos investimentos públicos e abriu caminho ao crescimento da participação estatal na contratação da dívida externa.[7] Em segundo lugar, a criação de instrumentos voltados à eliminação do risco cambial na busca de recursos externos – principalmente pelas das Resoluções 432 e 230 – constituiu uma das vias do processo de estatização da dívida externa. Além disso, o aumento das operações ativas das autoridades monetárias e o rápido crescimento da entrada de recursos externos, a partir de 1976, levaram o governo a apelar para diversas formas de recursos não monetários na tentativa de evitar o descontrole da base monetária e de não comprometer as metas de inflação. Esse processo de *inchação* do orçamento monetário criou fontes adicionais de instabilidade na condução da política monetária (Ferreira, 1979). Em terceiro lugar, a sustentação de elevadas taxas de juros no mercado interno e a utilização dos títulos da dívida pública para conter a expansão monetária, decorrente da entrada de recursos

7 A situação financeira das estatais é discutida por Werneck (1985), Afonso (1985a) e Paula (1989b). O papel que exercem (as estatais) na captação de recursos externos é analisado por Cruz (1984).

externos, provocaram o rápido crescimento da dívida interna e de seus encargos (Oliveira, 1985 e 1986).

O resultado foi a fragilização financeira do setor público, em conseqüência dos crescentes encargos gerados pela expansão das dívidas interna e externa, bem como pela perda da capacidade de autofinanciamento das empresas estatais, sobrecarregadas com os custos financeiros dos passivos em dólares e com os baixos reajustes de seus preços e tarifas.[8]

O problema foi agravado com a menor participação das receitas tributárias como fonte de financiamento do governo. A queda da carga tributária bruta, o valor das isenções e o crescente peso das transferências ao setor privado, em razão do volume dos subsídios e dos encargos com a dívida interna, indicam que o esforço empreendido pelo setor público não foi acompanhado pela ampliação de sua base de financiamento via arrecadação tributária. Pelo contrário, a União manteve intacto todo o aparato institucional e usou a estrutura disponível para alargar o volume de favores fiscais ao capital privado e para atender aos setores considerados prioritários, sem preocupação com alterações mais abrangentes no formato tributário (Paula, 1988).

As normas tributárias, que regiam as relações entre as esferas de governo, permaneceram praticamente as mesmas do período pós-AI-5 e preservaram o poder da União: de manipular o sistema tributário pela criação de novos impostos e pela alteração das alíquotas e da base de cálculo daqueles já existentes, de dar isenções e incentivos fiscais tendo por base os seus impostos e os de outras esferas de governo, e de criar regras que definiam a entrega dos recursos de transferências.

O governo federal valeu-se desse direito para tornar ainda mais rígidas as regras que regulamentavam as transferências

8 Ver, entre outros, Afonso & Dain (1987), Oliveira (1985) e Teixeira & Biasoto Júnior (1988).

constitucionais e para manter a sua participação na repartição dos recursos tributários disponíveis em níveis equivalentes aos que prevaleceram em 1972/1973 (cerca de 51% para a União e 34/35% para os governos estaduais). Todavia, a preocupação em responder às demandas do plano político, objetivando atender aos interesses de recomposição das alianças inter-regionais necessárias ao projeto de abertura e institucionalização do sistema, conduziu à aprovação de medidas na área tributária, voltadas, principalmente, ao Norte e ao Nordeste, destacando-se: a) o gradativo crescimento dos percentuais do FPE e do FPM, por meio de aumentos anuais de 1% somados à alíquota de 5% em vigor após 1968, até atingir 9%; b) a criação de uma reserva especial para as regiões Norte e Nordeste, contando com 10% dos recursos do FPE, nos exercícios de 1976 e 1977, e 20% em 1978; c) a assunção pelo governo federal dos valores dos créditos do ICM existentes em empresas localizadas nos Estados do Norte e do Nordeste; d) a transferência de 50% dos incentivos do ICM para a área do IPI, com a União assumindo esses encargos a partir de janeiro de 1977; e e) a transferência para a União dos gastos a cargo dos Estados (50%) com o crédito-prêmio do ICM concedido às exportações de manufaturados.[9]

As alterações propostas, embora sem força suficiente para modificar o sentido da distribuição institucional de renda ou reduzir o poder federal, apontaram o caminho a ser seguido caso fosse levado adiante o projeto de abertura, reafirmando velhos traços da vida política brasileira. A recomposição das alianças e a descentralização do poder político levariam ao redesenho do formato tributário e abririam espaços para melhorar a distribuição das receitas entre as esferas de governo, tendo por base, so-

---

9 Cf. a) Emenda Constitucional nº 5, de 28.6.1975; b) Decreto-Lei nº 1.434, de 11.12.1975; c) Decreto-Lei nº 1.426, de 2.12.1975; d) Decreto-Lei nº 1.492, de 6.12.1976; e e) Decreto-Lei nº 1.586, de 6.12.1977.

bretudo, as transferências constitucionais, que serviriam como instrumento de barganha na busca de apoio político às iniciativas do governo central.

Os avanços na área das finanças públicas, entretanto, encontraram limites nos percalços do projeto de abertura, associados à menor taxa de crescimento da economia brasileira e à fragilização de setores importantes atendidos com recursos dos cofres públicos. O esforço de implantação das metas do II PND restringiu a possibilidade de o governo federal abrir mão de suas prerrogativas nos campos tributário e fiscal e rever as relações no seio do setor público sem uma pressão política incontornável.

Os sinais da agudização dos problemas de financiamento público, embora percebidos pelas autoridades econômicas, não se revelaram suficientes para desencadear um programa de reformas e foram, simplesmente, contornados pelo crescente apelo aos recursos externos. Tal possibilidade deu fôlego ao governo federal para manter inalterável a programação de gastos, para ampliar a vinculação com o setor privado e para reforçar os laços com as outras esferas de governo, independentemente de constituir, no plano interno, uma base fiscal e financeira adequada.

Os sinais de deterioração das condições de financiamento também se manifestaram nos governos estaduais e colocaram graves entraves para obter o volume de recursos necessários ao atendimento dos elevados gastos decorrentes do II PND. O medíocre valor da poupança fiscal, mesmo com o aumento das alíquotas do FPE, descortinava perspectivas pouco favoráveis de gastos e não permitia antever nenhuma melhoria significativa na capacidade de o Tesouro comandar os investimentos projetados. Transparecia, claramente, o desencontro entre as estimativas de gastos públicos e as condições de seu financiamento com base em recursos próprios.

Vários elementos contribuíram na deterioração da poupança fiscal da administração direta estadual a partir de 1974. A não-acolhida às reivindicações por melhores condições na repartição da receita tributária, a desaceleração da taxa de crescimento da economia, o aumento da inflação e o crescente peso da renúncia fiscal limitaram a expansão da receita estadual e, ao lado dos maiores gastos com o serviço da dívida, ajudaram a explicar a situação das finanças estaduais e os problemas de financiamento presentes desde os primeiros anos do governo Geisel.

Quanto ao setor empresarial, o uso das unidades para subsidiar o processo de industrialização e a subordinação dos seus preços e tarifas à política de controle à inflação inviabilizaram a alternativa de sustentação dos programas de investimentos planejados em energia, transporte, saneamento básico e telecomunicações, apoiados na capacidade de autofinanciamento das empresas. No caso dos setores ligados a sistemas nacionais, os investimentos foram vinculados, basicamente, a recursos externos, respondendo às preocupações com o balanço de pagamentos. Nos demais casos, os Estados buscaram fortalecer os laços financeiros com a União e substituíram parcela da fonte básica de financiamento de setores tradicionalmente apoiados em transferências intragovernamentais por empréstimos negociados com as agências oficiais e outras formas de endividamento.

A ausência de reformas abrangentes na área fiscal e o comprometimento da capacidade de autofinanciamento do setor empresarial colocaram como alternativa possível de financiamento estadual o fortalecimento da articulação com a União e o avanço do processo de endividamento. Tal movimento levou os Estados a ampliarem a dependência de recursos com origem na esfera federal e a acompanharem a *tendência de sobreendividamento* característica de todo o setor público na segunda metade dos anos 70. Vale dizer, as condições de financiamento estadual *descolaram* dos recursos atrelados à estrutura fiscal e aos preços e tarifas públicas. Os Estados deixaram de dar a contrapartida de recursos próprios, que, assim, perderam participação relativa na determinação do comportamento das despesas estaduais para as verbas obtidas pelas negociações com o governo central e suas agências de crédito, pelo financiamento externo e pelo endividamento no mercado interno com o sistema bancário privado e com os bancos públicos dos próprios Estados.

As fontes de financiamento de que se valeram os Estados abriram caminho às forças regionais para atender a seus objetivos mais imediatos e se engajar na opção de desenvolvimento abraçada no II PND. Essa possibilidade, apesar da agudização dos problemas, revelou-se funcional aos propósitos dos responsáveis pela estratégia econômica, porque favoreceu a alavancagem do financiamento público e, simultaneamente, garantiu o controle federal das diretrizes dos gastos, a influência política sobre os Estados de menor poder econômico e, até mesmo, a expansão do poder de barganha diante das unidades mais avançadas dependentes de financiamentos controlados desde o Planalto Central.

O comando federal da política de crédito das agências oficiais, a liberação de verbas a fundo perdido, a aprovação de limites de endividamento, os repasses de recursos de fundos e programas, a assinatura de convênios e acordos de cooperação, e outras formas de articulação financeira circunscreveram os espaços de atuação da administração estadual ao sucesso das negociações de financiamentos decisivos para definir a realização e o valor dos investimentos em áreas específicas (Resende, 1982; Afonso, 1985b; Afonso & Souza, 1985).

As mudanças, embora importantes para caracterizar a autonomia estadual, não sugerem a ocorrência de alterações básicas no caráter das relações intergovernamentais, pois o esquema de financiamento estadual foi semelhante aos de anos anteriores. O novo momento apontou, mais propriamente, a consolidação da tendência já delineada de alijar os governadores do controle de variáveis determinantes na definição das diretrizes estaduais, dado que os sinais de ruptura das bases responsáveis pela funcionalidade das condições de financiamento reforçaram o peso das decisões fora do controle dos Estados e a perda de comando sobre os investimentos. Os graus de envolvimento e dependência aprofundaram-se em diferentes áreas de atuação estadual, agravando a vulnerabilidade financeira e fragilizando as posições política e econômica dos governadores.

O *descolamento* das necessidades de financiamento em relação à sua base fiscal e aos recursos próprios da atividade empresarial prendeu os Estados à *continuidade* do fluxo de recursos federais e à *ampliação* das operações de crédito para sustentar tanto os investimentos como os pagamentos dos encargos gerados pelo endividamento pretérito. As dificuldades de financiamento fizeram os Estados reféns das negociações com o governo federal, das condições favoráveis de empréstimos externos e da definição da política de crédito interno, sobretudo das agências oficiais.

O crescimento a taxas reais positivas do crédito das agências oficiais, como o Banco do Brasil, a CEF, o BNH, o BNDE e outras, foi determinante para garantir parte substancial dos investimentos estaduais realizados em áreas ligadas ao setor social e à infra-estrutura e constituiu instrumento do poder central para *costurar* as alianças inter-regionais na busca de sustentação ao seu projeto político e econômico.[10]

As demais fontes de crédito ligadas a recursos externos, dívida mobiliária, empréstimos de instituições privadas e formas de vinculação com os bancos dos próprios Estados serviram, igualmente, para completar o baixo valor da poupança fiscal e dos preços e tarifas públicas e foram decisivos para apoiar a rolagem da dívida, para definir o montante dos investimentos estaduais e para suprir parte das necessidades de gastos correntes.

O controle do endividamento nessas condições pouco interessava. Primeiro, porque contrariaria os interesses incrustados

---

10 O comportamento do crédito é discutido em Almeida et al. (1988b).

nos vários Estados e seria um entrave ao processo de abertura ora em curso; segundo, porque restringiria o espaço para os gastos públicos crescerem acima das possibilidades de incremento da tributação e das receitas das empresas públicas.

O sentido mais amplo das medidas de política econômica centradas no setor público sugere que o propósito do governo foi intensificar o controle dos fluxos de recursos públicos e criar condições de direcioná-los aos setores estratégicos na implantação do II PND. A desvinculação das receitas fiscais promovidas com a criação do Fundo Nacional de Desenvolvimento (FND), as regras estritas de aplicação dos recursos do FPE/FPM promulgadas a partir de 1975 e as normas de endividamento ilustram o desejo dos mentores de política econômica de influenciar as diretrizes de gastos do setor público e de ter aí um elemento adicional para enfrentar a imensa tarefa que se colocava para o governo.

Dado o peso do endividamento na estrutura de financiamento estadual, é fácil entender a importância do controle das operações de crédito nos planos do governo. A Resolução nº 62 do Senado, de 28.10.1975, aparentemente, surgiu com a preocupação de limitar o endividamento dos governos subnacionais e fixou limites máximos para a dívida consolidada interna (cf. Saren/Seplan, 1983). No entanto, o exame mais atento revela que o objetivo último dos responsáveis pela política econômica não era, necessariamente, o controle do total da dívida. As normas legislativas deixaram brechas por onde as unidades poderiam contratar operações além dos limites legais, desde que aprovadas por órgãos federais e pelo Senado Federal.

A própria Resolução nº 62 assinalava que "os estados e municípios poderão pleitear que os limites sejam temporariamente elevados, a fim de realizarem operações de crédito especificamente vinculadas a empreendimentos financeiramente viáveis e *compatíveis com os objetivos e planos nacionais de desenvolvimento*, ou ainda, em casos de excepcional necessidade e urgência". No momento seguinte, a Resolução Bacen nº 345, de 13.11.1975, estabeleceu a não-inclusão como dívida consolidada, para efeito de apuração dos limites legais, das garantias oferecidas pelos Estados e Municípios a "suas autarquias e demais entidades que demonstrem", *a juízo do Banco Central*, efetivas condições para saldar os respectivos compromissos.[11]

As alterações introduzidas pela Resolução nº 93 do Senado Federal, de 11.10.1976, caminharam no mesmo sentido e reforçaram as oportunidades de não se obedecer aos limites existentes ao definir as dívidas intralimite e extralimite. Nas operações de crédito por contratos, a dívida intralimite poderia ser efetivada, independentemente de autorização do Senado Federal, desde que fossem respeitados os limites fixados legalmente. As operações extralimites, assim consideradas todas aquelas realizadas com recursos do Banco Nacional de Habitação, do Fundo Nacional de Apoio ao Desenvolvimento Urbano (FNDU) e do Fundo de Apoio ao Desenvolvimento Social (FAS), somente poderiam se concretizar após o encaminhamento do pedido de autorização ao Banco Central, que, preliminarmente, o examinava e o remetia à Sarem, a quem competia se manifestar sobre o reconhecimento de prioridade e de capacidade de pagamento do interessado. O pronunciamento da Sarem era submetido à apreciação do Conselho Monetário Nacional e, posteriormente, enviado à deliberação do Senado Federal (cf. Sarem/Seplan, 1983).

Nas operações com títulos da dívida pública mobiliária, os Estados poderiam efetuar o seu lançamento, ou ter iniciada a sua colocação no mercado, só depois de previamente autorizados e registrados no Banco Central. O registro da operação era concluído após: o exame pelo Banco Central dos aspectos financeiros e legais da operação, a manifestação da Seplan a respeito do plano de aplicação dos recursos e a aprovação do CMN. Apenas

---

11 Cf., respectivamente, Resolução nº 62 do Senado Federal, de 28.10.1975, e Resolução Bacen nº 345, de 17.11.1975. Os grifos são meus.

nos casos em que se tratava de títulos para o giro da própria dívida, o lançamento era automaticamente assegurado.

As operações de crédito externo, embora não sujeitas a limites específicos, deveriam ser submetidas à Seplan para que esta se manifestasse a respeito da capacidade de endividamento do Estado e quanto ao mérito, viabilidade e compatibilidade do empreendimento com os objetivos dos planos nacionais de desenvolvimento; deveriam, ainda, ser submetidas ao Ministério da Fazenda e ao Banco Central para avaliação dos aspectos técnicos e, a partir de fins de 1979, à Sest, que se tornou o órgão responsável para emitir parecer sobre o reconhecimento de prioridade do projeto ou programa e a capacidade de pagamento do interessado.[12]

A legislação, a pretexto de controlar o endividamento, acabou criando normas que reforçaram as medidas em vigor no período anterior, para regular o *uso dos recursos* das operações de crédito, e de pouca eficácia para garantir níveis adequados de comprometimento dos governos estaduais com os encargos da dívida pública. A possibilidade de as unidades se valerem das operações externas, das dívidas extralimites, do direito de requerer a elevação temporária dos limites de endividamento e de apelarem à descaracterização das garantias oferecidas às autarquias e a outras entidades do governo, provocou a *politização* da questão da dívida. O nível de endividamento de cada Estado passou a estar diretamente condicionado ao poder de barganha e aos interesses envolvidos no processo de negociação de cada novo pedido de operação de crédito, principalmente nas unidades com baixa capacidade de expandir o endividamento intralimite. Os Estados passaram a conviver com a obtenção de recursos ne-

12 As operações de crédito externas compreendiam: os empréstimos em moeda contratados via Lei nº 4.131, os financiamentos de importações e o arrendamento mercantil (*leasing*).

gociados e a sujeitar-se a pressões na esfera política para viabilizar acordos relativos à contratação de nova dívida.[13]

O controle dos limites de endividamento apresentou, na maioria das vezes, poucos resultados técnicos e se resumiu ao papel de instrumento de barganha política e meio para a União manter ascendência sobre a ação dos governos estaduais. A aprovação ou não de novas operações de crédito estava sujeita a negociações e ao poder da área econômica de impor suas decisões, que variavam de acordo com a força dos governadores e a influência deles na configuração do momento político.

A possibilidade de sustentar o fluxo de recursos federais e dos empréstimos permitiu aos Estados superarem as dificuldades financeiras colocadas pelo comportamento pouco favorável da base de financiamento própria e pelo aumento da participação dos encargos da dívida, embora à custa de sério comprometimento da receita futura. A facilidade de acesso ao crédito existente no período final dos anos 70 escamoteou o grau de deterioração a que havia chegado a situação fiscal dos Estados e a incapacidade de manter a reprodução dos gastos com investimentos e com os encargos financeiros sem um fluxo crescente de novos financiamentos.

O colapso da estratégia de financiamento calcada em recursos externos atingiu pesadamente os diferentes segmentos do setor público e levou os Estados a conviverem com a crise. Os problemas até então latentes ou camuflados pelo afluxo de créditos tiveram desdobramentos no início dos anos 80 e colocaram em xeque a base de financiamento dos governos estaduais. A contração dos empréstimos e a falência das relações intergovernamentais em razão da incapacidade do governo federal de alimentar a continuidade do fluxo de recursos abriram séria crise

---

13 Na discussão sobre endividamento, ver Resende & Afonso (1988) e Afonso (1989).

no setor público estadual. Sem a base de financiamento anterior, estando os recursos fiscais comprometidos com os gastos correntes e o pagamento das dívidas passadas, não havia outra saída para os Estados senão intensificar as relações com suas instituições oficiais de crédito para darem sustentação à rolagem das dívidas e aos gastos. Era preciso, também, defender politicamente a revisão da repartição da receita tributária e garantir outras benesses da esfera federal.

A década de 1980 caracterizou-se pela crise dos Estados e pelo conflito com a esfera federal na disputa em torno da definição dos parâmetros de acesso a novos empréstimos, de rolagem das dívidas, de repartição da receita tributária e de liberdade na adoção de uma política tributária própria, cujos avanços e recuos foram dados pelo encaminhamento da crise econômica e pelos passos da agenda política.

3
O colapso do financiamento estadual

A crise de financiamento e as finanças estaduais

O segundo choque do petróleo e o salto das taxas de juros internacionais, provocado pela mudança da política americana, explicitaram, definitivamente, a fragilização do balanço de pagamentos e ampliaram a necessidade de captação de recursos externos. A política de crescimento com endividamento revelou todo o seu potencial desestabilizador, e a crise cambial transformou-se na restrição fundamental à continuidade do desenvolvimento do país, levando à deterioração financeira do setor público e à aceleração inflacionária (Carneiro, 1991; Batista Júnior, 1987).

A posição dos bancos internacionais de suspender os empréstimos voluntários exigidos no financiamento do déficit em transações correntes fez que a economia perdesse a principal fonte de abastecimento de recursos líquidos ao *Estado* (Belluzzo,

1988). O virtual esgotamento da fonte de financiamento externo e a obrigação de gerar os recursos a serem transferidos ao exterior mudaram os rumos da política econômica e forçaram a redefinição do padrão de crescimento dos anos 70.

O colapso do financiamento externo e as decisões de política econômica colocaram o *Estado* no epicentro da crise e internalizaram os problemas de financiamento no setor público, sem gerar, simultaneamente, recursos compatíveis com o montante de encargos financeiros de responsabilidade do governo (cf. Cruz, 1995).

A crise explicitou o esgotamento da estratégia desenvolvimentista e do caráter *schumpeteriano* do *Estado*, evidenciando a sua impotência em continuar comandando o processo de crescimento, em demarcar horizontes e criar novos espaços de acumulação.[1] O descompasso entre os encargos externos de responsabilidade do setor público e a disponibilidade de recursos fizeram o governo se voltar, em última instância, para as fontes de financiamento interno, não lhe restando outra alternativa senão elevar o passivo externo do Banco Central (ampliando o processo de estatização da dívida externa com o crescimento dos DRMEs e dos Depósitos de Projetos) e expandir a base monetária, captar recursos internos de crédito, aumentar a colocação de títulos da dívida mobiliária e garantir outras formas de crescimento *ad hoc* do passivo não monetário do Banco Central.[2] Esse movimento ampliou a participação do setor público nos empréstimos globais do sistema financeiro e gerou a expansão inusitada da dívida interna líquida do setor público (Teixeira & Biasoto Júnior, 1988; Bontempo, 1988).

---

1 Os pontos citados foram discutidos por Fiori (1991 e 1992), Martins (1991 e 1992) e Erber (1990).

2 Entre esses elementos do passivo não monetário do Banco Central, merecem destaque os depósitos das Sociedades de Poupança e Empréstimo (SBPE) e os depósitos dos exportadores (Resolução Bacen n° 1.208).

A dívida mobiliária federal assumiu crescente importância na dívida interna líquida do setor público, mas, dada a sua estreita vinculação com a dívida externa, perdeu o espaço que anteriormente ocupava como instrumento de geração de recursos líquidos para a ampliação das operações ativas de fomento das autoridades monetárias (Cavalcanti, 1988; Biasoto Júnior, 1988).

Desse modo, o governo viu-se às voltas com a crise do financiamento externo e com o comprometimento das fontes de financiamento interno, sobretudo a dívida mobiliária, de que se servia para multiplicar as aplicações ativas do orçamento monetário e superar as limitações do sistema financeiro doméstico. O fim do papel estratégico dos créditos externos e o comprometimento da dívida interna com as necessidades de financiamentos geradas pelos encargos externos marcaram o momento da fragilização das autoridades monetárias e colocaram em xeque a base da estrutura de financiamento da política de fomento e do conjunto de gastos fiscais embutido no orçamento monetário.

Tal movimento ganhou dimensão com a perda do dinamismo das poupanças compulsórias (FGTS, PIS, Pasep, FAS) e com o esvaziamento do papel dinâmico dessa massa de recursos financeiros como fonte de alimentação de fundos e programas e de linhas de financiamento controladas pelo governo. Importantes para manter gastos em áreas específicas e alimentar as relações com outras esferas da administração pública e com o setor privado, as poupanças compulsórias sofreram claro processo de corrosão a partir da desaceleração da taxa de crescimento da economia e dos problemas com o retorno das aplicações. O caráter pró-cíclico de suas bases de arrecadação, o uso da receita em empréstimos subsidiados e a generalização da inadimplência tornaram incompatíveis a continuidade do fluxo de recursos e a manutenção da estrutura financeira do agente repassador.

A perda da capacidade fiscal também contribuiu, decididamente, para o agravamento das condições de financiamento público. A tendência de queda da carga tributária acompanhou o movimento de declínio da taxa de crescimento da economia, os efeitos da aceleração inflacionária e a renúncia de arrecadação implícita nos incentivos, isenções e abatimentos criados ao longo do tempo e usados à exaustão em benefício dos setores considerados prioritários na estratégia oficial da segunda metade dos anos 70 (Paula, 1988).

Os aperfeiçoamentos na tributação e a elevação nominal da carga tributária não compensaram os efeitos da recessão e da inflação sobre a receita tributária. O aumento da imposição de contribuições sociais ligadas à Previdência Social e a criação de contribuições extra-orçamentárias aliviaram, parcialmente, a perda da receita, mas não conseguiram evitar a queda do poder de financiamento fiscal e a redução dos gastos orçamentários, que ainda foram prejudicados em razão da transferência de recursos para cobrir o desequilíbrio do orçamento monetário. A dificuldade de sustentação dos programas de gastos fiscais afetou um dos elos básicos das relações intergovernamentais, e os Estados não conseguiram manter as aplicações em áreas atendidas com recursos federais, pois a União garantiu a centralização tributária, apesar das alterações nas transferências constitucionais, enquanto os Estados viveram o período de mais baixa participação no total de recursos tributários efetivamente disponíveis.[3]

A deterioração da estrutura de financiamento das empresas estatais, acompanhando o colapso da captação de recursos externos, revelou outra face da crise do setor público, criando obstáculos à sustentação das relações intergovernamentais em áreas de atuação do setor empresarial. As empresas tipicamente públicas e dependentes de recursos fiscais foram atingidas com cortes orçamentários e perderam a capacidade de desempenhar

3 Essa questão será discutida no Capítulo 4.

as funções a que se destinavam. O setor produtivo estatal perdeu condições de financiamento e deixou de cumprir o papel dinâmico de articulação com o investimento privado e de complementaridade com os gastos de outras esferas de governo (Paula, 1989a).

O esvaziamento das fontes de financiamento público comprometeu o poder da União de conduzir e dinamizar o processo de crescimento. Apesar de os instrumentos que viabilizaram a concentração do poder financeiro e o comando federal na área fiscal permanecerem praticamente intactos, ficou patente o esgotamento da capacidade da União de *avançar* crédito, de expandir o conjunto de seus gastos e de alimentar as relações financeiras intergovernamentais.

Por outro lado, a eleição do déficit como metassíntese do programa econômico patrocinado pelo FMI inviabilizou a manutenção da política do setor público de usar o endividamento para ampliar os gastos. O programa adotou o controle estrito do crédito interno líquido, com metas de expansão monetária e creditícia consistentes com os objetivos de reduzir a necessidade de financiamento do setor público, de conter a demanda agregada e de gerar um superávit comercial capaz de atender à parte das obrigações externas não cobertas com *dinheiro novo* (Sampaio Júnior, 1988; Marques, 1989; Bacha, 1983).

A estratégia de controle do déficit público, na ausência de reformas abrangentes na estrutura de financiamento e diante do virtual colapso das fontes externas, preocupou-se em negar a prática expansionista dos gastos públicos apoiada no *sobreendividamento*. O corte do crédito das autoridades monetárias e das agências federais, as restrições às contratações de novos empréstimos, bem como a determinação de condicionar o acesso aos *relendings* ao pronunciamento da Seplan e à emissão dos chamados avisos de prioridade, buscaram frear a expansão dos gastos de todo o setor público, envolvendo, obrigatoriamente, a União, os Estados, os Municípios e as empresas estatais.

O FMI via na contenção da demanda de crédito a principal dificuldade a ser superada na tentativa de se cumprirem os tetos estabelecidos para os ativos líquidos das autoridades monetárias e as metas das necessidades de financiamento do setor público. Os primeiros sinais de que a programação das metas do acordo não seria respeitada levaram o FMI a criticar duramente a baixa contribuição das empresas estatais no esforço de ajustamento e a expressar preocupação com os governos estaduais por "efetuarem empréstimos junto ao sistema bancário nacional a um nível incompatível com o estabelecido no programa" (Brasil, 1983).

O governo respondeu ampliando o controle do endividamento e endurecendo as metas relativas ao setor público com medidas de políticas monetária e fiscal agressivas, que visavam garantir um orçamento operacional superavitário em 1984. Os atos mais expressivos foram a fixação de limites mensais à expansão dos empréstimos do setor público no sistema financeiro doméstico (Resolução Bacen nº 831, de 9.6.1983) e a criação de um órgão federal (Comor) responsável pela supervisão do movimento dos gastos públicos e pela definição de novos cortes nas despesas correntes e de investimentos do governo federal e das empresas estatais.

O *estouro* das metas de inflação restringiu a possibilidade de se obedecer aos limites mensais estabelecidos para os valores nominais de empréstimos do setor público no sistema financeiro doméstico. As autoridades, preocupadas com o cumprimento do programa, fortaleceram a fiscalização das finanças estaduais e adotaram *limite rígido sobre qualquer aumento no endividamento dos Estados e Municípios*, com relação a: *1. empréstimos de bancos nacionais; 2. colocação de títulos no mercado interno; 3. empréstimos externos*, isto é, cobrando dos governadores eleitos em 1982 um grau de austeridade muito acima do que o esperado mesmo para início de governo (Brasil, 1984a).

A renovação, em março de 1984, do acordo com o FMI, apesar da força dos governadores eleitos, reafirmou a austeridade no trato do setor público e a ênfase no controle dos governos estaduais. A meta era reduzir a necessidade de financiamento do setor público, de modo a viabilizar *um superávit equivalente a, pelo menos, 0,3% do PIB na posição do orçamento operacional do setor público*, o que exigiria um esforço de ajustamento da ordem de 2,8% do PIB. A maior contribuição na viabilização dessa proposta viria da queda do valor do déficit dos Estados e Municípios equivalente a 1,3% do PIB, suficiente para gerar um orçamento operacional equilibrado do setor (Brasil, 1984b).

As pressões a favor de flexibilidade no trato do setor público acabaram alcançando repercussões no interior do aparelho de *Estado* e garantiram relativa liberalização nas metas de expansão do financiamento, cujos reflexos se evidenciaram no desajuste das cláusulas de desempenho da economia do segundo semestre de 1984. As autoridades, no entanto, mesmo não sendo capazes de cumprir as metas negociadas com o FMI, pouco alteraram os rumos da política econômica; lutaram, dentro dos limites colocados pelo momento político, na defesa do processo de ajustamento e obtiveram superávit primário e redução do déficit público, no conceito operacional, no período 1983/1984.[4]

No âmbito dos Estados e Municípios, os dados mostram – embora mereçam pouca confiabilidade – sensível queda da necessidade de financiamento em 1983 e superávit no ano seguinte. É bem verdade que os números oficiais escondem parte dos

---

4 As autoridades econômicas, pressionadas por governadores e instituições bancárias, permitiram certo desafogo do setor público. O governo cedeu e ampliou os espaços para novos empréstimos: a) proporcionou maior facilidade de acesso aos *relendings*; b) flexibilizou os limites mensais à expansão do crédito fixado pela Resolução nº 831; c) retirou da base de cálculo da Resolução nº 831 as operações externas via 63, BNH e Finame; d) autorizou os bancos a refinanciarem as amortizações e juros vencidos e não pagos em 1983 e o principal já vencido e a vencer em 1984; e) permitiu, a partir de agosto, a ampliação dos limites de expansão dos empréstimos das instituições financeiras.

créditos informais logrados no relacionamento dos Estados com os seus respectivos bancos, nos acordos triangulares com as empreiteiras e nos atrasos dos pagamentos, por onde foi possível burlar, parcialmente, as restrições de acesso a recursos financeiros e criar condições para as unidades enfrentarem a crise.

Apesar das brechas existentes, é fundamental perceber que a eleição do déficit como elemento nuclear da estratégia de política econômica interferiu nos elementos responsáveis pela garantia da base de financiamento dos Estados, os quais foram forçados a adaptar-se aos parâmetros da política macroeconômica e a conviver com os limites à expansão do crédito interno líquido das autoridades monetárias e as necessidades de financiamento. A política de controle do déficit limitou os empréstimos do sistema bancário nacional e das agências oficiais de crédito, colocando em xeque o esquema de relações entre as esferas de governo e a capacidade de os Estados ampliarem o valor do endividamento para dar continuidade aos programas de investimento.

A inviabilidade da manutenção do fluxo de recursos financeiros na rolagem das dívidas pretéritas e na programação de novos gastos marcou a difícil convivência com os encargos ampliados da dívida pública e o momento de esgotamento do padrão de financiamento estadual. Os elementos que responderam pela ampliação dos gastos estaduais acima da possibilidade de expansão do valor dos tributos e das receitas das empresas públicas perderam o poder de sustentação do papel ativo dos gastos e tiveram que ser revistos para acompanhar as condições emergentes no mercado internacional e a nova orientação da política macroeconômica. Sem os fluxos crescentes de financiamento externo e diante das restrições ao crédito interno das autoridades monetárias e dos empréstimos junto ao sistema bancário nacional, os Estados não tiveram outro caminho senão o de cortar gastos e conviver com a falência das condições de financiamento.

O colapso do financiamento estadual

Os sinais de debilidade do padrão de financiamento estadual identificados na segunda metade dos anos 70 ganharam contornos precisos com a crise geral de financiamento e a adoção da estratégia de política macroeconômica centrada na obtenção de superávits comerciais e no combate ao déficit público.

O virtual esgotamento das fontes externas, o controle do crédito interno e as barreiras à reprodução das relações financeiras intergovernamentais elevaram a instabilidade financeira estadual e tornaram problemático o equacionamento das contas públicas. As dificuldades com a alavancagem dos recursos creditícios e com o aumento dos custos da dívida pública não foram compensadas por ganhos com outras fontes de financiamento. A pouca autonomia dos Estados no manuseio do sistema tributário limitou os avanços na área fiscal como veículo de superação da crise. Os ganhos com o aumento do FPE e das alíquotas do ICM foram virtualmente compensados pela aceleração da inflação, pela queda da taxa de crescimento econômico e pelo poder da União de manipular a estrutura tributária, resultando em perdas reais na receita tributária e na distribuição dos recursos entre as esferas de governo até 1984. Sem a definição de uma estrutura alternativa, os Estados defenderam os seus espaços de atuação por formas de financiamento *ad hoc* – dependentes do resultado de variáveis aleatórias – envolvendo a negociação de favores junto à esfera federal e a fixação dos valores determinados pela política macroeconômica para a taxa de juros, a rolagem da dívida e o acesso a novos créditos, além da possibilidade de acumular atrasos nos pagamentos a órgãos federais e nas obrigações junto aos bancos estaduais, empreiteiros, fornecedores e prestadores de serviços.[5]

---

5 Essa questão será discutida no Capítulo 6.

O valor do crédito forçado no financiamento estadual alcançou níveis sem precedentes, sinalizando o grau de profundidade da crise. A ausência de fontes regulares para o atendimento das obrigações e a dependência de variáveis sobre as quais os governadores não tinham controle geraram um quadro financeiro altamente instável, cuja linha divisória entre estabilidade e crise aberta mostrou-se tênue e sujeita a bruscas oscilações, conforme o movimento macroeconômico e os rumos da política econômica.

Superada a fase de dificuldade vivida sob a égide dos acordos com o FMI, os Estados tiveram momentos de relativa estabilidade e recuperação dos níveis de investimento no biênio 1985/1986, graças à oportunidade de compatibilizar o valor dos gastos com os novos fluxos de financiamento propiciados pela conjugação de fatores positivos. As receitas fiscais tiveram uma fase de euforia com elevação das taxas de crescimento e o movimento de descentralização tributária. Além disso, a liberalização dos gastos federais, as maiores oportunidades de captação de empréstimos, a queda da inflação e os baixos custos financeiros em 1986 também contribuíram, favoravelmente, para o financiamento dos governos estaduais. Entretanto, a brusca reversão da trajetória expansionista e a mudança na perspectiva de política econômica nos anos seguintes provocaram perdas na capacidade de arrecadação estadual e levaram a outra fase de crise financeira aberta.

A crise de financiamento refletiu-se sobre todos os segmentos do setor público estadual e interferiu na articulação financeira entre eles. Os indícios apontam a revalorização do papel do Tesouro a partir do momento em que o encaminhamento das negociações exigidas na viabilização da ação estadual, diante do deteriorado quadro financeiro, passou a ser tarefa de cada governo estadual, tendo à frente a figura do governador, e não de órgãos isolados, sem representatividade para sustentar os pleitos no plano político.

O processo de descentralização administrativa e a crescente autonomia das diferentes entidades perderam fôlego e tiveram que ser adaptados às circunstâncias financeiras vigentes. A insuficiência de recursos próprios das empresas, a falta de linhas alternativas de financiamento e, como se verá a seguir, os problemas de articulação com a esfera federal foram determinantes para frear o esvaziamento do poder da administração central. O setor empresarial e as entidades da administração descentralizada, enfraquecidas financeiramente, tornaram-se mais dependentes de recursos sujeitos à ingerência direta do Tesouro estadual e sofreram perda de autonomia em suas decisões, por serem obrigados a sujeitar-se a negociações sem o domínio das variáveis decisivas.

Os bancos estaduais, por sua vez, estreitaram os laços com o governo e passaram a responder diretamente pela demanda de operações de crédito e pela cobertura das responsabilidades de encargos do setor público estadual. A generalização do não-pagamento dos contratos realizados com a administração direta e as empresas estaduais, a obrigatoriedade de lastrear o conjunto de suas dívidas, ou, em alguns casos, de financiar parte dos gastos correntes das entidades públicas, provocaram o envolvimento dos agentes financeiros na crise estadual e a situação de insolvência que enfrentaram. As crescentes restrições de financiamento dos gastos programados nos anos pós-1985 levaram ao aprofundamento do intrincado jogo financeiro no seio dos próprios governos estaduais, cujos desdobramentos comprometeram ainda mais a já abalada saúde financeira de suas instituições de crédito, pondo a perder o esforço de recuperação iniciado em 1984 com o apoio do Bacen. Nos anos seguintes, os bancos acompanharam os problemas dos demais segmentos do setor público estadual e enfrentaram novas ondas de dificuldades. A obrigação do governo central de voltar a intervir nos agentes financeiros apontou os limites de uma política de recuperação, sem mexer com as razões básicas da fragilização do sistema dos bancos estaduais colocadas no âmbito das relações no interior dos próprios Estados.[6]

A realidade econômica também provocou mudança na ação da União e nos parâmetros que nortearam as relações intergovernamentais. Deixaram de existir facilidades na ampliação indiscriminada das aplicações ativas das autoridades monetárias, dos repasses de verbas fiscais e dos recursos financeiros controlados pela União. O governo, envolvido com a crise de financiamento e obrigado a cumprir as metas monetárias, creditícias e de austeridade nos gastos públicos, viu-se forçado a alterar o padrão de convivência com os Estados. O esquema das relações intergovernamentais perdeu funcionalidade quando se tornou inviável manter o conjunto dos gastos com os convênios, fundos e programas e linhas de financiamento responsáveis pela alimentação das aplicações no plano estadual. O corte nessas rubricas e no crédito das agências oficiais restringiu a reprodução das formas de articulação com os governos estaduais e negou a organização institucional baseada no movimento de descentralização do setor público estadual vinculado a recursos de fontes federais.

As administrações centrais, pressionadas pelos baixos níveis da poupança fiscal e pela insuficiência das transferências constitucionais, viram os repasses de recursos federais não regulares escassearem e os obstáculos de acesso a operações de crédito das agências oficiais crescerem, limitando o atendimento a várias áreas de atuação.

O setor empresarial passou a enfrentar problemas com os programas de gastos a partir das restrições de sustentação dos vínculos orgânicos com a esfera federal. Nos segmentos que compõem os sistemas nacionais, as empresas estaduais viveram um processo de debilidade financeira semelhante ao existente

6 A questão dos bancos estaduais será retomada no Capítulo 5.

no órgão federal. A estrutura de financiamento foi fragilizada como resultado do medíocre comportamento dos índices de evolução da receita operacional, do corte nos empréstimos externos e do peso crescente do serviço da dívida, aliados ao fim das vinculações dos recursos fiscais aplicados nas áreas de energia (IUEE), de telecomunicações (FNT) e no setor rodoviário (IUCL). Os governos estaduais, sem a garantia das fontes de financiamento internas e externas, tornaram-se impotentes diante dos investimentos necessários em áreas estratégicas de infraestrutura. Nas áreas de atuação das empresas estaduais identificadas, historicamente, com a prestação de serviços públicos, o corte nas linhas de financiamento vinculadas a convênios e a operações de crédito com agências federais reforçou a ausência de recursos a serem aplicados em saúde, habitação, saneamento, transporte e educação, agravando o agudo quadro de carência de investimentos nesses segmentos, dado que os Estados não tiveram condições de deslocar verbas suficientes para preencher os vazios deixados pela retração do fluxo de recursos federais e para o pagamento dos encargos decorrentes de financiamentos anteriores.[7] Nos setores ligados à assistência técnica e à extensão rural, o enfraquecimento da atuação federal deixou em aberto a definição das aplicações nas áreas previamente atendidas em razão da reconhecida incapacidade financeira das empresas estaduais atuantes em tais setores.

O impasse nas relações intergovernamentais transferiu, em primeira instância, a pressão por recursos adicionais aos Tesouros estaduais, que se revelaram incapazes de compatibilizar o fluxo de pagamentos exigido pelo estoque da dívida com a manutenção do volume de gastos correntes, com as transferências às outras esferas da administração e com os novos investimentos,

7 Fagnani et al. (1986) discutem as dificuldades de financiamento nas áreas de habitação, saneamento básico, transporte coletivo, previdência e assistência médica e saúde.

colocando a nu a fragilidade do gerenciamento das finanças estaduais. Os Tesouros, as empresas e os agentes financeiros, envolvidos com os problemas de endividamento e sem a base de financiamento anterior, perderam os poderes de alavancar recursos e de garantir os investimentos em áreas fundamentais e, até mesmo, os gastos da máquina administrativa.

A impossibilidade de encontrar saída para a crise no âmbito dos Estados ampliou a articulação e a dependência em relação a decisões controladas pelas autoridades federais. A União, pressionada politicamente, viu-se obrigada a intervir – mesmo contra os objetivos imediatos de política econômica – e passou a determinar, em última instância, as condições de financiamento dos governos estaduais por meio da assunção de dívidas da administração direta, das empresas e com o socorro financeiro aos bancos estaduais (Afonso & Dain, 1987).

A transferência ao Tesouro Nacional dos encargos financeiros refletiu a impotência dos Estados diante da crise e o insucesso na reconstrução de uma base de financiamento estável. A negação das condições anteriores, aliada à ausência de outra dinâmica capaz de definir condições efetivas de financiamento, o campo de atuação de cada esfera de governo e as regras claras de articulação da União com a administração direta e as empresas estaduais colocaram em suspenso os investimentos atrelados a verbas federais e inviabilizaram o atendimento dos gastos na infra-estrutura e na área social.

Os Estados, atropelados pelas dificuldades financeiras, viram aumentar a perda de autonomia nas decisões referentes *ao ritmo e às condições de investimento*, reforçando as características presentes, desde há algum tempo, nas relações com a União. Todavia, a especificidade desse movimento, responsável por agregar traços particulares a essa fase e por demarcar a mudança de caráter nas relações intergovernamentais, decorreu, fundamentalmente, *da dependência do conjunto dos Estados de decisões federais, referentes à dívida pública, à política de crédito em geral e ao acesso a novos financiamentos, para viabilizar a gestão da crise estadual.*

O rompimento das condições que asseguraram aos Estados a renovação automática das operações de crédito necessárias à cobertura dos encargos da dívida passada e a contratação de novos financiamentos fizeram que a fixação dos percentuais de rolagem das dívidas interna e externa (vencidas e a vencer), a política de crédito interno (sobretudo das agências oficiais), bem como a liberdade de lançamento dos títulos da dívida mobiliária, influenciassem diretamente os gastos com o serviço da dívida e constituíssem elementos básicos na determinação do valor dos investimentos e na gestão financeira dos Estados. Nesse sentido, as políticas macroeconômicas de contenção da demanda agregada e da necessidade de financiamento público passaram a definir os parâmetros de atuação dos governos estaduais, e as questões referentes à rolagem da dívida e à abertura de frentes de financiamento transformaram-se em decisões marcadas por forte cunho político.

A incapacidade de refazer o padrão de financiamento estadual

O governo da Nova República, cercado de expectativas de mudanças na prática política e na forma de condução da política econômica, abriu perspectivas alvissareiras no enfrentamento dos problemas de financiamento público. O governo Sarney, no entanto, preso a um amplo arranjo político, não se mostrou capaz de desencadear reformas abrangentes e de frear a deterioração das condições gerais de financiamento. O virtual esgotamento do fluxo de recursos externos e a obrigatoriedade de se manter uma política consistente com elevados superávits comerciais criaram sérios obstáculos às várias tentativas de política econômica realizadas no período e limitaram os espaços de reestruturação financeira do setor público. Desse modo, o governo não logrou contornar a crise fiscal e gerar os recursos correspondentes aos encargos financeiros de sua responsabilidade, assim como foi malsucedido na tarefa de desvalorizar a dívida interna e de reduzir as transferências de recursos ao exterior.

Os problemas de articulação com o mercado financeiro internacional e o valor das transferências de recursos reais ao exterior colocaram o país diante de um quadro de crise cambial permanente, determinado pelo recorrente insucesso na alteração dos rumos da negociação da dívida externa e pela necessidade de manutenção das diretrizes fundamentais da economia, com o objetivo de assegurar as divisas exigidas pelos pagamentos internacionais. Assim, o alcance da crise cambial não se restringiu somente aos períodos de fracasso das metas de superávit comercial e do não-pagamento das obrigações externas. O problema cambial extrapolou essa conjuntura particular, quando passou a servir de base à fixação das taxas de câmbio e de juros compatíveis com a programação do setor externo.

O comprometimento das políticas de câmbio e de juros com a geração dos megassuperávits acirrou a instabilidade econômica e criou crescentes embaraços aos devedores em moedas externa e nacional. De um lado, a determinação desses dois preços básicos da economia acabou indicando os ganhos dos exportadores e os elevados níveis de valorização do capital no mercado financeiro, sendo responsável por sinalizar a todos os agentes econômicos os patamares desejados de rentabilidade e as margens de aumento de seus preços, com reflexos imediatos sobre a inflação. De outro, os valores dos juros e do câmbio definiram o aumento dos custos financeiros do principal devedor da economia – o setor público – com a dívida externa e com as várias frentes de endividamento interno, gerando-lhe um processo cumulativo de desequilíbrio patrimonial (Teixeira, 1992; Carneiro, 1991; Belluzo & Almeida, 2002).

A aceleração inflacionária, por sua vez, afetou a capacidade de arrecadação fiscal do governo. O comportamento da carga tributária deixou visíveis a deterioração que acompanhou o descontrole da inflação e o elevado comprometimento da receita com o pagamento de juros e subsídios, além dos gastos necessários à manutenção do valor das exportações (Afonso & Villela, 1991). Esse mesmo movimento atingiu as empresas estatais. O aumento da inflação elevou a defasagem dos preços e das tarifas públicas, comprometeu o reerguimento financeiro das empresas estatais e alimentou outro foco importante de desequilíbrio das finanças públicas (Paula, 1989a).

A deterioração da receita pública e a percepção de que o governo seria levado a recorrer a novos ajustes fiscais e tarifários também contribuíram no fomento das expectativas inflacionárias e na aceleração da instabilidade econômica, dificultando o equacionamento financeiro de todo o setor público. Nessa situação, as propostas do governo de pacotes fiscais todos os finais de ano e de reposição do valor das tarifas públicas não surtiram resultados positivos e provocaram pressões adicionais sobre a taxa de inflação.

A continuidade do déficit público e a alta da inflação constituíram as barreiras com que se defrontou o governo na tentativa de conciliar as metas do setor externo com a estabilização da economia e a revisão das condições de desequilíbrio patrimonial do setor público.

A proposta do Plano Cruzado de combater os determinantes financeiros do déficit e de buscar a reordenação das finanças públicas não avançou diante dos percalços na negociação da dívida externa e da incapacidade de desmontar os elementos internos responsáveis pelo descontrole das contas públicas. Após o fracasso do Plano Cruzado, a ótica da política econômica, nos anos seguintes da década, preocupada em reduzir o papel do *Estado* e a sua participação no conjunto das atividades econômicas, também não garantiu sucesso no controle do déficit nem melhores condições de financiamento (Miranda, 1992).

O governo cortou os gastos públicos e os das empresas estatais, restringiu a oferta de crédito das autoridades monetárias e voltou a fixar limites globais rígidos para os empréstimos do sistema financeiro na tentativa de reverter as expectativas inflacionárias e de conter os crescentes sinais de desestabilização da economia.[8] Entretanto, o esforço mostrou-se inútil porque não enfrentou o problema colocado pelo elevado valor do passivo acumulado no passado, nem conseguiu reverter o processo de estreitamento das bases de financiamento do setor público.

A força do ministro Maílson no uso de instrumentos convencionais garantiu a recuperação do superávit primário (que se encontrava em declínio desde 1985 e havia sido negativo em 1987), mas deixou claros os limites de uma política estritamente ortodoxa em refazer os mecanismos gerais de financiamento público. A concentração das pressões dos setores público e privado sobre a autoridade monetária e a falta de alternativas de financiamento, fora a expansão da base monetária e a colocação de títulos da dívida pública, apontaram a dificuldade do governo em atender a qualquer movimento expansionista de gastos sem comprometer as metas monetárias e de expansão do déficit.

A suspensão da moratória e o virtual esgotamento do processo de estatização da dívida, ao lado da deterioração da conta de capitais do balanço de pagamentos, reacenderam as dificuldades com os pagamentos dos encargos financeiros externos e ampliaram a pressão sobre as fontes internas de financiamento. O aumento dos gastos com as correções monetária e cambial da dívida pública e, simultaneamente, a queda da carga tributária e da demanda real por base monetária reforçaram a tendência de estreitamento das fontes de financiamento público. As conseqüências foram a crescente pressão sobre a dívida pública e o aumento da liquidez da economia, com a expansão monetária e a transformação da dívida mobiliária em ativo quase monetário,

8 As tentativas de conter a expansão do endividamento no setor público foram recorrentes ao longo de todo o período da Nova República. A questão do endividamento será discutida em capítulo à frente.

contribuindo para ampliar o grau de instabilidade econômica (Batista Júnior, 1989).

O fracasso em refazer as condições gerais de financiamento colocou sérias restrições à reestruturação financeira dos governos estaduais. O financiamento dos governos estaduais está condicionado por determinações mais amplas e, isoladamente, não poderia encontrar uma solução favorável diante dos problemas que envolvem todo o setor público. O esgotamento do modelo baseado no financiamento externo, o controle da contratação de novas operações de crédito, a perda de dinamismo da articulação do setor empresarial com as agências de financiamento oficiais e as empresas estatais, bem como as dificuldades da União em alimentar o fluxo de recursos intergovernamentais, deixaram poucas alternativas de financiamento aos Estados. Os valores da receita fiscal, dos preços e tarifas públicas, afetados pela desaceleração da taxa de crescimento da economia e pela alta inflacionária, não alcançaram montantes suficientes para responder à demanda com os gastos correntes e de investimentos e aos encargos gerados pelo passivo financeiro acumulado no passado. A fragilidade da base potencial de financiamento e o não-encaminhamento dos encargos da dívida deixaram em aberto a equação financeira e o caminho de gestão das finanças públicas estaduais.

4
Crise econômica, democratização e descentralização tributária

Avanço democrático, sistema tributário e distribuição institucional de renda

A década de 1980 revelou outra realidade para a sociedade brasileira. A crise e o fracasso do sonho de ser potência mundial recolocaram a discussão de questões aparentemente superadas pelo rápido crescimento econômico durante os anos do regime militar. A centralização política e econômica do período pós-1964 favoreceu o florescimento de novas relações entre as esferas de governo e a crescente subordinação dos interesses locais e regionais a decisões emanadas do poder central. A liberdade e a autonomia que haviam caracterizado o papel das burguesias regionais na fase anterior ao golpe militar anunciavam-se como coisa do passado, superadas pela transformação da realidade brasileira. Afinal, o Brasil havia se transformado em país industrializado, com regiões metropolitanas altamente povoadas, com um perfil de classe política diferente do anterior e com condições de redesenhar as relações entre as esferas de poder.

Os anos 80, entretanto, revelaram a retomada de velhos traços da tradição política brasileira. A crise econômica e a abertura política recolocaram antigos pontos do debate do federalismo e explicitaram as divergências dos interesses locais e regionais, contrários à perda do controle sobre os recursos tributários, que haviam de alguma forma se mantido silenciados pela possibilidade de alimentar os seus gastos pelas várias formas particulares de articulação com a esfera federal, abertas pelas linhas de crédito oficiais e pelo acesso aos gastos orçamentários.

De um lado, o virtual esgotamento das fontes de financiamento e a adoção do ajuste recessivo como estratégia de política econômica delinearam perspectivas desfavoráveis para os governos estaduais sustentarem a política de gastos. A pequena expressão dos excedentes orçamentários, o comprometimento das relações intergovernamentais e as dificuldades com a captação de recursos externos reduziram o leque de alternativas de financiamento dos Estados. A crescente dependência em relação à negociação de verbas com a União e ao endividamento interno com órgãos oficiais, bancos privados e agentes financeiros dos próprios Estados deixava antever a necessidade de ajustes na estrutura tributária, com o objetivo de recuperar o potencial de arrecadação e o peso da receita fiscal no financiamento do setor público.

No entanto, a discussão a respeito do formato tributário colocava-se também como resultado do novo quadro de correlação de forças que se desenhava a partir da abertura política e da proximidade das eleições para governadores e congressistas qualificados para escolher o futuro presidente da República no Colégio Eleitoral. As alterações de ordem política colocavam empecilhos à continuidade do movimento de concentração da receita tributária em mãos do governo federal e alimentavam as disputas inter-regionais.

O sistema tributário, de alguma forma, teria que incorporar as demandas emergentes nos campos político e econômico, por meio de medidas que objetivassem elevar a arrecadação e conciliar os interesses das três esferas de governo. Não há dúvida de que a definição de uma política econômica recessiva impunha limites à tentativa de se alcançarem, simultaneamente, ganhos na receita tributária e melhor distribuição entre as esferas de poder. As discussões em torno da temática tributária retrataram bem as dificuldades de se harmonizarem as posições da União, dos Estados e dos Municípios no novo quadro político-econômico.

A preocupação com a deterioração financeira dos Estados, aliada ao novo arranjo das forças políticas, levou os mentores da política econômica a promoverem alterações no ICM, buscando atender a um duplo movimento. Em primeiro lugar, a idéia foi garantir o crescimento da arrecadação estadual. Em 1980, houve o aumento de um ponto percentual na alíquota do ICM, elevando a cobrança para 15% no Sul e Sudeste e 16% nas demais regiões do país.[1] Estabeleceu-se, ainda, um acréscimo de 0,5% ao ano para Sul e Sudeste, de modo que, em 1982, as alíquotas internas do ICM passariam a ser iguais em todo o país. O acordo com o FMI fez que a alíquota do ICM voltasse a crescer em 1984, fixando-se em 17%.[2] Além disso, procurou-se elevar a arrecadação por meio de cortes no valor dos gastos tributários. A principal medida nesse sentido teve por base a Emenda Constitucional nº 23, que determinou o fim do crédito do ICM em operações isentas e acabou com as isenções sobre mercadorias importadas, bem como ordenou a inclusão do IPI na base de cálculo do ICM

1 Cf. Resolução nº 129, de 29.9.1979, do Senado Federal.
2 Cf. Resolução nº 364, de 1º.12.1983, do Senado Federal.

incidente sobre o cigarro, a realizar-se de forma gradual nos três anos seguintes. Em segundo lugar, buscou-se atender, mais diretamente, aos interesses políticos e conciliar o aumento da arrecadação com melhor distribuição da receita em favor dos Estados de menor nível de renda, por alterações nas alíquotas interestaduais do ICM. O forte movimento político dos representantes das regiões Norte e Nordeste levou o governo a atender a uma antiga reivindicação dessas unidades, reduzindo as alíquotas interestaduais das operações com o sentido Sul/Norte.[3]

As medidas anunciadas não garantiram o crescimento da arrecadação e os recursos necessários para os Estados atenderem ao aumento dos gastos financeiros e à queda das outras fontes de financiamento. As mudanças no sistema tributário não conseguiram reverter os efeitos do processo recessivo e da aceleração inflacionária. A sensibilidade do ICM ao nível da atividade econômica fez a arrecadação acompanhar o movimento conjuntural, com perdas relevantes em todas as unidades nos anos de baixo nível de atividade, principalmente nos Estados do Sul e Sudeste em razão da maior baixa da produção industrial, e crescimento nos anos de melhor desempenho econômico. De qualquer modo, o comportamento da principal fonte de receita fiscal dos Estados durante a década, com exceção do biênio 1985/1986, foi medíocre e não constituiu alternativa capaz de garantir recursos à ampliação dos gastos. Ademais, a mudança no critério de cobrança das alíquotas interestaduais do ICM também não foi suficiente, considerando-se a década como um todo, para alterar o quadro de distribuição regional do ICM, principal-

---

3 A partir de abril de 1980, nas operações venda de mercadorias, as alíquotas interestaduais do ICM foram reduzidas para 11% e 10% nos casos em que as mercadorias se destinassem aos Estados do N/NE/CO, incluindo o ES. As alíquotas para esses Estados voltaram a cair: em 1981 alcançaram 9,5% e, nos anos seguintes, foram de 9%.

mente porque os Estados de menor capacidade econômica foram os que mais sofreram com a perda de poder de gastos por parte da União.

Os Estados do Norte e Nordeste, além das mudanças no ICM, desenvolveram grande esforço para garantir recursos adicionais pela alteração dos critérios de rateio dos impostos partilhados com a União (IPI, IR e Impostos Únicos). Os representantes dos Estados de menor peso econômico aproveitaram o momento politicamente favorável e pressionaram em favor da liberalização no manuseio das transferências constitucionais e do aumento das alíquotas dos fundos de participação (FPE e FPM).

A liberalização da aplicação das transferências constitucionais[4] marcou importante momento nas relações intergovernamentais, pois foi um corte em relação às condições prevalecentes desde a edição das medidas adotadas pós-AI-5, que colocaram em mãos do governo federal a prerrogativa de decidir sobre o uso dos recursos. A obrigatoriedade de os Estados respeitarem tais diretrizes prevaleceu durante os anos do *milagre econômico* e foi reforçada na vigência do II PND. A ocasião favorável no jogo da correlação de forças ampliou a autonomia das unidades e garantiu o comando no manejo das verbas, dando fim a um dos elementos característicos do domínio federal sobre o sistema tributário.

4 O Decreto-Lei nº 1.805, de 1º.10.1980, deu maior liberdade aos Estados e Municípios para manipular os recursos do Fundo Rodoviário Nacional, da TRU, do IUCL, do IUEE e do IUM, eliminando a exigência de planos de aplicação e de programas de trabalho necessários até aquele momento. As unidades passaram a receber, automaticamente, os valores previstos e os Tribunais de Contas passaram a ser os responsáveis pela fiscalização das aplicações. O Decreto-Lei nº 1.833, de 23.12.1980, ampliou o processo de liberalização, ao determinar o fim da obrigatoriedade de as unidades apresentarem *planos e programas de aplicação*, para se capacitarem a receber os valores referentes ao FPE, e terminou com a vinculação dos recursos a categorias econômicas (isto é, a despesas de capital ou despesas correntes) em todas as formas de transferências mantendo apenas as vinculações a funções. Ver Socolik (1986).

Os interesses estaduais, uma vez assegurada a liberdade no manuseio das verbas, concentraram-se na recuperação da importância relativa das transferências. O caminho da descentralização dos recursos, que havia se esboçado timidamente no governo Geisel, ganhou nova dimensão. A abertura política recolocou o FPE e o FPM como instrumentos auxiliares no jogo de alianças e na negociação de posições do governo central, de modo a garantir o apoio aos donos do poder num quadro político em mutação. Nesse sentido, tais instrumentos recuperaram traços do papel que lhes havia sido reservado na Reforma Tributária de 1966, quando foram criados com o objetivo de assegurar o apoio das unidades economicamente fracas às diretrizes emanadas da esfera federal, no momento em que os militares ainda não haviam feito a opção pela escalada autoritária.

A Emenda Constitucional nº 17, de 12.12.1980, ampliando o valor do repasse dos fundos de participação,[5] constituiu o passo inicial do processo de descentralização fiscal. A posse dos governadores, eleitos em 1982, entretanto, acirrou a disputa em torno dessa questão. A escolha dos governadores pelo voto popular alterou o quadro político. Não lhes seria suficiente manter fidelidade ao governo federal como forma de assegurar a sobrevivência política; era preciso o respaldo do voto. Abriu-se aos novos governadores, de oposição ou não, a necessidade de lutar pela preservação de seus espaços. Afinal, o sucesso das administrações estaduais e a sobrevivência política de seus dirigentes passavam, obrigatoriamente, pela definição das condições efetivas de ação.

As mudanças nas regras do jogo político evidenciaram-se no encaminhamento e aprovação da Emenda Passos Porto, que se

5 A Emenda Constitucional nº 17 elevou as transferências ao FPE e FPM para 11% cada um (em vez de 9%) do total arrecadado com o IR e o IPI – mantendo-se a alíquota de 2% destinada ao Fundo Especial (FE) – à razão de 1% em 1981, 0,5% em 1982 e 0,5% em 1984.

deu à revelia da vontade da União e contrariando a área econômica do governo. O receio de ver comprometidas as metas econômicas acordadas com o FMI obrigou as autoridades a barganharem o alcance das propostas iniciais. Ainda assim, a Emenda Passos Porto, além de alterar a forma de distribuição do IULCLG,[6] ampliou os valores do FPE para 12,5% em 1984 e 14% em 1985, o FPM para 16% e manteve o FE em 2%. De modo que, em curto espaço de tempo, o peso dos governos subnacionais na repartição do IPI e do IR (base do FPE/FPM/FE) pulou de 20% para 32%.

A ascensão do governo Sarney, no bojo de um arranjo em que era mais expressivo o poder dos Estados e Municípios, certamente levaria a crescentes demandas com o objetivo de alterar o formato tributário. A abertura política, esboçada desde o governo Geisel, alcançava ponto culminante com a chegada ao poder de um governo civil após longos anos de domínio militar. A meta fundamental do governo de transição, a consolidação do avanço do processo democrático, colocou em pauta a questão do federalismo e abriu espaço a novo exame do quadro tributário. Entretanto, as condições que garantiram a subida ao poder do governo civil inviabilizaram alterações profundas e a ruptura de velhos interesses, preservando a base fundamental em que se assentavam as relações entre as esferas de governo.

O governo Sarney, ao não encaminhar medidas concretas de mudanças e não propor a abertura de um debate sobre o federalismo, colocou-se vulnerável às pressões da mesma sorte que as do período anterior. Nesse sentido, foram evidentes os traços de continuidade e não há especificidade no pleito dos governadores.

6 A Emenda Passos Porto (nº 23 de 1º.12.1983) estabeleceu o seguinte cronograma para a distribuição do IULCLG:

	1983	1984	1985	1986	1987	1988
União	60%	56%	52%	48%	44%	40%
Estados	32%	29,3%	32%	34,7%	37,3%	40%
Municípios	8%	14,7%	16%	17,3%	18,7%	20%

A tentativa de ganhos no campo fiscal, mormente na forma de recursos partilhados, era o meio que se revelava promissor para atender ao anseio de parcela relevante dos interesses estaduais representados no Congresso, que defendiam maior equilíbrio vertical na repartição da receita tributária.

A importância da negociação, como meio de o governo central levar adiante as proposições no momento em que perdeu graus de liberdade no manejo político e na condução da política econômica, ampliou a força dos governadores na defesa de seus princípios. Os esforços da esfera federal em cumprir as diretrizes de governo criaram fatos políticos e favoreceram a posição de barganha dos governos subnacionais, fomentando as soluções pactuadas, que pressupõem a troca de apoio político por valores concretos de interesse dos governadores.

As forças políticas defensoras de concessão de maior poder fiscal aos governos subnacionais continuaram pressionando em favor de recursos adicionais e se valeram do espaço no Congresso para aprovar outra Emenda Constitucional, à revelia do poder central e contra os interesses imediatos da política econômica.[7] As determinações do plano político, novamente, contrariaram as proposições correntes de política econômica. A ausência de soluções pactuadas de repartição da receita tributária e das obrigações entre as esferas de governo, acompanhando o movimento de distensão da ordem política, colocou em posições antagônicas União e Estados. De um lado, havia o propósito federal de manter o domínio dos recursos fiscais para controlar o déficit público e, de outro, as demais esferas de governo lutavam com o

7 A Emenda Constitucional nº 27, aprovada em 1985, determinou fundamentalmente: a) o repasse integral da TRU aos Estados e Municípios, em partes iguais; b) a alteração na forma de distribuição do ISTR, cabendo à União 30%, aos Estados 50% e aos Municípios 20%, em vez da situação anterior em que 80% cabiam à União e 20% aos Estados; c) a elevação das alíquotas do FPM de 16% para 17% do total arrecadado com o IR e o IPI.

objetivo de ampliar a participação na distribuição institucional de renda. Mas, na verdade, os problemas não se resumiam a esses elementos; os debates recolocaram velhas questões acerca do caráter do federalismo, da defesa dos interesses e das forças políticas regionais, num momento de transição democrática. Na ausência de discussões a respeito do papel do *Estado* e de suas relações inter-regionais, ganharam corpo antigas tradições, apoiadas na força dos governadores e nos seus poderes de articulação com as respectivas bancadas no Legislativo, em defesa de recursos com origem na esfera federal.

O jogo criado em torno das transferências federais e da repartição das receitas tributárias não teve solução ordenada, mas sim formas de encaminhamento *ad hoc* como resultado dos ganhos alcançados com as mudanças constitucionais e dos vários *truques* tributários de que se valeram as autoridades federais na tentativa de evitar perdas de recursos, associados ao comportamento da receita fiscal dado pela conjuntura econômica. Desse modo, os ganhos políticos acabaram não tendo o resultado financeiro esperado pelos governos estaduais no período de 1980/1984. A queda da receita fiscal da União e as mudanças na estrutura de arrecadação, geradas pela maior participação das receitas não tributárias, tolheram o avanço das transferências fiscais e frustraram as expectativas de expansão da receita estadual,[8] embora tenha crescido a participação dos Estados de menor nível de renda no total das transferências federais.

8 O governo, na tentativa de evitar a queda da receita fiscal, privilegiou os instrumentos de arrecadação não partilhados com as demais esferas de poder. As mudanças no IOF, o apelo crescente às contribuições parafiscais, com a criação do Finsocial, e o aumento da contribuição da Previdência Social, além de medidas dirigidas à redução gradual dos incentivos fiscais e creditícios, tiveram impacto importante sobre a receita fiscal da União, contribuindo para a maior participação das receitas não tributárias na receita total. A respeito dessa questão, ver Afonso (1985c).

A retomada do crescimento econômico no biênio 1985/1986 deu um papel mais dinâmico às transferências federais, mas esse efeito não se sustentou nos demais anos da década, em decorrência da queda da receita tributária e da aceleração inflacionária. Assim, a contribuição efetiva das transferências federais à expansão da receita estadual não atingiu o efeito esperado. Não obstante, em termos de distribuição relativa, as alterações nas alíquotas do FPE asseguraram, às unidades de baixa renda, ganhos de participação, dando dimensão concreta no campo tributário às alterações no plano político.

O comportamento pouco dinâmico do ICM e das transferências constitucionais permite explicar a dificuldade dos Estados de se valerem de receitas fiscais ampliadas (com exceção de 1985 e 1986), para compensar a perda de outras fontes de financiamento decorrentes do esvaziamento dos fluxos de recursos externos e de verbas com origem na esfera federal. Os Estados, mesmo parcialmente vitoriosos em seus objetivos no plano político, perderam participação, em favor da União, na repartição dos recursos tributários efetivamente disponíveis no período 1980/1984. A liberdade de mexer no sistema tributário deu margens à União para alterar a estrutura tributária e manter sua participação no valor total arrecadado, enquanto os governos estaduais, impossibilitados de atuarem sobre o sistema tributário e com o principal tributo comprometido pelo movimento conjuntural, acumularam perdas. Somente nos anos seguintes, pela primeira vez, depois de um longo período, os Estados avançaram alguns pontos na distribuição dos recursos tributários disponíveis e frearam o processo de concentração da receita fiscal. Mas, superado o momento favorável, a aceleração inflacionária e a crônica instabilidade econômica do país agravaram a debilidade do conjunto do setor público, e os Estados voltaram a perder participação da distribuição da receita tributária em 1987 e 1988.

A intensificação do processo de deterioração do setor público em 1987/1988, com reflexos nos Estados e nos seus agentes financeiros, acirrou a disposição de luta dos que defendiam ganhos adicionais na distribuição da receita em favor dos Estados. A queda da receita estadual, provocada por perdas reais no ICM e nas transferências, alimentou a inquietação dos interesses ligados aos Estados na Assembléia Constituinte e forneceu os elementos que galvanizaram os esforços na defesa intransigente por maiores regalias. Apesar das alterações promovidas no sistema tributário, sobretudo no sistema de transferências, a base tributária estadual não conseguiu superar os problemas criados com a crise da economia e as restrições decorrentes do corte do crédito externo e das fontes de financiamento interno.

Assim, era difícil pensar que fosse possível conter o descolamento das condições de financiamento estadual de sua base tributária e reverter a dependência de operações de crédito. A arrecadação fiscal mostrou-se fragilizada pelo medíocre comportamento da economia. Os Estados somente teriam condições de responder pelos encargos financeiros ampliados, caso optassem por cortes drásticos nas despesas correntes e de investimentos e arcassem com o alto ônus político dessas medidas, o que os governadores relutavam em aceitar.

Constituinte: a conclusão de um processo

A Constituinte, em seu capítulo tributário, refletiu os anseios das forças políticas defensoras de mudanças nas relações envolvendo a União e as outras esferas de governo e entre os poderes Executivo e Legislativo. Os princípios básicos que a nortearam foram dados pela disposição, de um lado, de promover a descentralização tributária e, de outro, de coibir a liberdade do governo federal de manipular as questões ligadas à área orçamentária e intervir na capacidade de arrecadação dos governos estaduais e municipais.

A agenda dos debates na área tributária era conhecida e reproduzia os interesses compartilhados pelo conjunto das forças políticas atuantes no Congresso ao longo dos anos 80. Os sucessos obtidos, embora importantes, não conseguiram atender aos anseios dos que gostariam de ver aumentado o poderio dos seus Estados e assegurada a reprodução dos espaços políticos já conquistados. A Constituinte colocou-se como o momento decisivo na consolidação dos avanços anteriores e no posicionamento dos governos estaduais e municipais diante da repartição dos recursos tributários. A aspiração dos constituintes foi aprofundar as reformas realizadas nos anos 80 e devolver aos governos subnacionais a liberdade de definirem as próprias políticas tributárias e de gastos, desatreladas da vontade federal.

A luta dos congressistas reproduziu, praticamente, os mesmos embates já vividos por ocasião da aprovação das Emendas Constitucionais nº 23 e nº 27. As discussões na Constituinte mantiveram o mesmo sentido e não conseguiram ir além do nível alcançado no Congresso em momentos anteriores; reproduziam, com força nova, velhas questões. Afinal, as transformações no pacto de poder e o novo projeto de sociedade, esboçado com a ascensão de um governo civil, ampliaram os espaços políticos para a renovação das regras definidoras do sistema tributário e deram vigor às reivindicações regionais, levando ao aprofundamento das proposições a favor dos governos subnacionais.

A disputa recaiu sobre a competência e a repartição das receitas tributárias, sem que se explicitasse nenhum debate a respeito da idéia de federalismo e do ideal de relações entre as esferas de governo a serem perseguidas. Em outras palavras, a discussão do capítulo tributário voltou-se à parte fiscal das relações entre as esferas de governo e não se preocupou em estabelecer parâmetros que permitissem orientar a ação de cada uma delas e encaminhar soluções para os problemas que abrangessem mais de uma esfera de governo. A ênfase na questão fiscal deixou fora de regulamentação a ação referente aos fluxos financeiros, envolvendo a questão da dívida, fundamentais ao entendimento do complexo problema das relações intergovernamentais nos anos 80 e não houve preocupação em estabelecer regras gerais de distribuição de encargos.

O texto constitucional respondeu apenas às expectativas criadas em torno da revisão das normas tributárias básicas reguladoras das relações entre as esferas de governo. A garantia de mais recursos tributários aos governos subnacionais e as restrições à liberdade do governo federal foram objeto de intensas negociações e permitiram maior aproximação entre o formato tributário e o novo período da vida política brasileira.[9]

A mera descrição dos impostos atribuídos a cada esfera de governo indica o avanço em termos da distribuição da receita tributária. A Constituição definiu como impostos federais os incidentes sobre: importação (II) e exportação de produtos (IE), produtos industrializados (IPI), renda e proventos de qualquer natureza (IR), operações financeiras (IOF), propriedade territorial rural (ITR), além do imposto sobre grandes fortunas (IGF), a ser regulamentado em lei complementar. Aos Estados e ao Distrito Federal atribuiu competência para instituir impostos sobre: a) transmissão *causa mortis* e doação; b) operações relativas à circulação de mercadorias e sobre prestação de serviços de transporte interestadual e intermunicipal e de comunicação (ICMS); c) propriedade de veículos automotores (IPVA); e d) adicional de até 5% do IR incidente sobre lucros, ganhos e rendimentos de capital. Aos Municípios, por sua vez, couberam os impostos sobre: a) propriedade predial e territorial urbana (IPTU); b) transmissão *inter vivos* (ITBI); c) vendas a varejo de combustíveis líquidos e gasosos, exceto óleo diesel (IVV); e d) os serviços de qualquer natureza, exceto os incorporados ao ICMS (ISS).

---

9 A discussão da questão fiscal na Constituinte pode ser encontrada em Resende & Afonso (1988 e 1989), Piscitelli (1988).

O resultado ampliou o potencial de arrecadação e o raio de atuação dos governos estaduais com recursos próprios. A alteração mais significativa foi a incorporação dos impostos únicos e do imposto sobre serviços de transporte e de comunicações à base tributária do ICM, além do imposto sobre herança e doações e o adicional sobre o IR. Os Municípios também foram beneficiados, porque mantiveram os impostos que já lhes pertenciam e incorporaram o ITBI e o IVV, afora a maior liberdade para a cobrança das contribuições de melhoria.

A União perdeu capacidade tributária, porque incorporou apenas o imposto sobre grandes fortunas, que nunca chegou a ser regulamentado, e abriu mão dos impostos únicos e dos impostos sobre serviços de transporte e de comunicações. Porém, a principal sangria nas finanças federais ocorreu com o crescimento das transferências constitucionais. A Constituição define que a União deverá entregar, do total da arrecadação do IR e do IPI, 21,5% para o FPE, 22,5% para o FPM e 3% a serem aplicados em programas de financiamento ao setor produtivo das regiões Norte, Nordeste e Centro-Oeste. Além disso, devem ser destinados aos Estados 10% do IPI, para compensar as perdas decorrentes da isenção do ICMS para os produtos industrializados vendidos ao exterior, e 20% do produto da arrecadação de qualquer imposto que a União vier a instituir como resultado da competência residual que lhe cabe.

A Constituinte aprovou, em contrapartida, regras impondo limites ao poder do governo federal de atuar nas áreas tributária e fiscal e de interferir diretamente na capacidade potencial de arrecadação dos Estados e Municípios. Primeiro, a União ficou proibida de instituir isenções de tributos fora de sua competência, abrindo a possibilidade de as diferentes unidades manipularem, com relativa liberdade, os próprios tributos e utilizarem a capacidade tributária com o objetivo de incentivar atividades de seus interesses. Segundo, os governos estaduais ganharam autonomia na determinação do valor das alíquotas do ICMS, independentemente da arbitragem da União, respeitadas as prerrogativas atribuídas ao Senado Federal.[10] Terceiro, a União perdeu o direito de criar restrições à entrega e ao uso dos recursos das transferências constitucionais, eliminando o instrumento utilizado para intervir na definição dos gastos no âmbito dos governos estaduais. Finalmente, a criação de empréstimos compulsórios ficou mais restrita e passou a depender de lei aprovada no Congresso.[11]

As regras aprovadas exigiram intensas negociações e contemplaram gama variada de interesses. As unidades industrializadas ganharam autonomia na definição da política tributária e foram favorecidas com o novo ICMS. Entretanto, os maiores beneficiados foram os Estados de menor nível de renda graças ao aumento das transferências constitucionais e à liberdade de decidirem sobre a aplicação das verbas. A preocupação com as perdas de arrecadação da esfera federal – obrigada a ceder às outras esferas de governo 47% da receita do IR e 57% da do IPI – não teve eco no Congresso e as medidas foram aprovadas por amplo acordo político, coroando o trabalho dos congressistas empenhados na revisão das relações intergovernamentais.

O desenrolar da votação do tema tributário no Congresso deixou clara a vitória das forças políticas defensoras de uma me-

---

10 Prerrogativas do Senado Federal definidas na Constituição: a) Resolução do Senado Federal, de iniciativa do presidente da República ou de um terço dos senadores, aprovada pela maioria absoluta de seus membros, estabelecerá as alíquotas aplicáveis às operações e prestações interestaduais e de exportação (Art. 155, § 2, inc. IV); b) é facultado ao Senado Federal estabelecer alíquotas mínimas nas operações internas (Art. 155, § 2, inc. V, alínea a); e fixar alíquotas máximas nas mesmas operações para resolver conflito específico que envolva interesse de estados, mediante resolução de iniciativa da maioria absoluta e aprovada por dois terços de seus membros (Art. 155, § 2, inc. V, alínea b).

11 Os empréstimos compulsórios somente podem ser criados por motivo de: calamidade pública, guerra externa ou sua iminência e investimento público de caráter urgente e de relevante interesse nacional (Art. 48). Nesse caso, a Constituição exige respeito ao princípio tributário da anualidade e determina a vinculação dos recursos à despesa que fundamentou sua instituição.

lhor distribuição dos recursos fiscais via critérios de repartição de recursos federais. Mas o menor espaço reservado à ação federal apontou o esgotamento do caminho das transferências e colocou outras questões para pensar as relações entre as esferas de governo: o aumento da carga tributária, o corte das transferências negociadas, a revisão sobre os encargos de cada esfera de governo e a capacidade de endividamento das esferas de governo.

Enfim, a conclusão dos trabalhos constitucionais apontou a necessidade de ampliar o debate a respeito de federalismo e do que seria possível de se esperar da ação de cada esfera de governo. A Constituinte reforçou as finanças estaduais, mas não resolveu os problemas de financiamento, nem estabeleceu regras duradouras de convivência intergovernamental. O elevado peso na arrecadação do IR e do IPI dos recursos partilhados, a não-discussão sobre a repartição dos encargos e a obrigatoriedade de se expandirem os gastos da área social provocaram a reação da União e fomentaram a relação conflituosa entre as esferas de governo, potencializando o grau de instabilidade das regras tributárias.

A União procurou formas de se contrapor às alterações, pela chamada *operação desmonte*, cortando gastos e buscando meios de ampliar a receita. A redução das despesas ocorreu via corte dos gastos diretos e das transferências voluntárias aos Estados e Municípios. A União, no entanto, procurou elevar a receita tributária dando ênfase à arrecadação das contribuições sociais e dos impostos não partilhados com as outras esferas de governo, conseguindo neutralizar parte dos ganhos tributários dos governos subnacionais e garantir a reversão parcial da distribuição da receita tributária definida na Constituinte.

A redução dos gastos reforçou o processo de desestruturação dos mecanismos tradicionais das relações intergovernamentais desencadeado a partir do início dos anos 80, debilitou os serviços públicos que contavam com recursos de origem federal e desencadeou a revisão das relações entre as esferas de governo. A principal característica desse processo foi o seu caráter não estruturado. A distribuição organizada de receitas e encargos entre as esferas de governo certamente enfrentaria dificuldades e teria poucas chances de sucesso em face das disparidades econômicas, sociais, financeiras e gerenciais da federação brasileira. Entretanto, a falta de definição das linhas gerais da nova organização da federação brasileira provocou um movimento de descentralização caótico e foi fator de desagregação do tecido federativo.

Esse processo, independentemente de seu caráter desordenado, levou à ampla alteração da distribuição dos recursos tributários e dos encargos entre as esferas de governo, com os governos subnacionais ganhando autonomia no exercício das respectivas competências tributárias e ampliando a participação no valor da receita disponível e do gasto. Os Estados, entretanto, embora vitoriosos na demanda por maior participação no total dos recursos disponíveis, enfrentavam graves restrições orçamentárias e viviam um quadro de deterioração financeira que não poderia ser revertido com soluções limitadas ao campo tributário.

5
A crise das esferas de governo nos anos 80

O financiamento dos tesouros estaduais

Nos capítulos anteriores, discutiram-se o colapso das condições de financiamento dos governos estaduais e a dificuldade de se reconstruir uma nova base de sustentação financeira. A crise manifestou-se desde o início dos anos 80, quando o fim do contínuo fluxo de financiamento internacional provocou o fracasso da estratégia econômica baseada na contratação de recursos externa e a incapacidade de sustentar o volume de gasto do setor público. As tentativas de recuperação fiscal, com os recorrentes pacotes tributários lançados na década, não evitaram as perdas com a baixa taxa de crescimento da economia e com os altos custos financeiros da dívida pública, gerando a deterioração financeira do setor público e a desarticulação das relações financeiras intergovernamentais.

A crise dos governos estaduais, no entanto, colocou a nu o comprometimento das relações financeiras existentes no interior dos próprios governos estaduais, entre Tesouro, empresas e agentes financeiros. A complexidade e a diversificação das contas públicas criaram uma dinâmica no fluxo de recursos financeiros que extrapola, em muito, a situação de quando era possível conhecer o quadro financeiro estadual pelo simples exame dos balanços oficiais. A lógica do desenvolvimento administrativo, tributário e financeiro do setor público brasileiro fez que os balanços deixassem de refletir o estado real das contas públicas. A sistemática de apresentação das contas não acompanhou as mudanças observadas desde 1964 e se tornou incapaz de revelar as relações financeiras intragovernamentais.

A descentralização administrativa, com a expansão das empresas públicas e de economia mista com a responsabilidade de elevada parcela dos gastos anteriormente realizados pela administração direta, dificultou o conhecimento das contas públicas pelo exame isolado dos balanços. Nos casos das empresas com maior poder de autofinanciamento, o controle oficial era baixo e as relações com o governo pouco transpareciam nos balanços. A maioria das empresas estaduais, no entanto, não dispunha de autonomia financeira e estava presa a repasses fiscais. Constituía-se, mais propriamente, em unidades de gasto, dependentes de transferências estaduais ou federais e de empréstimos para financiar os investimentos ou até mesmo as despesas correntes. Essas relações favoreceram o desenvolvimento de fluxos financeiros pouco visíveis na análise das contas tradicionais, obscurecendo a articulação com a esfera federal e a ação dos governos estaduais no apoio às empresas.

A corrida do endividamento agregou outras barreiras para se conhecer a real dimensão da crise das finanças estaduais. O entrelaçamento dos Tesouros estaduais com a atividade empresarial estatal, pelas operações triangulares,[1] deixava em aberto o usuário final e a responsabilidade em honrar os compromissos financeiros. Além disso, o endividamento dos Tesouros e das empresas estaduais com os agentes financeiros dos próprios Estados acabou por envolvê-los no emaranhado das contas públicas e contribuiu para mascarar a efetiva dimensão da crise financeira estadual.

A análise da crise dos Estados, portanto, não deve se restringir ao Tesouro. O colapso das fontes primárias de financiamento dos Estados e a interação financeira entre as áreas acabaram envolvendo todos os segmentos na crise, ampliando o seu alcance e as dificuldades de sua superação.[2]

O exame dos balanços estaduais, embora não permita entender toda a dimensão e complexidade da crise estadual, reflete bem os problemas do setor público e esclarece parcela fundamental da efetiva situação financeira dos Estados. A administração direta, mesmo com o processo de esvaziamento vivido nas últimas décadas, manteve um espaço na dinâmica das finanças estaduais superior à sua responsabilidade direta nos gastos, em razão da influência dos recursos do Tesouro no comportamento das despesas públicas e do seu papel na definição das condições de articulação com o governo federal, com as agências oficiais de crédito e com os vários órgãos estaduais.[3]

Além disso, a crise do setor público revalorizou o papel do Tesouro, na medida em que a administração central, tendo à

1 Nas chamadas operações triangulares, os governos estaduais, para burlar as restrições ao endividamento impostas pela União, usavam as suas empresas para levantar os recursos que eram repassados para o Tesouro.

2 Não são disponíveis informações, para o conjunto dos Estados, que nos permitam retratar um quadro "fechado" da realidade financeira estadual, daí a opção de examinar os segmentos isolados e inferir as relações entre eles.

3 Os dados completos dos balanços estaduais estão disponíveis no relatório do MEFP/SFN/DTN.

frente a figura do governador, definiu a estratégia de negociação da dívida e das formas de captação de recursos diante da ausência dos fluxos financeiros dominantes na fase anterior. A impossibilidade de os vários órgãos assegurarem novas frentes de financiamento elevou a dependência em relação a recursos contratados com a interveniência direta do Tesouro. Entretanto, a restrição financeira da administração direta tornou inviável conciliar a manutenção dos gastos correntes e dos encargos financeiros com novos investimentos e com o socorro a entidades da administração descentralizada e do setor empresarial, refletindo a crise do conjunto do setor público estadual.

A instabilidade do quadro econômico e o agudo processo inflacionário tornaram a administração pública complexa e ampliaram os obstáculos ao atendimento das crescentes demandas sociais num quadro de restrições à captação de novos recursos financeiros. A saída via cortes drásticos dos gastos certamente enfrentaria enormes resistências no plano político e dificilmente seria implementada como ato isolado, sem discussão do papel do *Estado* e dos rumos da ação do setor público estadual.

A abertura política e a incapacidade de repensar a estratégia de atuação do *Estado* criaram perspectivas pouco favoráveis quanto à promoção de ajustes nos gastos correntes em condições de gerar o volume de poupança fiscal capaz de compensar a perda dos fluxos financeiros existentes até o início dos anos 80. Porém, não é fácil fazer afirmações categóricas a respeito do descontrole dos gastos correntes, considerando apenas a manutenção da máquina administrativa e dos serviços públicos, sem a inclusão dos gastos com a dívida pública, apesar das evidências de deterioração das condições de financiamento correntes em praticamente todas as unidades da federação.

Os gastos com pessoal foram alvo de enorme polêmica, e o peso que ocupavam nas receitas correntes (média de 45,5% no conjunto dos Estados no período 1980/1988) contribuiu para avivar as paixões do debate em torno do número de funcionários e propagar a idéia de que foram os responsáveis imediatos pela difícil situação financeira dos Estados. Entretanto, a oscilação das despesas de pessoal no decorrer da década indica que o controle sobre os índices de reajustes permitiu utilizar a folha de pagamento como variável de ajuste dos gastos, e o achatamento dos salários tornou-se o instrumento usado na superação dos momentos de descontrole de caixa. Assim, não parece convincente a associação direta entre gastos com pessoal e crise estadual, como se os problemas de financiamento dos anos 80 tivessem aí suas raízes. Na verdade, os gastos com pessoal ocuparam papel passivo na dinâmica das despesas estaduais, e os governos estaduais conviveram com situações semelhantes durante anos, sem que tais despesas se mostrassem potencialmente explosivas, embora representassem parcela elevada das despesas correntes.

Todavia, não se pode negar que a instabilidade macroeconômica dos anos 80 provocou a deterioração das condições de financiamento corrente dos Estados, mesmo sem considerar os gastos com a dívida pública.[4] O quadro agravou-se a partir do fracasso do Plano Cruzado. A aceleração inflacionária e a baixa taxa de crescimento médio no período comprometeram o desempenho do ICM e das transferências constitucionais e determinaram a descoordenação dos ritmos de expansão das receitas e despesas, gerando uma tendência de deterioração da capacidade de autofinanciamento corrente dos Estados. Os dados da Tabela 3 mostram que os Estados conseguiram, praticamente em todos os momentos, gerar um saldo fiscal positivo, mas cresceram as dificuldades e caíram os saldos disponíveis à medida que

4 Trabalhamos com o conceito de margem de autofinanciamento corrente, considerado como o resultado da diferença entre a receita efetiva e as despesas correntes: a) receita efetiva = receita total – operações de crédito; b) no valor das despesas correntes estão excluídos os encargos com os juros da dívida. Vale dizer, os juros da dívida foram subtraídos das despesas correntes, como são normalmente apresentados nos balanços estaduais, e somados às amortizações para obter o gasto total com a dívida.

o financiamento corrente passou a exigir maior comprometimento da receita efetiva. Várias unidades – como AL, RN, CE, RJ, RS, MT, GO – enfrentaram dificuldades no dia-a-dia e foram forçadas a recorrer, em alguns anos, a recursos de terceiros para cobrir os gastos correntes.

A deterioração das condições de financiamento corrente, ou mesmo a ocorrência de déficit, limitou a liberdade de atuação dos governos estaduais e deixou pouca margem à cobertura do serviço da dívida (juros e amortizações) e aos investimentos. O pagamento do serviço da dívida, como mostram os dados da Tabela 4, ocupava, na maioria dos Estados, elevada parcela ou superava o valor (quando existente) dos saldos de recursos disponíveis após a cobertura dos gastos correntes. Assim, o serviço da dívida comprometia outras formas de gastos e apontava a vulnerabilidade do conjunto dos Estados no comando dos gastos com os valores da poupança fiscal, mesmo quando positivos. A crise financeira não deixou outra saída senão apelar às negociações da rolagem da dívida e aos atrasos no pagamento dos encargos financeiros, das contribuições sociais, do FGTS, dos empreiteiros, dos fornecedores e dos prestadores de serviços, como variáveis na tentativa de conter os gastos com a dívida e ampliar os investimentos.

Os investimentos, dada a insuficiência ou inexistência de recursos próprios, passaram a depender da redução dos gastos com a dívida, do acúmulo dos *restos a pagar* na peça orçamentária e das brechas no controle federal sobre o acesso a fontes de financiamento. Apesar das recorrentes tentativas dos responsáveis pela política econômica de restringirem a contratação de novos financiamentos, os Estados apelaram à contratação de recursos de terceiros visando garantir certos investimentos e o pagamento do serviço da dívida, ou, até mesmo, financiar parte dos gastos correntes.

A ampliação dos empréstimos na estrutura de financiamento dos Estados, nessas condições, tornou-se inevitável e favoreceu o processo de deterioração financeira do final da década, sem se traduzir em expansão dos investimentos. Estes acabaram, em grande medida, dependendo do poder particular de cada unidade de viabilizar o financiamento dos gastos. Os governadores, lançando mão dos títulos da dívida pública, da renegociação da dívida com a esfera federal e das margens de financiamento no Senado, de operações triangulares e de empréstimos na rede de bancos privados e públicos, sobretudo junto aos próprios agentes financeiros estaduais, ampliaram o grau de liberdade na condução das políticas estaduais. Os dirigentes, nessa busca de espaços de atuação, negociavam o apoio político ao governo Sarney em troca de medidas menos restritivas de rolagem da dívida e de contenção de crédito em favor dos Estados.

A luta pela manutenção dos gastos, num ambiente de colapso do padrão de financiamento, acabou favorecendo as unidades de maior poder econômico, com melhores condições de conseguir brechas por onde foi possível obter recursos e elevar os investimentos, ampliando o grau de concentração dos gastos no plano estadual. Vale dizer, a crise de financiamento afetou de forma desigual a capacidade de alavancagem de novos investimentos. As unidades de maior poder econômico, sobretudo SP, MG e RJ, valendo-se de capital de terceiros, conseguiram elevar os gastos, mesmo à custa do comprometimento das suas condições de financiamento. Várias outras, embora de forma diferenciada, viveram delicada situação financeira e ficaram presas à dependência de recursos de terceiros, apesar da queda dos níveis de investimentos.

A deterioração das condições de financiamento tornou o mecanismo de ampliação da dívida inevitável. As pressões dos dirigentes estaduais contra a política de restrição da rolagem da dívida e de contenção do crédito eram enormes e dificilmente poderiam ser rechaçadas sem contrariar a base de sustentação do governo Sarney e impor perdas não aceitáveis no plano político.

As empresas públicas estaduais

O comportamento do setor empresarial recebeu pouca atenção na análise da crise de financiamento dos governos estaduais. A falta de um acompanhamento sistemático e atualizado das contas das empresas inviabilizou a investigação das relações e dos fluxos financeiros do conjunto das empresas com o restante do setor público estadual e com a esfera federal. No entanto, dado o peso do setor empresarial no volume total dos gastos estaduais, não é possível entender a dimensão da crise sem examinar o papel das empresas públicas estaduais e os seus problemas de financiamento quando se colocou o fracasso da estratégia de crescimento baseada em recursos externos.

A dificuldade de acesso às fontes externas de financiamento e a perda de funcionalidade das formas de articulação mantidas no interior dos próprios Estados e com os fluxos financeiros federais levaram as empresas a se envolver na crise do setor público estadual.[5] As empresas estaduais, fragilizadas financeiramente, deixaram de ter condições de sustentar os gastos e se transformaram em outro foco da crise de financiamento estadual. A impossibilidade de contar com aportes suficientes dos Tesouros estaduais e de garantir o fluxo de recursos federal, aliada ao quadro de instabilidade macroeconômica, criou barreiras à recuperação das empresas e potencializou o papel delas como fonte de desajuste dos Estados.

O processo de descentralização administrativa levou à criação de um número elevado de entidades (481 unidades em 1981), destacando-se as sociedades de economias mistas, empresas públicas e entidades autárquicas com atividade empresarial, espalhadas em todos os Estados e distribuídas em diferentes seto-

5 Esta questão está desenvolvida no Capítulo 2.

res, que podem ser reunidos, para facilitar a análise, em cinco grupos.[6]

I energia elétrica;
II serviços de utilidade pública (compreendendo os serviços de água e esgoto, de gás e limpeza urbana);
III transporte, serviços e comunicações;
IV primário;
V indústrias extrativa, de transformação e de construção civil.

As empresas de energia elétrica constituíam, de longe, o setor mais relevante, sendo responsável por cerca de 52% da receita total da atividade empresarial. Em seguida, vinham os serviços de utilidade pública (18,2%) e de transporte (14,7%), enquanto o setor de serviços (7%) e o setor primário (3,2%) eram menos expressivos, considerando o valor da receita empresarial.

A atividade empresarial, embora presente em todos os Estados, acompanhava, obviamente, o perfil da distribuição regional de renda. Ela se concentrava (ver Quadro 1) na região Sudeste, sobretudo em São Paulo. Deve-se destacar também (ver Quadro 2) a relevância das empresas no conjunto do setor público estadual em todas as regiões do país. O montante de suas receitas

6 A análise deste capítulo tomou como base os dados do trabalho "Estatísticas Econômicas do Setor Público, Atividade Empresarial, Tomo 6" elaborado pelo IBGE e apresentado em Lopreato (1992). Os dados foram retirados de tabulações especiais, que permitiram excluir as informações sobre as instituições financeiras na abertura por Estados. Essa foi a única fonte de informações disponível, para os anos 80, metodologicamente consistente, *do conjunto de empresas e Estados*, divididos por setor de atividade. Os dados, apesar de defasados, de não permitirem acuidade no tratamento das relações intragovernamentais e de não inspirarem confiança para discutir a evolução dos investimentos, permitem analisar a situação financeira das empresas públicas estaduais (segundo os Estados e os setores de atividade) na fase de ajustamento da economia brasileira e de colapso do financiamento estadual.

operacionais era bem superior à receita tributária das outras esferas de governo, e o valor das despesas de pessoal estava próximo ao realizado pela administração direta. Sabe-se, ainda, que o setor empresarial era responsável por parcela relevante da dívida pública e dos investimentos estaduais.[7] Porém, não se pode perder de vista que as empresas, em sua maioria, destacavam-se por serem produtoras de capital social básico e, como tal, se definirem muito mais como unidades de gastos, com papéis tipicamente de órgão público, sem condições de valorizar o capital próprio de acordo com os princípios da ordem privada.

A lógica de atuação das empresas estaduais baseou-se, fundamentalmente, na defesa dos interesses públicos e no apoio ao capital privado, sobretudo nos anos 80, quando o momento particular do quadro macroeconômico condicionou os seus movimentos. As empresas perderam a autonomia de anos anteriores e assumiram a face de entidades públicas, sendo usadas como instrumento de política econômica. Essa dinâmica colocou a nu a ruptura das condições de financiamento e minou o poder das empresas estaduais de realizarem investimentos e manterem os gastos correntes.

Quadro 1 – Atividade empresarial – 1981

	Rec. Operac.	Desp. Total	Desp. Pessoal	Desp. Financ.
Norte	2,5%	1,6%	2,2%	6,0%
Nordeste	15,0%	11,3%	17,2%	7,4%
Centro-Oeste	7,3%	5,5%	8,6%	3,6%
Sudeste	57,0%	65,4%	51,6%	71,0%
Sul	18,2%	16,2%	19,9%	17,4%
Brasil	100,0%	100,0%	100,0%	100,0%

Fonte: IBGE – Estatísticas Econômicas do Setor Público, t.VI.

7 Como observa Bonini (1988), em São Paulo, as empresas públicas estaduais ocupam elevada parcela do total das receitas e despesas públicas do Estado, sendo responsáveis diretamente por 90% dos investimentos, em média, no período entre 1978 e 1985.

Quadro 2 – Participação da atividade empresarial no setor público estadual – 1981

bilhões correntes

	Norte	Nordeste	Sudeste	Sul	Centro-Oeste
Adm. Centralizada					
Rec. Tributária	326,1	2.068,3	9.003,4	2.901,7	1.126,6
Desp. Pessoal	427,1	1.315,0	3.933,4	1.524,0	503,9
Adm. Descentral.					
Rec. Tributária	33,8	271,7	889,0	309,9	171,9
Desp. Pessoal	51,4	472,7	1.026,3	353,6	409,6
Ativ. Empresarial					
Rec. Tributária	1.072,1	8.057,3	32.217,2	10.896,9	3.044,7
Desp. Pessoal	131,3	1.101,4	3.556,6	1.181,2	448,2

Fonte: IBGE – Estatísticas Econômicas do Setor Público, t.VI.

As receitas operacionais perderam participação no valor das receitas totais e deixaram de acompanhar a evolução das despesas operacionais. A política salarial definida após os acordos com o FMI não pôde conter a perda de capacidade de autofinanciamento operacional, e as empresas ampliaram a dependência das formas de articulação com o Tesouro estadual e/ou com a administração federal no desenvolvimento das atividades correntes.

Estudos específicos da área de energia elétrica apontaram as dificuldades de as concessionárias estaduais manterem as condições operacionais. O crescente controle dos recursos financeiros setoriais em mãos da Eletrobrás e as expressivas perdas reais das tarifas ocasionaram a queda da taxa de remuneração do setor após 1978. Essa taxa, que havia sido de 11% em 1978, caiu para 7,5% em 1979 e, desde então, permaneceu sempre abaixo da remuneração mínima estipulada legalmente em 10% ao ano (Amaral Filho, 1991, p.246). A política de tarifas uniformes e de equalização da remuneração, determinada pelo sistema nacional controlado pela Eletrobrás, garantiu resultados operacionais positivos, embora à custa de crescente debilidade das concessionárias estaduais que, a partir de 1980/1981, viram os recursos próprios praticamente comprometidos com o serviço da dívida, ficando o investimento dependente de recursos fiscais e creditícios.

O quadro de deterioração revelou-se ainda mais grave nas demais áreas. Nos setores de utilidade pública, de transporte e industrial, a maioria das empresas apresentou déficit operacional ou pequeno superávit indicando as limitações dos recursos próprios diante dos gastos com o serviço da dívida e com novos investimentos. No setor primário, os gastos operacionais, tradicionalmente, superaram por larga margem as receitas operacionais. O déficit parece muito mais associado ao desenho da estrutura de financiamento deste setor do que ao movimento determinado pela política de ajustamento. A Emater e outras linhas de financiamento da União eram as fontes de grande parte dos recursos aplicados na assistência à agricultura e na manutenção de empresas estaduais, que atuavam como braços operacionais das políticas definidas no plano federal. O corte dos repasses inviabilizou as empresas estaduais e definiu um quadro de lenta agonia à política de assistência ao campo.

Os problemas de financiamento agravaram-se com o aumento dos gastos financeiros. Os grupos mais atingidos foram os de energia elétrica e de serviços de utilidade pública, seguidos por transporte, serviços e comunicações. Nos outros dois grupos, o problema não foi tão intenso, mas não deixou de ser relevante. O caráter geral da expansão dos custos financeiros colocou em risco o financiamento corrente, fragilizou a situação das empresas estaduais diante do quadro de instabilidade econômica e elevou a dependência em relação à continuidade da oferta de crédito e à reciclagem das operações passadas.

As empresas estaduais, sem condições de atender às despesas operacionais e financeiras com recursos próprios, dependiam de outras fontes para investir ou mesmo garantir a sobrevivência operacional. Essa característica mostrou-se com maior força no setor primário, mas também esteve presente nos demais setores. Ficou claro que parcela expressiva de empresas não sustentava as várias frentes de despesas e somente se mantinha como unidades independentes em razão das articulações com a administração direta e com a esfera federal. Na verdade, o processo de descentralização administrativa, desencadeado a partir dos anos 60, favoreceu a criação de várias entidades sem forças de se sustentarem autonomamente e cuja viabilidade econômica dependia do acesso a recursos de terceiros.

A crise deixou transparente a lógica de financiamento e o papel das empresas estaduais como unidades de gastos, sem condições de se manterem com recursos próprios. O agravamento da situação financeira do setor público federal, ao colocar barreiras à continuidade de novos empréstimos e reduzir o fluxo de recursos oficiais, limitou a capacidade de as empresas compatibilizarem suas posições ativas e passivas e sustentarem os gastos.

A fragilidade da estrutura de financiamento e os limites na reciclagem do passivo colocaram as empresas como uma fonte adicional de desequilíbrio do setor público estadual. A demanda de financiamento desse déficit recaiu, num primeiro momento, sobre o Tesouro estadual, na forma de solicitação de aumento de capital, repasses de recursos e assunção de dívidas ou sobre os agentes de crédito estaduais na forma de novos empréstimos ou a rolagem das operações não honradas. Entretanto, diante da crise dos governos estaduais, as pressões acabaram desaguando, em última instância, sobre o governo federal, mais especificamente, sobre o Banco Central, principal responsável pela reciclagem da dívida do setor público.

A deterioração da estrutura passiva acabou resultando no acúmulo de resultados patrimoniais negativos e no comprometimento do ativo das empresas estaduais. O colapso patrimonial, em várias entidades, atingiu níveis alarmantes e apontou para um quadro de difícil reversão diante da instabilidade macroeconômica e da falta de perspectiva de solução dos problemas de financiamento do setor público. A política econômica centrada no controle do déficit público e a definição de taxas de câmbio e juros compatíveis com superávit comercial elevado reforçaram a debilidade da situação financeira e corroeram a base de financiamento das empresas estaduais.

A crise do mercado financeiro internacional e o corte das operações de crédito e repasses no plano interno inviabilizaram o acesso a empréstimos para atender aos gastos com o estoque da dívida e com novos programas de investimentos. Sem os recursos anteriormente disponíveis, o caminho possível da sobrevivência foi cortar gastos e incorrer em sistemáticos atrasos nos pagamentos aos credores internos e externos, aos fornecedores e aos empreiteiros, além de barganhar formas de favorecimento na rolagem e na negociação da dívida.

A política de sobrevivência, no entanto, não logrou redefinir as condições de financiamento e os espaços de atuação das empresas estaduais. A retomada dos gastos dependia da capacidade de rever as bases de articulação com os governos estaduais e federal, de modo a recompor as condições de financiamento. Em termos estaduais, o futuro das relações intragovernamentais não se mostrava promissor diante do quadro financeiro pouco favorável dos Estados e sem perspectiva de solução. Por outro lado, a crise do setor público também erodiu a base de articulação com a esfera federal, deixando em aberto o modelo de gestão dos sistemas nacionais (energia elétrica e telecomunicações), os segmentos dependentes de linhas de crédito controlados por órgãos oficiais (transporte, saneamento e habitação) e o setor primário vinculado a repasses federais.

A profundidade e a extensão da crise indicaram que não seria mais viável reconstruir, nas mesmas bases, o modelo de estrutura organizacional e de financiamento dos governos estaduais, responsável pela expansão do número e do peso das empresas no total dos gastos públicos. O problema das empresas estaduais tendia a agravar-se com a instabilidade econômica e a transformar-se em fator de desequilíbrio das contas públicas. Sem a definição de novos rumos, pouco se poderia esperar do futuro imediato, dado que as alternativas de investimentos dependeriam de novas operações de crédito, do não-pagamento dos encargos financeiros vencidos e dos atrasos com fornecedores e empreiteiros. As questões em torno da dívida passaram a definir os caminhos a serem trilhados pelas empresas diante das restrições do quadro financeiro. Mais do que isso, indicaram a necessidade de repensar a estrutura de financiamento, o papel e a dimensão das empresas estatais no interior do setor público estadual.

Finanças públicas e bancos estaduais

A análise da crise dos governos estaduais não estaria completa sem o exame dos bancos estaduais (BEs) e da participação deles como fonte de financiamento dos gastos correntes, dos investimentos e do serviço da dívida dos Estados. Os BEs viveram, desde o início dos anos 80, delicada situação financeira, marcada pelo estreito entrelaçamento de suas contas ativas e passivas com o setor público estadual. É difícil entender a realidade dos BEs de uma ótica exclusivamente privada e a partir daí fazer inferências sobre incompetência e má administração. Não se pode ignorar que várias instituições estiveram longe de ser exemplos de eficiência administrativa e não ficaram imunes a operações duvidosas ou mesmo fraudulentas. Entretanto, é simplismo demais privilegiar a corrupção e a má gerência para explicar a situação dos BEs, deixando em segundo plano o envolvimento com o setor público.

A vinculação dos BEs com o governo e as empresas estaduais não é nenhuma novidade e assumiu múltiplas facetas no decorrer do tempo. A articulação com o governo estadual é inerente à constituição dos BEs e não é um mal em si. Os BEs sempre ocuparam posição privilegiada no gerenciamento dos recursos financeiros em circulação no setor público, além de servirem como instrumento de alavancagem financeira aos Estados e de garantirem empréstimos favorecidos a setores prioritários da política oficial.

A intermediação das operações de empréstimos e repasses das agências federais deu aos BEs elevada participação no total dos créditos concedidos aos próprios Estados e consolidou a articulação entre bancos e governos estaduais.[8] As operações com os BEs, certamente, não se limitaram àquelas com recursos de origem federal. Os governos valeram-se do comando político sobre as instituições e transferiram a elas parte das dificuldades de financiamento, usando-as para *carregar* os títulos da dívida mobiliária não colocados junto ao setor privado e como fonte de recursos de gastos públicos. O potencial dos agentes financeiros ampliou a liberdade de gestão financeira estadual e permitiu a própria expansão das instituições à sombra do setor público. Assim, a relação com os Estados esteve sempre presente e não constitui fator de diferenciação de qualquer momento em particular. Os fatores de especificidade dos anos 80 foram a intensidade do uso das instituições como instrumento auxiliar no financiamento estadual e o crescente envolvimento de suas operações ativas com a crise financeira estadual.

O comprometimento operacional dos BEs com os empréstimos aos governos estaduais já estava potencialmente presente na segunda metade dos anos 70, quando a opção de crescimento com endividamento levou os Estados a intensificarem as relações com os seus bancos e a usarem novos empréstimos na cobertura dos gastos públicos. Todavia, esse movimento não provocou a expansão inexorável dos ativos com o setor público

---

8 Silva (1979) discute o papel dos empréstimos e repasses oficiais na intermediação financeira no Brasil.

porque, de um lado, o crescimento econômico permitiu manter a participação do setor privado nas operações de crédito, e, de outro, as condições do mercado financeiro interno e a intermediação de recursos externos garantiram a rolagem do passivo financeiro governamental e a rentabilidade das aplicações bancárias.

O colapso do financiamento público e a mudança dos rumos da política econômica no início dos anos 80 interferiram nos elementos básicos da dinâmica de articulação entre governos e seus agentes financeiros até então existente e provocaram a deterioração dos bancos.

Os primeiros sinais surgiram com a perda de qualidade dos ativos das instituições financeiras. A crise desencadeou a reestruturação das empresas privadas nacionais e estrangeiras que, em curto espaço de tempo, deixaram a situação de devedoras e se transformaram em credoras líquidas do sistema financeiro. O capital privado conseguiu adaptar-se e promover ajustes reduzindo o grau de endividamento, livrando-se dos passivos dolarizados e gerando saldos a serem aplicados no mercado financeiro. O setor público, por outro lado, agravou a sua situação financeira ao internalizar os efeitos mais perversos da crise e não gerar renda capaz de arcar com os encargos assumidos (cf. Almeida et al., 1988a; Cruz, 1995). Essas condições ampliaram o grau de vulnerabilidade dos BEs, que perderam parte das operações ativas mais favoráveis e ficaram presos às aplicações de risco e de liquidação duvidosa voltadas ao setor público e às empresas sem forças de se enquadrarem no movimento de reestruturação do capital privado.

O passo decisivo, no entanto, ocorreu quando os governos estaduais perderam a disponibilidade das fontes de financiamento necessárias à reciclagem da dívida passada e à expansão dos gastos públicos. O colapso do mercado financeiro internacional, o corte dos empréstimos e repasses dos órgãos federais e as restrições à expansão das operações de crédito internas levaram os governos e as empresas estaduais a concentrarem a demanda de crédito nas instituições dos próprios Estados e a uma onda de inadimplências por parte dos órgãos públicos.[9]

A restrição externa e o controle sobre os recursos internos deixaram os governadores com poucas alternativas senão usarem a articulação com os agentes estaduais na tentativa de superar os momentos críticos de contração das frentes de financiamento. Os BEs passaram a desempenhar o papel de apêndice do Tesouro e a responder às demandas dos governos, mesmo que à custa do comprometimento de suas posições ativas.[10]

O atendimento às operações oficiais obrigou as instituições a captarem recursos de curto prazo a preços elevados e a recorrerem, freqüentemente, ao socorro do Banco Central para fechar o caixa, provocando a mudança na composição do passivo e o aumento do custo médio de captação. As dificuldades operacionais cresceram, e os bancos passaram a viver agudo processo de deterioração patrimonial, que retratava não o comportamento potencial do agente financeiro tomado isoladamente, mas a sua inserção como parte de uma unidade – o setor público estadual –, num quadro de ruptura das condições de financiamento, responsável por alterar as bases em que se assentava a dinâmica das relações entre os governos e os bancos.

---

9 A partir do acordo com o FMI, de março de 1983, o governo federal estabeleceu, pela Resolução nº 831 do Bacen, restrição à expansão de crédito ao setor público e definiu tetos para reciclagem das dívidas públicas. As questões referentes ao endividamento do setor público serão mais bem discutidas no próximo capítulo.

10 Dados da Asbace (entidade representativa dos bancos estaduais) mostram que a participação dos governos no total das operações de crédito realizadas pelos BEs já era elevada em 1981, quando a média para o conjunto dos bancos alcançou 63,4% e 49,2% com a exclusão do Banespa, e cresceu com o desdobramento da política recessiva. Em 1983 e 1984, mesmo vetada a expansão dos empréstimos ao setor público, a simples reciclagem das operações, associada à retração da demanda de crédito por parte do setor privado, fez que o peso do governo no total das operações realizadas pelos bancos alcançasse, respectivamente, 71,2% e 77%. Caso se exclua o Banespa, esses valores atingiram 60,5% e 69,3%.

A análise anterior indica que não é possível pensar a situação dos agentes financeiros de forma isolada da própria sorte dos respectivos Estados e nem como se fosse restrita às unidades de menor poder econômico. A interação com os BEs extrapolou a dimensão econômica dos Estados e se mostrou parte inerente do desenvolvimento das finanças públicas brasileiras nos anos 80. Vale dizer, o problema das contas ativas e passivas ocorreu graças à vinculação dos BEs com o desequilíbrio financeiro estadual e não como simples resultado da má gestão administrativa. Esta, mesmo que presente, não teria força suficiente para explicar a crise simultânea de *todos* os bancos estaduais.

Os agentes financeiros ocuparam o lugar de outras fontes de financiamento e serviram de *válvula de escape* dos governos estaduais na tentativa de contornar a restrição financeira e evitar uma contração mais séria dos gastos públicos. O raio de ação dos governadores, caso não fosse possível o acesso aos BEs, restringir-se-ia, ampliando a dependência em relação às decisões emanadas do poder central. O uso dos agentes financeiros garantiu certa liberdade aos dirigentes estaduais no manuseio das contas públicas e tornou-se uma questão política relevante, pois, naquele momento, o processo de abertura avançava e se discutia a redistribuição do poder entre as esferas de governo no novo quadro em formação.

A crise dos BEs não se limitava a um problema de ordem técnica. Estava em jogo a redefinição das relações entre as esferas de governo após anos de domínio do governo federal, e o apoio às dificuldades dos bancos colocou-se como uma das peças desse embate. O Banco Central, preso a questões de ordem política, foi forçado a ceder e, diante das negociações, a aceitar as dificuldades de financiamento dos Estados e garantir o *funding* das aplicações dos BEs. Assim, evitou a intervenção ou a liquidação extrajudicial dos agentes financeiros estaduais, que, tecnicamente, seria a solução coerente com o programa de ajuste fiscal assinado com o FMI.

A inviabilidade de uma solução contrária aos interesses dos governos estaduais, já submetidos à rigorosa contenção das necessidades de financiamento, deixou claro que o caminho diante das dificuldades seria o *socorro* aos bancos. A aprovação no Conselho Monetário Nacional, em abril de 1984, do programa de recuperação econômico-financeira dos BEs – Proref – confirmou o caminho da negociação como a escolha das autoridades econômicas e os limites políticos do controle do déficit público.[11]

O programa de saneamento, embora fundamental à administração dos problemas de caixa, não solucionou a crise dos BEs. Afinal, a articulação entre os bancos e a falência do financiamento estadual não havia sido tocada, e, sem o encaminhamento dessa questão, mantiveram-se a instabilidade e a vulnerabilidade dos bancos a qualquer alteração do mercado financeiro ou das relações internas do setor público estadual. Assim, apesar do apoio federal, todo o sistema de bancos estaduais vivia no *fio da navalha* e o risco de crise aberta colocava-se recorrentemente.

Nova República e velhos problemas

Os BEs voltaram a enfrentar sérias dificuldades ao final do Plano Cruzado, depois de dois anos de melhoria da situação patrimonial. A queda da inflação reduziu o peso do *float* na composição da rentabilidade das instituições e incorporou novos elementos à dinâmica do sistema bancário nacional. A ameaça de grandes prejuízos provocou uma imediata reação dos agentes privados, que desencadearam um programa de ajuste de custos e receitas. Os bancos promoveram cortes de pessoal e de outros gastos operacionais, ampliaram a cobrança de tarifas e expandiram as operações de crédito, com o objetivo de adequar a estrutura

11 O Proref propunha isentar de multas e encargos sobre insuficiência de reserva monetária e empréstimos de liquidez os bancos que se enquadrassem em determinados parâmetros de austeridade.

bancária à nova realidade de queda brusca do *spread inflacionário* e da rentabilidade dos títulos da dívida pública (cf. Carneiro, 1993; Costa, 1995). Os bancos estaduais, no entanto, não acompanharam as mudanças e se mostraram incapazes de enfrentar a realidade do mercado financeiro. Além disso, a abrupta reversão das expectativas e a elevação da taxa de juros após o fracasso do plano de estabilização trouxeram novos problemas. A dificuldade de manter o *funding* das operações já contratadas em condições de estabilidade, o aumento da inadimplência do setor privado – sobretudo do segmento das micro, pequenas e médias empresas – e a crise das finanças públicas estaduais afetaram as posições ativa e passiva das instituições e recolocaram a debilidade anterior, potencializada pelo quadro de instabilidade econômica. Os BEs foram levados de roldão, apresentando uma posição patrimonial insustentável e capacidade operacional mantida por *injeções* do Banco Central.

A crise era profunda. Não se tratava de um momento particular explicado apenas por problemas circunstanciais de falta de liquidez e passíveis de correção com mudanças marginais de política econômica. A situação de várias instituições era preocupante desde longa data. A dimensão da crise era o resultado do processo de perda de rentabilidade e de deterioração patrimonial, que vinha se arrastando há anos, em paralelo com a corrosão da capacidade de financiamento dos governos estaduais. Pouco se fez para reverter essa situação. Os Estados, principais acionistas, não tiveram estrutura financeira para suportar qualquer programa de recuperação. A ação do Banco Central, por intermédio do Proref, deu fôlego às instituições com melhor potencial (Banestado, Banrisul e Bemge) e permitiu que outras carregassem a crise por um período mais longo (caso do Baneb, Credireal e Bemat), mas não conseguiu conter o quadro de deterioração patrimonial presente desde os anos iniciais da década.

A crise não teve condições de ser resolvida no âmbito interno do setor público estadual e exigiu a intervenção do Banco Central diante do risco de se alastrar e envolver outros segmentos do mercado. O primeiro passo da política de salvamento compreendeu a intervenção em cinco instituições: Banerj, Besc, Bec, Bemat e Bem; e, posteriormente, em outras três: Credireal, Baneb e Banpará, pelo regime de administração especial, em que os Estados mantêm o domínio, apesar da perda temporária do controle.[12]

A criação de um sistema especial para conduzir a ação do Banco Central, afastando a hipótese de liquidação extrajudicial e de privatização do sistema de bancos estaduais, revelou os limites do poder federal e por onde caminhariam as negociações. O objetivo foi afastar os efeitos mais profundos da crise e dar aos governadores recém-eleitos condições de governabilidade. A busca do governo Sarney de apoio político e o espaço privilegiado de negociação dos governadores eleitos pelo PMDB compuseram o pano de fundo da solução encontrada para resgatar a capacidade de os novos dirigentes administrarem a crise das finanças estaduais. Os governadores estavam interessados em *limpar* o passivo acumulado no passado e tiveram nas conversações em torno dos BEs o momento adequado. A intervenção permitiu a *federalização* de parte da dívida e livrou os Estados das obrigações mais imediatas, comprometedoras do fluxo de caixa.

A intervenção não revelou a dimensão exata dos problemas dos bancos estaduais. O interesse do jogo político prevaleceu mais uma vez e outras instituições em situação difícil foram preservadas, em comum acordo com os governadores. De qualquer modo, a ação do Banco Central representou um marco nas finanças estaduais porque retirou do domínio do governo local, pela primeira vez, o controle operacional dos agentes financeiros.

A intervenção nos BEs coroou o desenrolar do processo de deterioração da capacidade financeira e do poder de atuação dos governos estaduais nos anos 80. O episódio, como parte de um

---

12 O regime de administração especial foi definido pelo Decreto-Lei nº 2.321, de 25.2.1987.

movimento mais amplo com ressonâncias nas outras esferas do setor público, refletiu o menor poder dos Estados de avançarem novos investimentos e de sustentarem a qualidade dos serviços públicos essenciais, bem como a perda da capacidade de manter o patrimônio e o controle dos seus fluxos financeiros.

O ato do Banco Central, embora fundamental ao atendimento das obrigações imediatas, não permitiu contornar a crise e acolher as demandas dos governadores recém-eleitos. O complemento da ação do governo federal aconteceu com a rolagem da dívida dos Estados e Municípios (Lei nº 7.614, de 14.7.1987) e o programa de saneamento dos BEs realizado ao final do ano.

O programa foi explícito ao definir o ato do Banco Central como uma das faces do movimento de socorro à precária condição do setor público estadual, reconhecendo a estreita articulação existente entre governos e bancos e a necessidade de apoiar ambos para obter resultados favoráveis.[13]

A idéia básica era recuperar e capitalizar os bancos por meio, fundamentalmente, de dois tipos de ação de que poderiam se valer as instituições financeiras em regime de administração especial ou *não*. A primeira, dedicada ao refinanciamento dos empréstimos contraídos com o Banco Central e das parcelas

13 O documento oficial do Programa de Saneamento para os Bancos Estaduais, aprovado pelo CMN em 14.12.1987, colocou a questão nos seguintes termos: "a estreita relação entre os Tesouros estaduais e suas instituições financeiras, manifestada sobretudo através da existência de concentração de crédito dessas instituições junto aos seus respectivos acionistas majoritários, ou órgãos e entidades a eles vinculadas faz com que qualquer anormalidade na situação financeira do Tesouro estadual afete, diretamente, a liquidez do seu principal credor. O voto CMN 340/87 (referente ao Programa de Apoio Financeiro aos Estados e Municípios, pela Lei nº 7.614) cuidou das questões que mais diretamente afetam os Tesouros estaduais e municipais. No entanto, permaneceram aquelas que dizem respeito às instituições estaduais – principais credores –, mas que, pelo exposto no parágrafo anterior, estão estreitamente relacionadas com os Tesouros estaduais" (Cf. *Folha de S.Paulo*, 15.12.1987, p.A-28).

vencidas e a vencer até 31.12.1987 de outros contratos.[14] A segunda permitia aos Estados colocarem títulos no mercado financeiro e utilizarem os recursos obtidos no pagamento de débitos do governo ou na capitalização do agente financeiro. Os Tesouros estaduais, em ambos os casos, apesar da baixa capacidade disponível de pagamento, assumiam a dívida e comprometiam como garantia das operações a receita futura. Tal proposição criou mais um espaço legal de intervenção nas finanças estaduais e um novo caminho de negociação, diante da perspectiva de que os Estados não seriam capazes de cumprir os compromissos ora acertados.[15]

As restrições financeiras dos governos estaduais, no entanto, reduziram o espaço de saneamento dos BEs. A dificuldade de os Estados assumirem o total dos débitos e se comprometerem com o pagamento de parcelas fixas da dívida não permitiu dar solução ao problema da articulação dos BEs com a crise de financiamento estadual. O elevado peso das operações de crédito concentradas no setor público e a prática de rolagem da dívida tiveram continuidade, o que, por si só, alimentou a debilidade dos agentes financeiros. É verdade que a situação do conjunto dos BEs em 1988, em comparação com o quadro de 1987, apresentou traços inequívocos de recuperação patrimonial e de ren-

---

14 Incluíam-se aí as operações contratadas com base na Resolução n° 63 e as operações autorizadas pelo item IV da Resolução n° 87 do Senado. Esta última resolução permitia ao Banco do Brasil suprir recursos para atender, em caráter excepcional, às contratações de crédito necessárias à assunção, diretamente pelos Tesouros estaduais e municipais, de débitos de fornecedores, prestadores de serviços ou empreiteiras de obras junto à rede bancária, desde que devidamente caracterizadas as dívidas como decorrentes de contratos firmados por tais empresas com órgãos governamentais para a realização de investimentos públicos.

15 De acordo com o Programa de Saneamento aprovado, a garantia dos empréstimos contratados pelos Estados seria dada pela cessão do direito ao crédito relativo às cotas ou parcelas de receitas que lhes eram constitucionalmente asseguradas.

tabilidade. Todavia, a instabilidade econômica, o menor nível de atividade e a aceleração inflacionária criaram entraves à recuperação dos agentes financeiros.

A política de controle do déficit e de restrição de crédito ao setor público imposta pelo ministro Maílson limitou os espaços de financiamento dos governos estaduais e deixou o entrelaçamento com as instituições financeiras dos próprios Estados como única opção viável de contratação de empréstimos. O valor das operações de crédito dos BEs concentradas no setor público atingiu 78% em 1988. Ademais, eles foram responsáveis por um terço do total dos créditos concedidos aos governos subnacionais nesse mesmo ano e ampliaram tal participação para 46% no ano seguinte; destaque-se que 57,2% desses contratos em 1988 e 97% em 1989 referiam-se a operações de antecipação de receita orçamentária (ARO). A aproximação com os BEs ocupou o lugar das operações com as agências federais que continuaram em queda. Estas, depois de responderem por 67,1% dos empréstimos aos governos subnacionais no primeiro ano da década, foram responsáveis por 30% das operações em 1988 e por apenas 4,9% em 1989.[16]

Além disso, a colocação dos títulos da dívida pública ocupou parte do vazio dos empréstimos e financiamentos e constituiu importante fonte de captação de recursos, principalmente como estratégia dos Estados avançados de fugirem às limitações de crédito impostas pela política econômica.

O estreitamento das relações dos governos com os seus agentes financeiros e o caráter de curto prazo das operações realizadas no período, com correção monetária e taxas de juros incompatíveis com a evolução da receita fiscal dos Estados, revelaram a precária base em que se assentou a equação financeira dos governos estaduais no final do governo Sarney. A deterioração das

16 Cf. dados do Dedip/Bacen apresentados na Tabela 5 do próximo capítulo.

finanças estaduais potencializou a instabilidade dos BEs, obrigados a responder por operações de curto prazo e alto risco, bem como pelo carregamento de valor ampliado de títulos da dívida mobiliária. A dificuldade de os bancos reciclarem o conjunto das operações ativas ligadas ao setor público comprometeu a situação operacional de, praticamente, todas as instituições e exigiu nova intervenção do Banco Central e do governo federal no início dos anos 90 para evitar a quebra do sistema.

A crise e a falta de credibilidade dos BEs refletiram o frágil equilíbrio financeiro dos Estados e a incapacidade de manterem o fluxo de recursos exigido por suas operações ativas. A situação financeira dos governos estaduais ficou na dependência das relações com a esfera federal e da assunção de suas dívidas. A decisão de manter o sistema de bancos estaduais, nas condições em que atuaram nos anos 80, só foi possível graças aos acertos e às negociações políticas, envolvendo as esferas federal e estadual e o Congresso Nacional. A solução da crise dos BEs, entretanto, ficou em aberto. Os caminhos a serem trilhados dependiam do encaminhamento da crise do setor público estadual e da correlação do poder político entre as esferas de governo.

Tabela 3 – Margem de autofinanciamento / receita efetiva

	1980	1981	1982	1983	1984	1985	1986	1987	1988
NORTE	36,4%	28,3%	25,2%	25,8%	29,9%	31,1%	29,8%	24,0%	30,4%
Acre	34,5%	41,4%	36,8%	29,6%	35,6%	29,8%	22,8%	11,8%	20,1%
Amazonas	30,4%	20,6%	12,2%	21,2%	23,2%	26,6%	23,2%	32,5%	33,1%
Pará	39,6%	24,3%	22,5%	25,5%	25,6%	36,0%	43,2%	24,1%	39,7%
Amapá	41,7%	35,5%	27,1%	32,7%	44,1%	45,6%	38,1%	37,7%	41,8%
Rondônia	*	*	33,1%	20,2%	32,3%	24,5%	16,3%	8,7%	10,2%
Roraima	45,7%	43,2%	39,1%	44,0%	32,6%	30,9%	34,8%	30,6%	40,6%
NORDESTE	29,7%	29,6%	23,5%	23,4%	32,9%	27,0%	18,2%	18,6%	23,5%
Maranhão	44,7%	41,3%	51,4%	45,4%	49,2%	58,9%	54,0%	59,8%	72,7%
Piauí	32,1%	37,5%	28,4%	27,2%	29,8%	34,6%	28,4%	22,0%	7,1%
Ceará	20,0%	14,8%	0,1%	-2,0%	10,5%	-1,3%	4,3%	-11,4%	30,8%
Rio Grande do Norte	28,4%	23,6%	14,8%	21,3%	30,3%	31,8%	19,9%	3,7%	-12,3%
Paraíba	30,3%	30,6%	11,3%	18,3%	41,8%	49,8%	20,4%	4,9%	12,9%
Pernambuco	24,2%	30,2%	25,8%	29,3%	40,0%	33,7%	21,0%	27,3%	20,0%
Alagoas	23,3%	21,9%	5,3%	5,7%	17,1%	5,6%	-2,3%	-10,1%	6,8%
Sergipe	37,7%	43,3%	37,1%	43,3%	47,0%	40,6%	32,2%	37,8%	34,5%
Bahia	32,7%	30,6%	28,2%	24,2%	32,5%	18,3%	10,8%	17,7%	14,3%

Continuação

	1980	1981	1982	1983	1984	1985	1986	1987	1988
CENTRO-OESTE	29,6%	23,3%	23,0%	25,5%	25,6%	21,6%	16,0%	15,4%	9,1%
Mato Grosso	38,3%	26,3%	28,3%	18,2%	18,6%	-16,7%	12,4%	1,9%	4,4%
Mato Grosso do Sul	16,5%	23,8%	18,4%	18,3%	34,6%	37,9%	14,6%	23,3%	17,0%
Goiás	39,8%	22,6%	23,9%	40,4%	27,7%	36,5%	15,2%	19,1%	-3,7%
Distrito Federal	22,6%	22,4%	22,2%	20,3%	22,0%	15,4%	19,7%	14,6%	16,7%
SUDESTE	21,3%	17,3%	15,7%	11,0%	17,7%	19,4%	19,4%	10,5%	16,3%
Minas Gerais	31,2%	26,7%	15,3%	9,3%	27,4%	27,5%	24,5%	19,4%	42,4%
Espírito Santo	34,9%	30,6%	15,8%	11,6%	36,8%	41,8%	36,5%	25,6%	22,7%
Rio de Janeiro	7,1%	9,3%	4,2%	-4,4%	5,8%	3,2%	1,2%	-12,1%	-14,6%
São Paulo	21,9%	16,4%	19,0%	15,6%	17,1%	19,7%	21,7%	12,8%	13,5%
SUL	26,2%	21,7%	13,5%	9,9%	12,7%	10,7%	12,0%	13,0%	19,2%
Paraná	35,5%	32,7%	19,8%	17,0%	21,8%	24,2%	22,9%	10,5%	9,7%
Santa Catarina	40,6%	23,8%	16,0%	18,6%	22,7%	18,1%	10,9%	10,8%	14,4%
Rio Grande do Sul	12,4%	12,6%	8,6%	1,9%	2,1%	-2,6%	4,2%	15,9%	27,3%
Total	24,5%	20,8%	17,6%	14,9%	20,9%	20,2%	18,4%	13,5%	18,2%

Fonte: MEFP/SFN/Departamento do Tesouro Nacional.
Receita Efetiva = Receita Orçamentária – Operações de Crédito.
MGA = Receita Efetiva – Despesas Correntes (exceto encargos da dívida).

Tabela 4 – Serviço da dívida / margem de autofinanciamento

	1980	1981	1982	1983	1984	1985	1986	1987	1988
NORTE	5,4%	5,8%	10,9%	9,9%	7,3%	19,7%	10,7%	11,7%	10,9%
Acre	1,8%	1,4%	1,7%	3,4%	1,8%	3,4%	2,3%	9,0%	6,8%
Amazonas	6,8%	8,2%	62,6%	28,9%	25,1%	87,7%	40,7%	7,8%	15,6%
Pará	7,5%	11,6%	12,3%	9,7%	3,9%	4,5%	3,8%	20,8%	15,2%
Amapá	0,6%	0,1%	0,2%	3,7%	1,4%	2,3%	3,0%	4,3%	3,4%
Rondônia	*	*	0,0%	2,0%	5,6%	7,6%	9,7%	27,9%	0,0%
Roraima	0,0%	0,0%	0,0%	0,6%	0,4%	0,3%	0,8%	2,5%	2,4%
NORDESTE	26,7%	37,1%	40,6%	46,8%	31,6%	50,5%	70,3%	125,4%	63,8%
Maranhão	13,6%	30,2%	29,4%	32,6%	21,8%	4,3%	16,6%	9,5%	11,6%
Piauí	27,6%	20,4%	29,3%	14,5%	9,9%	6,4%	28,3%	12,3%	127,0%
Ceará	43,1%	83,6%	14.970,8%	-1.033,7%	76,7%	-1.451,3%	444,8%	-839,4%	59,2%
Rio Grande do Norte	13,1%	27,0%	52,8%	32,2%	21,1%	41,2%	29,2%	674,4%	-64,1%
Paraíba	16,7%	24,2%	79,3%	84,3%	40,1%	51,8%	95,0%	508,8%	297,2%
Pernambuco	19,5%	18,8%	22,6%	26,5%	20,1%	28,6%	53,1%	28,2%	48,1%
Alagoas	58,3%	50,5%	164,1%	104,4%	64,9%	330,1%	-452,5%	-202,7%	304,3%
Sergipe	2,3%	4,8%	5,8%	6,5%	12,1%	13,6%	17,7%	20,6%	20,8%
Bahia	33,6%	55,0%	35,7%	50,8%	41,1%	92,2%	140,1%	104,2%	120,6%

Continuação

	1980	1981	1982	1983	1984	1985	1986	1987	1988
CENTRO-OESTE	15,5%	17,4%	36,0%	37,8%	34,8%	54,1%	59,7%	147,2%	88,7%
Mato Grosso	0,4%	8,5%	8,6%	15,2%	41,6%	-78,8%	107,2%	4.607,2%	310,6%
Mato Grosso do Sul	1,8%	18,8%	82,3%	65,7%	65,7%	60,3%	174,9%	172,3%	83,5%
Goiás	32,1%	37,3%	76,6%	54,6%	31,6%	41,1%	46,2%	7,5%	-290,1%
Distrito Federal	7,1%	5,4%	4,6%	6,6%	7,1%	8,8%	6,2%	9,1%	8,6%
SUDESTE	46,0%	49,0%	52,5%	115,5%	71,1%	70,7%	46,5%	107,4%	69,5%
Minas Gerais	30,1%	36,0%	78,6%	187,9%	79,5%	94,7%	61,2%	136,5%	35,4%
Espírito Santo	31,3%	46,7%	45,8%	122,0%	29,5%	37,5%	18,5%	56,4%	34,7%
Rio de Janeiro	162,6%	120,9%	316,9%	-401,5%	230,0%	503,1%	1.117,4%	-121,7%	-160,7%
São Paulo	43,0%	43,1%	31,0%	64,3%	56,2%	46,0%	29,7%	49,3%	54,6%
SUL	48,9%	51,6%	109,1%	261,4%	166,8%	365,4%	170,2%	212,2%	131,6%
Paraná	26,2%	20,8%	34,7%	53,5%	41,6%	61,8%	40,4%	127,8%	160,7%
Santa Catarina	28,1%	51,4%	86,1%	76,7%	58,2%	68,7%	141,7%	177,7%	145,6%
Rio Grande do Sul	130,0%	112,3%	230,1%	2.196,4%	1.562,4%	-2.610,4%	737,4%	264,0%	121,9%
Total	38,3%	42,2%	52,8%	93,4%	61,4%	84,7%	60,8%	121,7%	73,5%

Fonte: MEFP/SFN/Departamento do Tesouro Nacional. Observações: os valores negativos indicam MGA negativa, isto é, os recursos de terceiros cobrem até os gastos correntes.

6
Finanças estaduais e endividamento

Endividamento e política econômica recessiva

Apesar da relevância do endividamento nas decisões de gastos dos governos estaduais, o conhecimento do quadro efetivo do estoque das dívidas era precário. Os dados disponíveis, oriundos de diferentes fontes e não compatíveis entre si, não permitiam conhecer o valor dos encargos sobre as receitas e despesas estaduais e dificultavam o diagnóstico das restrições impostas pelo endividamento.

O obstáculo inicial colocou-se na variedade de frentes de que os Estados se valiam na contratação de operações de crédito. O processo de descentralização administrativa e a ampla gama de órgãos e programas federais repassadores de recursos geraram diferentes formas de composição do endividamento, com o envolvimento dos Tesouros, das empresas e autarquias, sem o controle pleno das autoridades estaduais e sem o registro do total das operações no âmbito dos balanços.[1] O Banco Central também registrava o endividamento, com informações dos próprios governos estaduais e dos agentes financeiros, sobre o valor e o saldo das operações contratadas. Os valores não coincidiam com os dos balanços e não revelavam a efetiva situação de endividamento estadual, porque só continham as dívidas de empresas contratadas com o aval dos Tesouros. Além disso, várias práticas corriqueiras no manuseio da dívida pública, como o adiamento na inscrição da dívida e o recurso a operações triangulares envolvendo bancos e empreiteiras, ficaram à margem dos registros oficiais. Adiciona-se, ainda, o fato de que nem todos os Estados conheciam a situação real de suas dívidas com o FGTS e a Previdência Social.

A falta de um quadro analítico do conjunto da dívida do setor público estadual e das inter-relações com os agentes financeiros oficiais e privados escamoteou o poder desestabilizador do serviço da dívida e das relações de endividamento intragovernamental. A possibilidade de os governos estaduais recorrerem à contratação das operações de crédito mostrou-se funcional enquanto foi possível garantir a continuidade do fluxo de recursos financeiros necessários ao pagamento da dívida passada e ao financiamento dos novos gastos.

O colapso da estratégia de financiamento do setor público baseada em recursos externos e a brusca mudança nos rumos da política econômica, com a adoção do programa de Delfim Netto de ajustamento voluntário, deram um novo caráter à discussão do endividamento. A eleição do controle do déficit público como

1 Os balanços registram apenas as operações envolvendo a administração direta e as autarquias (pela contratação direta e avales) e pouco esclarecem as relações dos Tesouros com os demais órgãos do setor público estadual, referentes ao pagamento dos encargos ou à assunção de dívidas nos casos de inadimplência do órgão responsável pela contratação da operação de crédito.

elemento nuclear da política econômica levou o governo a rever sua posição diante do processo de endividamento característico dos anos anteriores e a alterar a forma de enfrentar a questão. Inaugurou-se outra etapa no tratamento do endividamento. O contingenciamento à expansão da dívida pública interna, que até então havia se colocado como posição mais retórica do que efetiva, teria que ser revisto e atender à nova orientação da política econômica.

As metas macroeconômicas de contenção do déficit público e as mudanças nas condições de financiamento do setor público fizeram o governo dar ênfase ao *controle* do endividamento e não apenas ao *uso* dos recursos, como ocorreu no momento anterior. A nova orientação de política econômica, ao definir o contingenciamento do crédito, colocou o problema de como manter os gastos públicos e o serviço da dívida.

As decisões de investimentos ficaram condicionadas à renovação das operações de crédito e à obrigatoriedade de pagar parte do volume de juros, cujos valores dependiam das regras de rolagem da dívida e de acesso do setor público ao crédito definidas no plano federal. Os governos estaduais, presos a recursos de terceiros, foram então obrigados a ajustar o total de gastos em proporção equivalente à escassez de financiamento e ao custo do serviço da dívida.

A resistência dos governadores em aceitarem cortes nos gastos públicos criou obstáculos à definição de uma política de reciclagem das dívidas e de contratação de créditos suplementares, contrárias a seus interesses. Essa posição descortinava um vasto campo de atrito entre os governadores e os formuladores de política econômica, pois a posição dos Estados entrava em choque com os objetivos macroeconômicos.

Os governadores perderam parcela apreciável de tempo e de energia política na tentativa de contornar os problemas do endividamento e viabilizar um cronograma de gastos compatível com a expectativa dos Estados. As negociações em torno da dívida e das oportunidades de novas operações de crédito assumiram papel decisivo na atuação dos Estados, no jogo de interesses e nas manobras políticas, definindo os parâmetros das relações entre a União e os governos estaduais. Além disso, abriram brechas aos acordos políticos que tinham como objetivo acomodar as diretrizes da área econômica, as preocupações das autoridades estaduais e a vontade do Congresso.

Os anos 80 foram palco de vários lances dessa luta sem vencedores, e o resultado foi o maior ou menor grau de efetividade no controle do endividamento, dados o processo de negociação, a resistência dos governadores e o grau de autonomia com que as autoridades lograram conduzir as medidas econômicas. As pressões políticas e o cuidado em não inviabilizar as condições de financiamento estadual obrigaram as autoridades, em vários momentos, a relaxar os limites de endividamento, a aceitar a desobediência e a esquecer as regras existentes, de acordo com as conveniências políticas e os interesses de Estados isolados ou do seu conjunto.

A saída possível foi dada pelo desenho do jogo de forças políticas em cada momento específico, alterado ao sabor das circunstâncias conjunturais. Nesse sentido, a década de 1980 presenciou o esboço de posições instáveis, numa seqüência de momentos, em que ora prevaleceram as determinações macroeconômicas, ora se contemplaram os interesses estaduais. Os momentos mais agudos de crise, quando cresceram os riscos de comprometimento da ação estadual, com desdobramentos nos campos político e administrativo, levaram sempre a posições negociadas e ao desrespeito das regras vigentes, como forma de se resguardar o próprio sentido de federação existente no país.

O complexo jogo de interesses presente em 1981/1982, no momento em que se definiam os caminhos do projeto político do país, criou obstáculos para levar adiante as decisões da área econômica e para enquadrar os Estados nas regras de contenção do crédito anunciadas por Delfim Netto. As indicações sugerem que foi possível aos Estados, apesar da queda verificada em 1981, evitar o movimento recessivo até 1982, valendo-se da relativa liberdade de fugir às restrições da política econômica e de ampliar as necessidades de financiamento. O momento foi de claro desajuste entre a proposta de política macroeconômica e a atuação dos governadores.

Os governos estaduais conseguiram preservar os seus interesses e contornar o quadro recessivo, pela contratação de novos créditos e pela reciclagem das dívidas, contando com o suporte do governo federal. A preocupação de garantir o apoio dos governadores ao projeto das forças políticas no poder colocou entraves à ação mais contundente de controle do crédito, capazes de inibir as facilidades e obstruir os caminhos por onde foi possível negar a política recessiva. Os dados do Banco Central mostram que os empréstimos e financiamentos concedidos aos Estados e Municípios durante o período cresceram, significativamente, em termos reais, em 1981 (19,1%) e 1982 (51,9%), e foram decisivos para explicar o comportamento dos gastos. As operações realizadas pelas instituições públicas – responsáveis por 90% da oferta total de crédito – apresentaram taxas de crescimento expressivas em 1981 (20,4%) e superiores à das instituições privadas (8,9%). No ano seguinte, embora superadas pelo aumento das operações privadas (159,7%), sustentaram índices elevados de expansão dos empréstimos (40%) e tiveram importante papel no financiamento de áreas específicas (cf. Lopreato, 1992, cap.VII, Tabelas VII-1 e VII-2).

O exame da composição da oferta de crédito, como mostra a Tabela 5, sugere alguns dos caminhos percorridos para burlar as restrições macroeconômicas. Primeiro, a intensificação das relações com os agentes financeiros estaduais supriu parcela elevada das necessidades de crédito e compensou a forte contração dos empréstimos de todas as instituições federais – com exceção do BNH/CEF – verificada em 1981. Segundo, a flexibilização da política de crédito, em 1982, e as preocupações políticas no ano eleitoral levaram à retomada dos empréstimos das agências federais, ao mesmo tempo em que se mantiveram os empréstimos concedidos pelas instituições estaduais. A única exceção importante foi o Banco do Brasil, que conservou a restrição dos empréstimos e, rapidamente, perdeu participação entre as instituições responsáveis pelo crédito ao setor público estadual. Terceiro, os altos gastos, realizados em 1982, contaram com a contribuição das instituições de crédito privadas, que ampliaram o valor e a participação (de 10% para 17%) no total dos empréstimos aos governos subnacionais.

As operações com a dívida pública mobiliária tiveram movimento semelhante ao dos empréstimos e contratações. Nos anos de 1981 e 1982, elas constituíram um espaço a mais para os Estados sustentarem os gastos públicos. As características das operações com títulos da dívida mobiliária certamente não ofereceram as mesmas oportunidades a todos os Estados, pois apenas os de maior poder econômico tiveram facilitado o acesso ao mercado de capitais, justificando a concentração dos títulos, basicamente, em mãos de São Paulo, Rio de Janeiro, Minas Gerais e Rio Grande do Sul. Entretanto, as circunstâncias do momento levaram Estados de pouca expressão econômica e sem tradição no mercado mobiliário a promoverem emissões e a se comprometerem com encargos financeiros crescentes.

Os governos estaduais, além das operações no mercado interno, valeram-se ainda de recursos externos para fugir à restrição de crédito. Os problemas de balanço de pagamentos levaram as autoridades a incentivarem a captação de empréstimos externos, permitindo aos governos subnacionais operarem com a Resolução nº 63.

Após novembro de 1982, definidos os nomes dos novos governadores e o Colégio Eleitoral responsável pela escolha do futuro presidente da República, os membros da equipe econômica ficaram livres para levar adiante as propostas de aprofundamento do controle das necessidades de financiamento do setor público. A assinatura dos acordos com o FMI e o reconhecimento de que os governos estaduais não acompanharam os objetivos macroeconômicos levaram à adoção de rígidas medidas para conter o endividamento estadual e dar consistência ao programa de ajustamento (Sampaio Júnior, 1988).

Tabela 5 – Empréstimos e financiamentos concedidos ao setor público estadual – por tipo de instituição[1]

participação relativa

Discriminação	1980	1981	1982	1983	1984	1985	1986	1987	1988	1989
I Inst. Públicas	89,04	89,98	82,88	83,25	85,72	82,12	87,39	63,98	65,32	50,87
Bco. Brasil	22,15	7,30	1,55	1,35	0,71	0,60	2,07	20,09	4,21	1,67
BNH[2]	38,54	37,20	24,44	30,34	21,16	43,34	53,97	16,27	0,00	0,26
BNDES	1,60	0,57	11,41	6,33	12,13	5,99	7,39	3,69	1,95	0,00
BNB	3,12	3,21	2,28	4,77	1,45	2,92	0,02	0,85	1,24	2,68
BASA	0,31	0,09	3,05	2,09	0,16	0,00	0,00	0,00	0,00	0,00
BRDE	0,47	0,13	3,03	1,35	0,00	0,00	0,00	6,68	0,00	0,00
Bco. Com. Estadual	11,15	11,77	14,89	27,02	38,80	13,86	8,68	7,53	28,22	45,04
Bco. Inv. Estadual	0,00	0,12	0,00	0,00	0,00	0,00	0,00	2,05	0,29	0,93
Bco. Est. Desenv.	4,22	16,41	12,93	3,15	2,55	8,11	10,61	1,92	4,76	0,00
CEF	1,37	1,71	4,02	4,93	8,08	7,13	0,96	4,81	22,65	0,24
Cx. Econ. Est.	5,13	10,41	4,24	1,23	0,01	0,17	3,70	0,00	0,00	0,00
CCFI[3]	0,98	0,70	0,59	0,62	0,28	0,00	0,00	0,08	0,95	0,00
Soc. Arr. Merc.	0,00	0,28	0,36	0,03	0,00	0,00	0,00	0,00	0,00	0,00
Outros	0,00	0,08	0,08	0,05	0,39	0,00	0,00	0,01	1,04	0,05
II Inst. Privadas	10,96	10,02	17,12	16,75	14,28	17,88	12,61	36,02	34,68	49,13
Bcos. Comerc.	3,46	2,27	4,71	3,55	1,57	8,02	7,34	24,69	30,41	46,99
Bcos. Invest.	6,42	5,56	8,74	9,50	12,08	9,86	5,27	11,18	4,11	2,13
CCFI[3]	1,08	1,21	2,24	0,75	0,61	0,00	0,00	0,00	0,16	0,02
Soc. Arr. Merc.	0,00	0,97	1,42	0,65	0,02	0,00	0,00	0,00	0,00	0,00
Outros	0,00	0,00	0,00	2,29	0,00	0,00	0,00	0,14	0,00	0,00
III Total	100%	100%	100%	100%	100%	100%	100%	100%	100%	100%

Fonte: Dedip/Bacen.

(1) Inclui os empréstimos e financiamentos concedidos às autarquias estaduais e municipais.

(2) Inclui os repasses efetuados pelos bancos comerciais, de investimentos e de desenvolvimento estaduais.

(3) Companhias de crédito, financiamento e investimentos.

O governo inovou em relação ao controle do endividamento do setor público. A Resolução Bacen nº 831, de 9.6.1983, alterou o enfoque usual (marcado pelas Resoluções nºs 62 e 93 do Senado Federal)[2] e passou a controlar a instituição fornecedora do crédito, determinando ao Banco Central a fixação, periódica, de tetos para as operações de crédito das instituições financeiras e das sociedades de arrendamento mercantil realizadas com o setor público, impondo sanções àquelas que desrespeitassem as normas legais. O governo, visando à redução do volume da dívida em termos reais, passou a fixar tetos mensais para as operações que, freqüentemente, nem sequer cobriam o valor da correção monetária ou da cambial. As medidas tiveram o mérito de facilitar a fiscalização e de permitir maior controle dos empréstimos dos sistemas financeiros público e privado aos governos estaduais. A possibilidade de usar o instrumento legal, sem concessões de ordem política, deu força às autoridades econômicas de perseguirem as metas macroeconômicas.

O rigor observado na determinação dos limites de expansão das operações de crédito, ao lado das restrições à emissão de títulos e do colapso do mercado financeiro internacional com a crise do México, provocou abrupta queda do volume total das contratações. Os dados do Banco Central mostram que as instituições públicas e privadas contraíram fortemente os empréstimos e financiamentos concedidos aos governos subnacionais em 1983 (-46,1% em relação ao ano anterior) e em 1984 (-51,7% em relação a 1983). O volume de títulos da dívida pública em circulação permaneceu praticamente constante, de modo que o crescimento da dívida mobiliária acompanhou apenas a valorização nominal das OTNs.[3] Além disso, com o colapso do mercado internacional, os valores dos empréstimos externos sofreram

2 Ver, a respeito, o Capítulo 2.

3 Cf. dados do Dedip/Bacen, apresentados em Lopreato (1992, Tabela VII-5).

profunda inflexão e passaram a depender dos *relendings*, liberados somente com base nos chamados *avisos de prioridade*, concedidos pelo Ministério do Planejamento.[4]

A baixa da oferta de crédito foi, ainda, acompanhada de mudanças de participação entre as instituições financeiras responsáveis pelos empréstimos. Ocorreu maior concentração das operações com os bancos comerciais estaduais chamados a honrar parte dos compromissos financeiros dos Estados e a suportar o ônus de não verem saldados os empréstimos, o que acabou resultando na deterioração da capacidade operacional das instituições e na fragilização crescente do setor público estadual.[5] Ao mesmo tempo, cresceu o peso das operações por antecipação de receitas, e as operações extralimites recuperaram um pouco da participação que haviam perdido nos dois anos anteriores (ver Tabela 6).

A impossibilidade de manter o volume de captação de recursos internos e externos provocou certa paralisia na ação dos governos estaduais, forçados a cortar gastos no montante exigido pela retração dos empréstimos, o que afetou, particularmente, o valor dos investimentos. Ademais, foram notórios os pro-

---

4 Ver, para o tratamento dessa questão, Biasoto Júnior (1988). Os *relendings* eram empréstimos realizados por um banco internacional, com recursos que haviam sido depositados, à sua ordem, no Banco Central, em dólar, como pagamento de um empréstimo realizado anteriormente e que não haviam sido remetidos ao exterior em razão da negociação da dívida externa.

5 De acordo com várias circulares do Bacen, a posição inicial para fins de acompanhamento das operações sob controle da Resolução nº 831 foi considerada a dos saldos atualizados em 31.5.1983, incluindo os encargos de juros e a correção monetária ou cambial devidos até aquela data. Não eram considerados para efeito das sanções estipuladas pela resolução os excessos decorrentes, num primeiro momento, exclusivamente da apropriação de juros e da correção monetária postecipada ou da variação cambial, desde que não tenha havido, no período, novas contratações ou renovações de operações controladas. O Bacen incluiu, ainda, em outros momentos, as parcelas de operações contratadas anteriormente à vigência da mencionada resolução.

blemas de caixa e os atrasos sem precedentes nos pagamentos a empreiteiros e fornecedores, a instituições financeiras, a agentes oficiais de crédito e a credores externos.

A pressão dos governadores e dos segmentos afetados pelo acúmulo das contas dos governos estaduais em atraso não parece ter sensibilizado, de imediato, as autoridades econômicas. O acordo com o FMI e a relativa autonomia com que as autoridades conduziram a política econômica foram decisivos para manter a rigidez das metas e para obter resultados no controle do endividamento coerentes com as determinações macroeconômicas. Todavia, o risco de comprometimento da ação do setor público – particularmente dos governos estaduais – e a pressão do setor privado contra a ampliação da inadimplência impeliram o governo a encontrar meios de contornar os problemas emergenciais, de modo a evitar desdobramentos indesejáveis da crise nas esferas política e administrativa.

Tabela 6 – Empréstimos e financiamentos concedidos ao setor público estadual e municipal – por categoria[1]

participação relativa

	1980	1981	1982	1983	1984	1985	1986	1987	1988	1989
I - Inst. Públicas	89,04	89,98	82,88	83,25	85,72	82,12	87,39	63,98	65,32	50,87
Ant. Rec. Orc.	17,08	14,55	15,13	28,37	15,61	11,40	25,53	25,74	23,78	48,32
Div. Cons. Interna	71,98	75,44	67,75	54,88	70,11	70,73	61,86	38,25	41,53	2,55
- Intralimite	22,07	34,57	38,64	20,87	20,11	14,90	1,58	27,89	10,23	1,80
- Extralimite	49,89	40,87	29,11	34,01	50,00	55,83	60,28	10,35	31,31	0,75
II - Inst. Privadas	10,49	10,02	17,12	16,75	14,28	17,88	12,61	36,02	34,68	49,13
Antec. Rec. Orc.	5,46	4,37	8,30	7,98	10,85	17,10	12,29	34,27	33,38	48,66
Div. Cons. Interna	5,50	5,64	8,82	8,76	3,42	0,77	0,32	1,75	1,31	0,48
- Intralimite	5,50	5,48	8,76	8,76	3,05	0,58	0,32	1,75	1,14	0,48
- Extralimite	0,00	0,16	0,07	0,00	0,38	0,20	0,00	0,00	0,17	0,00
III - Total Geral	100%	100%	100%	100%	100%	100%	100%	100%	100%	100%

Fonte: Dedip/Bacen.

(1) Inclui os empréstimos e financiamentos concedidos às autarquias estaduais e municipais.

O Banco do Brasil, pela criação de um instrumento legal conhecido como Aviso GB 588, cobriu os atrasos nos pagamentos dos encargos gerados pela incapacidade de as entidades públicas assegurarem a rolagem da dívida externa. A partir de agosto de 1983, o governo criou, ainda, o Aviso MF 30, que consistia em empréstimos-ponte, com o objetivo de refinanciar o passivo externo de órgãos públicos, enquanto não se concluíssem as negociações dos *relendings*. Os Avisos MF, concedidos aos Estados, atingiram o valor de US$ 295,2 milhões em 1983 e superaram a casa dos US$ 520 milhões no ano seguinte, constituindo um importante instrumento contra o aprofundamento da escassez de recursos do setor público.

O governo foi igualmente obrigado a intervir no lado interno visando contornar os momentos mais agudos da crise estadual. Vários bancos estaduais somente sobreviveram graças à definição de um programa de apoio financeiro e à injeção de recursos do Banco Central para atender às exigências imediatas de caixa. Por outro lado, observou-se um processo de esvaziamento da abrangência da Resolução nº 831 ao longo de 1984, com início em março, quando os financiamentos realizados via Finame deixaram de compor o saldo das operações sujeitas aos limites estipulados na mencionada resolução, beneficiando as empresas estatais e os segmentos da administração indireta dos governos subnacionais. Em maio, os contratos celebrados sob a égide da Resolução nº 63 também deixaram de compor a base de cálculo dos limites de expansão das operações de crédito, favorecendo a regularização das relações dos governos estaduais com os seus respectivos agentes financeiros, principais responsáveis pelos repasses dos créditos externos, e com outros agentes privados. No mês seguinte, foram retiradas do controle da Resolução nº 831 as operações lastreadas por recursos do BNH.

A Resolução nº 831 passou, assim, a regular as operações de crédito com o BNDE (exceto Finame), com o Fundo de Assistência Social (FAS) e os demais empréstimos bancários realizados com recursos internos. Em termos dos governos estaduais, esse montante era expressivo, pois os empréstimos estavam altamente concentrados nos agentes financeiros dos próprios Estados e em outras instituições bancárias oficiais. Mas, sem dúvida, trouxe alívio aos cofres estaduais. O relativo esvaziamento da resolução, entretanto, não significou o abandono das preocupações com a expansão das necessidades de financiamento. Simplesmente, procurava-se contornar os problemas emergenciais e os efeitos perversos criados com o controle sobre a expansão das operações de crédito, elevando a *capacidade de oxigenação* dos governos estaduais e permitindo que superassem os momentos mais agudos do processo de ajustamento.

A política econômica, embora tenha alcançado sucesso momentâneo no objetivo de conter a expansão das necessidades de financiamento, não enfrentou a questão crucial dada pelo elevado estoque da dívida estadual. A continuidade de sua expansão, com as novas contratações e a simples rolagem do saldo anterior, ampliou a dimensão da crise fiscal e a posição nuclear da dívida na dinâmica das finanças estaduais. Os Estados, diante da queda da arrecadação fiscal e do pagamento dos encargos da dívida externa e interna, não tiveram outra saída senão contrair as despesas e buscar o apoio da esfera federal para a rolagem da dívida e a manutenção de gastos essenciais, sobretudo pela negociação de operações extralimites, refletindo a politização do processo e o controle federal no direcionamento da dívida pública ocorrido à sombra das Resoluções n°s 62 e 93.

A dependência em relação à liberação de recursos federais levou os governadores a perderem autonomia política e poder de decisão sobre parcela expressiva dos gastos públicos. Eles foram submetidos a toda sorte de pressões e chantagens políticas em troca da aprovação de novas operações, consolidando as regras do *toma-lá-dá-cá*, típico das relações intergovernamentais que têm marcado o federalismo brasileiro. O controle desse valioso instrumento deu às autoridades econômicas o poder de usar o crédito das agências oficiais como variável de ajuste do valor dos gastos estaduais às diretrizes macroeconômicas.

O saldo do período mostrou um quadro pouco promissor. O setor público estadual, envolvendo a administração central, empresas públicas e agentes financeiros, deixou transparecer claros sinais de deterioração financeira, e o corte dos gastos correntes e dos investimentos não garantiu condições favoráveis de financiamento. O valor dos gastos estaduais acabou determinado, fundamentalmente, pelo tratamento dado aos serviços da dívida externa e interna e pela capacidade de contratação de novos empréstimos. A definição dessas variáveis, cujos valores delimitaram a evolução das contas dos governos estaduais, dependia em boa medida da política federal e passou a servir de moeda de troca nas relações intergovernamentais.

A promulgação da Resolução nº 991, em dezembro de 1984 (em lugar da Resolução nº 831),[6] deixou evidente a preocupação do governo de dar continuidade, embora em termos menos rígidos, ao controle do endividamento do setor público. A dificuldade seria conciliar os objetivos macroeconômicos delineados nos acordos com o FMI e os interesses estaduais, sem avançar na solução da crise dos Estados.

A fragilização das condições de financiamento estadual

O arranjo das forças políticas, com o fim do regime militar, e as circunstâncias particulares que conduziram à posse do governo Sarney retiraram graus de liberdade da política econômica e

6 A Resolução nº 991, de dezembro de 1984, autorizava a renovação de somente 90% do *principal* das operações vencidas e não liquidadas em 1984 e vincendas em 1985, além de proibir novos mútuos, exceto os realizados com o BNH, o Finame e as operações realizadas com base em duplicatas de vendas mercantis e de amparo à exportação.

deram maior poder de barganha aos governadores na defesa dos seus interesses. O princípio da negociação ganhou impulso, e a deterioração das condições de financiamento público reforçou a importância das regras de endividamento como variável estratégica na determinação da situação econômica estadual e como fator de definição de apoios e acordos políticos entre o governo federal e os governadores, com a intermediação de representantes no Congresso Nacional. Além disso, a ausência de reformas nas condições de financiamento do setor público e o objetivo de conter o déficit público levaram o governo a insistir na estratégia de controlar o valor do endividamento e de dificultar a captação de novos financiamentos.

Os problemas do mercado internacional e das relações do país com a comunidade financeira não deixavam dúvidas quanto à continuidade da escassez de linhas de financiamento externo e à dificuldade de reciclagem da dívida. As regras de atendimento dos compromissos externos seriam mantidas pelo processo de rolagem interna da dívida externa, com base no acesso aos *relendings* e aos desembolsos dos Avisos MF 30, sujeitos à negociação com a esfera federal e aos parâmetros da política macroeconômica. Os espaços de financiamento dos Estados foram ainda mais limitados a partir da virtual paralisação das operações de *relendings* após 1986, quando os Avisos MF tornaram-se, praticamente, a única alternativa de refinanciamento de seus passivos externos.

A primeira equipe econômica do governo Sarney manteve rigoroso controle das políticas monetária e creditícia e das normas que regiam o endividamento do setor público, reafirmando os limites do financiamento estadual e os empecilhos à recuperação dos baixos níveis de investimentos verificados no período anterior.

Os governadores, apesar da disposição dos mentores da política econômica, buscaram ampliar as margens de gastos e conseguiram flexibilizar as normas de rolagem e de contratação de novas dívidas. Primeiro, asseguraram a rolagem integral (principal e encargos) da dívida não paga em 1984 e do principal a vencer em 1985. Segundo, passaram a ter possibilidade de realizar empréstimos lastreados por recursos do BNH, do Finame e do BNDES, ou contratados diretamente nas agências de crédito oficiais (BNDES, BNH, CEF, BNB, BNCC ou Basa). Finalmente, receberam autorização para contratar operações por antecipação de receita orçamentária (ARO).[7] As regras aprovadas, praticamente, liberaram a contratação de novos empréstimos, que, somados aos ganhos na receita fiscal, contribuíram para aumentar os gastos estaduais em 1985.

A política de flexibilização no controle do endividamento foi parcialmente revista com a mudança da equipe econômica. A legitimidade alcançada com o Plano Cruzado e a preocupação com a expansão do déficit público, detectada na reestimativa elaborada no início do ano, levaram à divulgação de regras mais rígidas no controle do endividamento estadual, embora não existisse, no plano macroeconômico, uma proposta de política creditícia contracionista. A preocupação básica foi a de controlar o crédito das instituições estaduais e as operações de curto prazo, visando impedir a repetição dos problemas financeiros dos Estados e dos respectivos agentes financeiros, após as eleições de 1982.[8]

O governo federal, objetivando aliviar o fluxo de caixa dos governos estaduais, garantiu a rolagem plena da dívida interna e facilitou o uso dos recursos da Resolução n° 63 depositados no Banco Central.[9] Mas, simultaneamente, adotou uma série de

---

7 Cf. Resolução n° 1.010, de 2.5.1985, e Resolução n° 1.012, de 14.5.1985.

8 Cf. observação de Zélia Cardoso de Mello, responsável pelo acompanhamento do endividamento dos Estados e Municípios na Secretaria do Tesouro Nacional, durante o período do Plano Cruzado (Oliveira et al., 1988).

9 Cf. Resolução n° 1.801, de 30.1.1986, e Resolução n° 1.107, de 6.3.1986. Esta, alterando a Resolução n° 1.010, eliminou a obrigação de as instituições financeiras realizarem depósitos registrados em moeda estrangeira no Bacen, quando a renovação das operações constituir novo crédito com base na Resolução n° 63.

medidas para conter a expansão do endividamento.[10] As medidas restritivas, no entanto, não se completaram de imediato. Os maiores agentes federais (CEF, BNH e BNDES), principais responsáveis pela oferta de crédito aos governos estaduais, não foram atingidos, porque, afinal, o objetivo não era o controle rígido da política de crédito às vésperas das eleições, e o crescimento da receita favorecia novas operações.

A definição do quadro eleitoral, aliada ao agravamento da situação econômica, fez as autoridades reverem a posição inicial e adotarem medidas rigorosas de controle do endividamento e da rolagem da dívida.[11] Porém, a tentativa de estancar o endividamento estadual logo foi superada pela realidade econômica e política de fins de 1986 e início do ano seguinte. A *débâcle* do Plano Cruzado, acompanhada da retomada do processo inflacionário e do estouro da taxa de juros, inviabilizou o pagamento do serviço da dívida e a renovação das operações de crédito estaduais dentro das regras operacionais em vigor. As dificuldades financeiras e o interesse político em preservar o quadro das relações intergovernamentais fizeram as autoridades construírem uma base legal própria capaz de atender às questões emergenciais postas pelo colapso da capacidade estadual de gestão do endividamento.

---

10 A Resolução nº 1.135, de 2.5.1986, adotou as seguintes medidas: 1. manteve em 75% a rolagem da dívida externa; 2. congelou, aos níveis de 30 de abril de 1986, os empréstimos, os adiantamentos (exceto os de câmbio), os repasses (exceto de órgãos oficiais) e as garantias, de qualquer natureza, de instituições financeiras oficiais estaduais e bancos federais (BB, BNB, Meridional, Banco de Roraima e BNCC) aos governos estaduais, municipais e respectivas entidades da administração direta e indireta; 3. congelou as operações de ARO, as com base em duplicatas de vendas mercantis e as de amparo à exportação.

11 A Resolução nº 1.211, de 24.11.1986, determinou que os Estados somente poderiam renovar até 90% do principal das operações com vencimento a partir de 2.1.1987 e vedou *todas* as operações de crédito com o setor público, exceto as AROs e as operações contratadas com base em duplicatas de vendas mercantis e de amparo à exportação.

A crise estadual alcançou níveis sem precedentes e provocou o redesenho da articulação com a esfera federal, abrindo espaço ao atendimento das reivindicações estaduais. A construção dos instrumentos legais, responsáveis pelo socorro financeiro aos governos estaduais, teve início ainda na gestão do ministro Funaro. As proposições procuraram enfrentar a crise do endividamento com a reciclagem, pelo governo federal, das dívidas dos Estados, Municípios e de seus agentes financeiros. Primeiro, o Banco Central foi autorizado a criar uma linha especial de refinanciamento a bancos comerciais, de investimentos e de desenvolvimento, destinada a acolher as operações de ARO e outros empréstimos intralimites.[12] Segundo, o Senado Federal aprovou norma permitindo, em caráter excepcional, a elevação temporária dos limites de endividamento com o fim específico de atender ao serviço da dívida, ao financiamento de déficit relativo a despesas correntes e à assunção de dívidas de operações triangulares com empreiteiros e fornecedores.[13] Terceiro, a Lei nº 7.614, aprovada pelo Congresso em 14.7.1987, autorizou a realização de operações de crédito do Banco do Brasil, por conta do Tesouro Nacional, com a finalidade de financiar o serviço da dívida interna vencida e a vencer até dezembro de 1987 e cobrir o déficit decorrente de despesas correntes de exercícios financeiros anteriores e de 1987, condicionando as operações citadas à aprovação, pelo Ministério da Fazenda, de planos de saneamento financeiro apresentados pelas unidades. Finalmente, o Banco Central criou o regime de administração especial e definiu um programa de saneamento dos bancos estaduais, passando a ter uma atuação mais direta e até mesmo a responder pela sobrevivência de várias dessas instituições.[14]

---

12 Cf. Resolução nº 1.309, de 23.4.1987.

13 Cf. Resolução nº 87 do Senado Federal, de 30.6.1987.

14 Ver, a respeito, o Capítulo 5, na parte referente aos bancos estaduais.

Essas medidas foram o resultado de largo acordo político e objetivaram delinear o caminho de superação da fase aguda da crise, bem como assegurar as condições de convivência entre as esferas de governo, respeitando os princípios do federalismo. O plano analítico no qual se desenvolveram desvinculou-se das determinações imediatas da política econômica, não se subordinando às preocupações conjunturais de contenção do déficit público, e sim aos interesses voltados à recuperação do poder dos governadores de administrar a crise. Os custos políticos de um posicionamento alternativo indicavam que, na prática, não havia solução possível fora do atendimento das reivindicações básicas dos governos estaduais. A crise colocou a nu a falência da capacidade estadual de administrar os seus problemas financeiros e a dependência em relação ao governo federal na busca de soluções. A possibilidade de renegociação de parte do valor das dívidas e a mudança no perfil de seu pagamento, pela assunção de parcela da dívida pela União, foram as saídas encontradas para garantir um volume mínimo de gastos públicos.

Todavia, a discussão de um programa abrangente da dívida estadual, envolvendo soluções globais pactuadas entre o governo federal e o conjunto dos Estados, esbarrava no movimento conjuntural. O apoio aos Estados não teve uma conotação de proposições gerais e de longo prazo, pois o programa era visto como *acidente de percurso* e ameaça à estratégia econômica, não indo além de encaminhamentos de caráter puramente emergencial, negociados individualmente e com fôlego suficiente apenas para os Estados superarem o momento mais crítico da crise.

O atendimento aos Estados afetou as metas do déficit público e trouxe problemas na implantação do Plano Bresser. A preocupação com o destino da política econômica levou o ministro a responsabilizar os governos estaduais pela expansão das necessidades de financiamento e a defender o contingenciamento dos empréstimos bancários ao setor público, com o objetivo de restringir o alcance potencial do programa de assistência recém-aprovado. A tentativa de manter as metas originais da programação econômica fez o ministro Bresser editar novamente regras de controle de endividamento, semelhantes às anteriores, bloqueando as operações com os órgãos financeiros estaduais e parte dos bancos federais. A proposta reduziu os espaços disponíveis à contratação de novas operações e determinou o congelamento, em 31.7.1987, das operações ARO e dos empréstimos lastreados por repasses de órgãos federais, contratados diretamente junto à CEF, ao BNDES, ao Basa e ao BNCC.[15] Além disso, proibiu qualquer outro programa de empréstimos ao setor público, fora os já existentes nas instituições oficiais ou os destinados à rolagem da dívida, reprimindo a prática do Bacen de repassar recursos ao Banco do Brasil no exterior para reempréstimos a governos estaduais.

A iniciativa do ministro Bresser enfrentou enorme resistência diante do quadro de dificuldades e da abrangência da norma recém-aprovada, desencadeando forte pressão dos governadores, que alertaram para o risco de colapso em áreas como saúde, habitação e saneamento, ligadas a fontes específicas de financiamento. As autoridades não resistiram às pressões e foram obrigadas a relaxar o alcance das medidas, ampliando as brechas possíveis de contratação de operações de crédito.[16]

As novas regras tiveram vida curta. A queda de Bresser Pereira e a mudança da estratégia de enfrentamento da crise

---

15 Cf. Resolução nº 1.389, de 27.8.1987.

16 As Resoluções nºs 1.399 e 1.400, de 29.9.1987, revogando a Resolução nº 1.211, de 24.11.1986, passaram a permitir a contratação de operações de crédito incluindo: as AROs; as operações com recursos do Finsocial e do Programa de Estradas Vicinais do BNDES; o refinanciamento das dívidas vencidas e vincendas até 31.12.1987 com a CEF, o BNDES e o Banco do Brasil, fundamentadas no Programa de Apoio Financeiro a Estados e Municípios; as operações com o BNDES e a CEF reconhecidas como prioritárias pelo Ministério da Fazenda; e, ainda, liberaram os empréstimos realizados com a CEF e o BNDES do contingenciamento do crédito estabelecido ao final de agosto.

econômica abriram espaço ao uso de políticas fiscal e creditícia mais rigorosas, objetivando reverter a onda de instabilidade e a ameaça de hiperinflação. A preocupação do ministro Maílson de eliminar os sinais de descontrole do déficit público determinou alterações no tratamento dispensado ao endividamento, recolocando a obrigatoriedade de os Estados responderem por parte dos encargos da dívida. O governo estabeleceu a rolagem plena apenas do principal da dívida e proibiu a contratação de novos empréstimos. Além disso, determinou o bloqueio dos repasses e transferências aos Estados inadimplentes com a esfera federal.[17]

O aperto financeiro a que foram submetidos os Estados nos primeiros meses da política do *feijão-com-arroz* lembrou a ação do ex-ministro Delfim Netto e o período de vigência da Resolução nº 831. Entretanto, o momento e as circunstâncias do jogo político resultaram, mais uma vez, em certa flexibilização das regras em vigor, após meses de conturbada convivência entre a área econômica e os representantes estaduais.[18]

O infernal jogo de regulamentações oficiais, em que ora se congelavam os saldos de empréstimos e proibiam novos contratos, ora se estabeleciam exceções capazes de esvaziar as restrições anteriores, revelou a falta de uma política apta a fazer frente à deterioração das condições de financiamento e à fragilidade financeira dos governos estaduais. As tentativas de controle do crédito e de fixação de barreiras à rolagem da dívida esbarraram sempre no valor potencial do serviço da dívida e na ameaça de corte abrupto de gastos, caso persistissem as restrições legais. Sobrou como opção aos sucessivos responsáveis pela área econômica lançar seguidas resoluções, mantidas por prazos variáveis e abandonadas quando cresciam as pressões políticas, para serem retomadas ao surgirem novas evidências de descontrole do déficit público.

---

17 Cf. Resolução nº 1.464, de 26.2.1988, e Resolução nº 1.469, de 21.3.1988.

18 Cf. Resolução CMN nº 1.501, de 27.7.1988.

Não há dúvida, no entanto, de que o raio de manobra para burlar o controle federal era pequeno, e os Estados não tiveram facilidades na alavancagem de novos empréstimos durante a Nova República. A maior parte das operações, na verdade, teve como objetivo o pagamento dos encargos e a reciclagem do estoque da dívida passada, sendo poucos os recursos efetivamente livres. Assim, com exceção dos momentos em que se aprovaram medidas de socorro, o volume real dos empréstimos aos Estados apresentou tendência declinante.[19] Esse movimento ocorreu, sobretudo, em razão da menor participação das instituições federais na oferta de crédito aos Estados, mesmo considerando os elevados níveis das operações do Banco do Brasil, como agente do Tesouro Nacional, de apoio aos governos subnacionais em 1987 e os financiamentos da CEF em 1988, quando se discutia no Congresso a nova Constituição.

Os governos estaduais, com o acesso aos recursos federais restrito, buscaram fontes alternativas para fazer frente às obrigações de caixa. O resultado foi: 1. o crescimento das contratações com os próprios agentes financeiros, que se tornaram responsáveis por 33,3% do total dos empréstimos concedidos em 1988 e 46% no ano seguinte; 2. o aumento das operações de crédito com as instituições privadas. Estas, que no momento anterior responderam, em média, por 15% da oferta de crédito aos Estados e Municípios, atingiram valores inusitados em 1987 (36,02%), 1988 (34,68%) e 1989 (49,13%), gerando, certamente, um aumento significativo no custo médio de captação dos recursos (ver Tabela 5).

As operações com títulos da dívida mobiliária estadual ocuparam parte do vazio deixado pelos empréstimos e financiamentos e constituíram outra fonte de captação de recursos, so-

19 Cf. os dados apresentados na Tabela VII-5 de Lopreato (1992), alguns Estados, como Ceará, Rio Grande do Norte, Paraíba, São Paulo e Paraná, conseguiram fugir à tendência presente no país.

bretudo para os Estados mais avançados. São Paulo, Rio de Janeiro, Minas Gerais e Rio Grande do Sul respondiam por mais de 90% do total da dívida mobiliária e se valeram do lançamento de novos títulos para fugir às limitações de crédito. As demais unidades, no entanto, participaram de modo marginal nesse mercado e tiveram dificuldades de romper essa barreira.[20]

O uso da dívida mobiliária e o peso que ela assumiu nos Estados economicamente mais avançados ampliaram a instabilidade da gestão da dívida estadual, tornando-a mais sensível ao movimento especulativo, sem que os Estados contassem com os instrumentos de que dispunha a esfera federal para influenciar as regras básicas desse jogo monetário.[21] A ampliação da dívida mobiliária elevou o risco de rolagem dos títulos e deixou as administrações estaduais ao sabor das alterações da política monetária e do valor da taxa de juros definida pelo Banco Central.

Os vários atos limitando o acesso à contratação de empréstimos, no entanto, não impediram o crescimento do estoque da

20 No Norte, no Centro-Oeste e em alguns Estados do Nordeste, a dívida mobiliária praticamente não teve expressão, enquanto em outras unidades do Nordeste, como Piauí, Ceará, Rio Grande do Norte, Paraíba e Bahia, mesmo sem a facilidade de colocação dos títulos no mercado, a dívida mobiliária foi usada nesse período, basicamente, na rolagem dos títulos já existentes, dado que (com exceção do RN) nem sequer acompanhou a evolução do IGP-DI.

21 A dívida mobiliária estadual acompanhou, basicamente, a evolução dos títulos federais, com exceção dos anos de 1987 e 1989. Em 1987, o programa de apoio aos governos estaduais fez que alguns Estados, sobretudo SP, MG, RJ e RS, ampliassem o valor da dívida mobiliária. Em 1989, o crescimento superior da dívida estadual deveu-se às alterações determinadas pelo Plano Verão, quando os Estados foram obrigados a substituir seus títulos de prefixados para pós-fixados, acarretando importante aumento nos custos da dívida. O crescimento anual das dívidas federal e estadual, em termos nominais, ocorreu da seguinte forma:

Anos	1982	1983	1984	1985	1986	1987	1988	1989
Federal	154,6%	223,5%	254,9%	346,1%	124,7%	331,3%	1.342,3%	2.428%
Estadual	150,4%	158,7%	218%	293,5%	83,4%	549,9%	861,1%	3.019,4%

dívida, em boa medida, como resultado da simples reciclagem da dívida passada. A instabilidade econômica, a aceleração inflacionária e a incapacidade de as autoridades lidarem com as questões postas pelo processo de endividamento fragilizaram a situação financeira dos Estados, deixando estreita margem na busca de soluções que permitissem que fossem além da mera luta contra o colapso das finanças públicas.

A deterioração das condições de financiamento estadual revelou-se, primeiro, na força com que se rearticularam as relações entre os governos e seus agentes financeiros, responsáveis por elevada parcela dos empréstimos aos órgãos estaduais e pela rolagem da dívida mobiliária estadual. Os Estados, quando enfrentaram dificuldades de colocação dos títulos no mercado, usaram seus agentes financeiros no *carregamento* dos títulos. Estes, sem condições de *bancar* o valor da dívida, apelavam às operações de redesconto do Banco Central, incorrendo em elevados custos financeiros e ampliando o risco do conjunto do setor público estadual.

Além disso, o caráter dos empréstimos, sobretudo a partir de 1987, denunciou a fragilidade financeira dos governos estaduais. A menor participação dos créditos das agências oficiais levou os Estados a incorrerem em operações de curto prazo e alto custo. As AROs, como mostra a Tabela 6, ocuparam um peso no total dos empréstimos e financiamentos concedidos aos setores públicos estadual e municipal jamais observado em anos anteriores: 28,5% dos empréstimos em 1985; 37,8% em 1986; 60% em 1987; 57,2% em 1988; e 97% em 1989.

O apelo a operações de crédito de curto prazo, com correção monetária e taxas de juros incompatíveis com a evolução da receita fiscal, desnuda a precária base na qual se assentou a equação financeira dos governos estaduais nos anos 80. A aceleração inflacionária e a instabilidade econômica alimentaram os fatores responsáveis pelo descompasso entre a receita e os gastos e potencializaram a deterioração das condições de endividamento.

Em outras palavras, o encurtamento no giro dos empréstimos estaduais veio associado à defasagem entre os custos de rolagem dos empréstimos (calculados com base nos elevados valores das taxas de juros e nos níveis de correção monetária prevalecentes numa economia próxima à hiperinflação) e o valor da receita estadual, depreciada pelo processo inflacionário e pelo baixo nível de crescimento da economia. O resultado apontava, claramente, para uma perspectiva de incapacidade de pagamento ou de custos ampliados de financiamento, que somente poderiam ser atendidos com a brutal contração dos gastos não financeiros. Isso seria factível no primeiro ou talvez no segundo ano, mas havia pouca possibilidade de que os governadores, seguindo o ciclo político dos gastos, provocassem, deliberadamente, cortes expressivos nas despesas no período final de mandato. A resistência dos Estados em promoverem ajustes rigorosos diante dos crescentes custos financeiros sinalizava a ocorrência de crises abertas nas finanças públicas.

A dificuldade de sustentar o fluxo do serviço da dívida fez que se generalizasse o uso do não-pagamento das obrigações como saída para o financiamento de outros gastos. Os atrasos com empreiteiros, com fornecedores, com a Previdência Social, com o FGTS, com o BNDES, com a CEF e com os demais agentes oficiais de crédito, além das instituições dos próprios Estados, tornaram-se práticas corriqueiras e ocuparam papel de destaque em praticamente todos os Estados.

Os compromissos com as operações externas mantiveramse, em boa medida, com os desembolsos dos Avisos MF. Os Estados, com o virtual fim dos *relendings*, deixaram, praticamente, de reembolsar os valores adiantados pelo governo federal a partir de 1986 (os pagamentos dos Avisos MF foram da ordem de 3% do total dos desembolsos). O valor dos Avisos MF atrasados refletiu o embaraço dos Estados em equacionar a questão do refinanciamento da dívida externa e de pouco valeu a insistência do governo federal, sobretudo na gestão do ministro

Maílson, de coibir a inadimplência e de regularizar a situação. As negociações em torno do pagamento dos valores vencidos e do percentual da dívida vincenda foram sempre tumultuadas e acabaram constituindo mais um problema a ser resolvido no relacionamento com a esfera federal.[22]

A incapacidade de gestão da crise financeira no âmbito dos próprios Estados transferiu ao Tesouro Nacional e à autoridade monetária parcela das obrigações estaduais, passando a exigir o envolvimento direto do governo federal via assunção ou revisão dos termos das dívidas públicas interna e externa. A fragilização financeira dos governos estaduais em 1989 levou o governo à federalização de parte da dívida estadual. O Banco do Brasil, com base na Lei nº 7.976, de 27.12.1989, foi autorizado a refinanciar, pelo prazo de vinte anos, a dívida junto ao Tesouro Nacional relativa aos pagamentos da dívida externa realizados pelos Avisos MF[23] e as operações internas feitas ao amparo da Lei nº 7.614/87.[24]

A proposta da União respondeu a questões imediatas e deixou de lado a dívida mobiliária, a dívida bancária com os agentes financeiros dos próprios Estados e parte dos contratos com o setor privado. A federalização parcial da dívida pouco alterou o quadro das finanças estaduais. Os altos juros e a inflação contribuíram para a deterioração patrimonial de empresas e de bancos estaduais, bem como acentuaram o desequilíbrio entre os fluxos de pagamentos e de arrecadação fiscal, responsável pela

22 Cf. Biasoto Júnior et al. (1990), em que se discutem a importância dos Avisos MF e o seu peso na estrutura do financiamento dos Estados.

23 O governo federal, na verdade, repassou aos Estados as mesmas condições de financiamento que obteve na negociação da dívida externa. Como observa essa lei em seu Art. 3º, os contratos terão correção monetária e juros equivalentes àqueles pagos pelo governo federal nos respectivos contratos externos.

24 A Lei nº 7.614/87 autorizou a criação de linhas de crédito para o saneamento financeiro dos Estados, comprometidos após o colapso do Plano Cruzado.

incapacidade de as administrações centrais honrarem as obrigações financeiras. O resultado foi o aumento da dívida líquida dos Estados e Municípios nos anos finais da década como participação no PIB e em termos de equivalência em dólares correntes.

Além disso, cresceu a dependência dos Estados em relação a outros movimentos de federalização de suas dívidas e à política do Banco Central de sustentação da liquidez dos bancos estaduais. O encaminhamento dessas questões certamente dependeria do jogo político, delineado ao sabor da conjuntura, em que se definiriam a forma e o alcance da intervenção federal no socorro aos governos estaduais. As ações, nos anos 80, foram pontuais e indispensáveis à reposição do fluxo de pagamentos de curto prazo, em condições compatíveis com a capacidade dos Estados, mas não garantiram uma perspectiva futura de não-comprometimento das finanças públicas.

Os entraves colocados pelo endividamento não eram triviais e qualquer solução dependia do encaminhamento dos problemas da economia brasileira. Não parece razoável acreditar que os governos estaduais, isoladamente, conseguissem superar as restrições de financiamento derivadas do elevado nível da posição das dívidas acumuladas no decorrer dos anos. Eles não tinham controle sobre variáveis determinantes do valor da dívida e nem os instrumentos para alterar os rumos da política econômica. Enquanto o governo federal e o Banco Central puderam lançar mão de várias medidas com reflexo no valor e nas condições de rolagem da dívida federal, os Estados não dispuseram de meios semelhantes de atuação sobre o estoque da dívida. Acabaram obrigados a desviar parte de suas receitas para acompanhar o movimento especulativo comandado pela esfera federal, a conviver com os gargalos impostos pela dívida e a conduzir suas ações de acordo com os resultados das negociações em torno do refinanciamento da dívida externa, das operações de saneamento e do valor dos atrasados.

O apelo a favores e a negociações com a União foi a saída ao alcance dos Estados diante da necessidade de superar as fases críticas de restrição de financiamento. Nesse sentido, o jogo político dos governadores não deve ser visto como espúrio, mas como legítimo instrumento de barganha de que se valeram as autoridades no enfrentamento da dívida. O jogo político, embora legítimo, desenvolveu-se em condições perversas. Os governos estaduais, enfraquecidos economicamente e dependentes da União, tornaram-se presas fáceis do processo de negociação. O suporte financeiro foi usado pelo governo federal como elemento de troca na busca de apoio político e jogo de alianças no Congresso. Acabou implicando a perda de autonomia dos governadores, determinada pela incapacidade de definirem o ritmo dos investimentos e de escolherem livremente o caminho de suas articulações políticas e partidárias. O movimento, logicamente, manifestou-se de forma desigual, ganhando concretude nas ações desenvolvidas no âmbito de cada um dos Estados.

O processo de negociações individuais, que marcou o entendimento sobre a dívida pública, abriu espaço a injunções de ordem política e econômica que variaram segundo o *cacife* político e o poder econômico das diferentes unidades. Por outro lado, os problemas com a gestão da dívida pública também se distribuíram de forma desigual. Aqueles com maior poder econômico contaram com condições relativas menos desfavoráveis para vencer os períodos mais críticos do aperto financeiro, em razão da capacidade de alavancagem financeira e da maior facilidade de acesso ao crédito. As demais unidades, sem meios semelhantes, tiveram, basicamente, que estreitar os vínculos com a União e/ou amargar o aprofundamento da crise financeira da administração direta e o comprometimento dos seus agentes financeiros.

A falta de perspectiva em relação a uma política capaz de enfrentar o problema do endividamento e a *performance* pouco favorável da economia brasileira indicavam que a equação financeira determinada pela dívida continuaria a impor limites à ação dos Estados e seria um ponto fundamental na agenda dos anos 90.

7
O controle das finanças estaduais: impasses e resistências

O controle das finanças estaduais

O panorama das finanças estaduais sob o autoritarismo caracterizou-se pelo controle federal sobre as diretrizes tributárias, pela centralização política e pelo esvaziamento dos alicerces do federalismo. As transformações no pacto de poder, que começaram com o processo de distensão política, passaram pelas eleições diretas de 1982, pela escolha de um presidente civil e culminaram com o anúncio da Constituição de 1988, provocaram alterações nesse quadro.

As mudanças no âmbito das finanças estaduais constituíram uma das faces do processo de democratização e de revisão do pacto político. A determinação federal de controlar os gastos públicos e de intervir na liberdade fiscal dos Estados perdeu o *momentum*, e os Estados ganharam força para questionar a presença da União, bem como para lutar por melhor participação na distribuição da receita fiscal.

A volta à normalidade democrática, reafirmando velhos traços da tradição política brasileira, implicou o fortalecimento dos governadores e do poder regional com reflexos na distribuição institucional de renda e no poder fiscal dos governos subnacionais. Os Estados recuperaram prerrogativas perdidas no período anterior e passaram a dispor de melhores condições de defesa de seus objetivos, tendo à frente os governadores, que retomaram o lugar de peças centrais no jogo político e de interlocutores nas decisões envolvendo questões fiscais e financeiras.

O avanço democrático e o crescimento político das autoridades estaduais criaram uma nova realidade dando legitimidade à luta das forças regionais na defesa de seus espaços de atuação, diante de um governo federal obrigado a negociar e a expor-se na busca de apoio e entendimento no Congresso Nacional. Os interesses regionais rearticularam-se e trouxeram de volta características marcantes do período anterior ao movimento militar.

A crise econômica e o quadro de debilidade das finanças públicas, no entanto, limitaram as implicações do novo arranjo político. Os Estados, embora fortalecidos politicamente, passaram a ser prisioneiros da armadilha financeira em que estavam envolvidos. A escolha do déficit público como elemento nuclear da política econômica e o colapso das fontes de financiamento levaram-nos a conviver com a perda de autonomia no encaminhamento das decisões econômicas e a depender de decisões de âmbito federal para que pudessem ter condições de gerir a crise das finanças públicas.

O controle das autoridades federais sobre variáveis decisivas na definição da política de gastos e da situação financeira dos Estados acirrou o debate em torno das questões de rolagem da dívida e de limites de endividamento. Os instrumentos, aparentemente técnicos, ganharam enorme sensibilidade política e foram objeto de intensas negociações. As proposições implementadas refletiram a alternância do jogo de forças entre os governos estaduais e as autoridades econômicas em defesa de seus objetivos específicos de expansão dos gastos e de controle do déficit público. Prisioneiro do jogo político e obrigado a negociar, não foi suficiente o governo definir metas de controle das finanças estaduais austeras e consistentes com a política macroeconômica, porque, em vários momentos, foi pressionado a abrir mão delas para atender aos interesses estaduais. Nos momentos agudos de fragilização financeira e de incapacidade de os Estados manterem o serviço da dívida pública, a União foi obrigada a desconsiderar as metas de política econômica e a criar meios de socorrer os Estados, evitando a insolvência financeira e dando a eles condições de sustentarem, mesmo que em níveis inferiores, os gastos correntes e os investimentos.

O caminho alternativo, embora economicamente possível, teria escassa viabilidade, pois levaria as finanças estaduais ao caos e colocaria em risco os princípios da organização política do país. As constantes mudanças das medidas oficiais revelam que a formulação da política econômica teve de considerar tanto as proposições das autoridades econômicas como a questão da governabilidade dos Estados.

A crise estadual e a indefinição do quadro das relações intergovernamentais exacerbaram a dimensão política da negociação de verbas, com as liberações de recursos e de créditos oficiais passando a compor verdadeiro balcão de negócios. Os governadores, diante da inviabilidade financeira de seus Estados, eram obrigados a negociar individualmente a rolagem de dívidas e o acesso a linhas de crédito ou repasses oficiais, sendo pressionados a fazer concessões políticas e a apoiar teses de interesse do governo federal. Assim, a frágil situação financeira dos Estados influenciou os arranjos políticos e abriu espaços a toda sorte de pressões, debilitando o poder de barganha das várias unidades e colocando em mãos da União um poder de arbitragem econômica acima do que se poderia prever com o fim do regime militar e a perda de suas prerrogativas no campo político.

As condições se diferenciaram, obviamente, de acordo com a capacidade econômica e a força política das unidades. Os governadores de Estados mais fracos, tragados pela crise, tornaram-se presas fáceis das decisões da esfera federal, já que dependiam delas para levar adiante programas básicos de investimentos ou até mesmo para garantir o custeio da administração. Os Estados mais avançados, como São Paulo, Minas Gerais, Rio Grande do Sul, Rio de Janeiro e Paraná, desfrutaram de maior autonomia de decisão sobre os investimentos, mas nem por isso deixaram de estar presos à esfera federal, pois dependiam das negociações das regras de endividamento e de acesso ao crédito para definir o valor e o ritmo dos seus investimentos, sobretudo em gastos na área social subordinados às verbas e ao crédito oficial.

Os governadores usaram o poder político dos Estados e o controle sobre suas bancadas no Congresso para se contrapor à União: em cada decisão importante, de cunho econômico ou estritamente político, o governo federal procurou barganhar o apoio parlamentar, indispensável à constituição da maioria, em troca de medidas de interesse dos Estados.

A aparente contradição entre o avanço do poder político dos governos estaduais e a força da presença federal abriu espaço ao impasse e às dificuldades que permearam as relações da União com os governos estaduais, em que ora prevaleceram os interesses políticos e o poder estadual em resistir ao ajuste a qualquer preço, ora as autoridades econômicas conseguiram levar adiante as propostas de controle dos gastos públicos, mesmo com a forte oposição dos governadores.

Impasses e resistências

A crise do setor público do início dos anos 80 colocou na ordem do dia a disputa entre as esferas de governo e os limites para se chegar a uma definição sobre o combate ao déficit público e as possibilidades de financiamento dos governos estaduais. A inviabilidade de uma posição consensual fez que as questões fossem definidas no plano político, consoante as articulações em cada momento particular e em resposta ao poder das forças envolvidas na defesa dos seus interesses.

O movimento antagônico entre o desejo dos Estados e a adoção da política de ajustamento voluntário explicitou as dificuldades da proposta de controle dos gastos públicos. A determinação de refrear a expansão dos gastos esbarrou na concretização do projeto político do governo. O compromisso de liberalização política e a proximidade das eleições de 1982 reacenderam o objetivo de reativar velhos pactos e de recompor alianças, como forma de fazer frente aos novos tempos, em que a ação política não mais seria sustentada somente com base no autoritarismo.

A importância das eleições diretas de 1982 na institucionalização e na consolidação do projeto político defendido pelas forças no poder desde 1964 levou o partido oficial a valer-se de instrumentos fiscais e financeiros para angariar apoio eleitoral. Nesse momento, estava em jogo a sua sorte política, seja na luta para sustentar a hegemonia no âmbito dos Estados – mantida, até aquele ano, pelo processo de nomeação dos governadores –, seja na definição dos rumos do regime militar, delineada na busca de maioria no Colégio Eleitoral responsável pela indicação do próximo presidente da República. O governo federal favoreceu os governos estaduais, principalmente aqueles em que a penetração do partido oficial era maior, aumentando as transferências de recursos não regulares e permitindo a contratação de novos empréstimos com os agentes federais e órgãos financeiros dos próprios Estados ou via Resolução nº 63.

Os Estados puderam expandir os gastos no biênio 1981/1982 além do que poderiam ser sustentados com o valor das receitas próprias. A coincidência entre o período de final de governo e o momento das eleições populares de governadores contribuiu para influenciar e "justificar" a complacência das autoridades federais com o aumento das despesas estaduais apesar da frágil situação financeira dos Estados. A não-explicitação do acordo com o FMI deixou claras as limitações impostas pelo quadro político e permitiu entender por que as proposições de política econômica não se revelaram de todo coerentes até 1982.

A superação do momento eleitoral abriu caminho à formalização do acordo com o FMI e eliminou as amarras políticas que cerceavam as autoridades econômicas no objetivo de aprofundar o controle das necessidades de financiamento do setor público. As finanças estaduais foram enquadradas nas propostas acordadas com o FMI e os governadores recém-eleitos não puderam evitar o rígido processo de ajustamento no decorrer de 1983 e de 1984.

Os protestos dos governadores foram praticamente desconsiderados, apesar de o novo quadro político criado com as eleições ter fortalecido o poder dos dirigentes e ampliado os espaços de barganha junto ao governo federal e ao Congresso Nacional. A autonomia das autoridades econômicas em se moverem conduziu ao recrudescimento dos controles e à perda do raio de manobra dos governadores no comando das finanças públicas estaduais. Mas o enquadramento das finanças estaduais não se deu sem atritos. Os governadores, impulsionados pelo poder outorgado nas eleições diretas e pela crise financeira, buscaram no Congresso a redefinição das condições de distribuição institucional de renda e conseguiram a aprovação da Emenda Constitucional nº 23 (Emenda Passos Porto), ampliando a participação dos Estados na arrecadação do Imposto de Renda e IPI.

As evidências no plano político anunciaram as fissuras no pacto de poder até então existente e o limiar do processo de mudanças da forma de relacionamento do poder federal com os interesses estaduais representados no Congresso Nacional, pela articulação dos governadores e de suas respectivas bancadas. O avanço no plano político, no entanto, contrastou com a força das autoridades na implantação da política econômica. A manutenção do ajuste econômico centrado no controle do déficit e a subordinação quase que absoluta aos interesses do FMI impuseram restrições a quaisquer medidas que reduzissem o domínio federal sobre os recursos tributários e comprometessem as metas de déficit público.

A preocupação com o déficit público fez as autoridades econômicas manterem rígido controle sobre o aumento do volume das operações de crédito, proibirem a rolagem integral da dívida pública e realizarem cortes no valor dos repasses de verbas federais. O estreito raio de manobra dos Estados não deixou outro caminho aos governadores senão o de cortar os gastos públicos, cumprindo as metas determinadas pelo ajuste econômico. O domínio federal sobre as fontes de financiamento de que os Estados se valiam deu às autoridades econômicas um controle sobre as despesas desconhecido em momentos anteriores e força para impor a lógica recessiva às finanças estaduais. Porém, o grau de autonomia do governo militar não conseguiu frear a crescente influência dos governadores da oposição. Estes, mesmo estrangulados financeiramente, moveram-se com desenvoltura no plano político e ampliaram a resistência contra a continuidade do programa recessivo.

A coexistência conflituosa entre os interesses da política econômica e a posição estadual acirrou-se em 1984. De um lado, as autoridades mantiveram as condições básicas do programa de ajustamento e não abriram mão das medidas contrárias à expansão das necessidades de financiamento e do controle da inflação pelos mecanismos tradicionais de política econômica. De outro, os reflexos negativos sobre a situação financeira dos Estados e a ameaça de comprometer o relacionamento político com os governadores levaram as autoridades a flexibilizar certas metas do programa de ajuste, permitindo que os Estados rolassem a maior parcela dos encargos financeiros.

Assim, foi possível contornar as dificuldades imediatas e evitar o colapso financeiro. Mas a administração direta e as empresas públicas estaduais apresentaram visíveis sinais de asfixia financeira. Os cortes dos gastos, apesar de elevados, não compensaram a queda da arrecadação e as restrições de acesso ao crédito, ocasionando atrasos nos encargos públicos. Cresceu o volume de restos a pagar, e os atrasos nos pagamentos das empresas estaduais generalizaram-se, criando problemas de relacionamento com os agentes financeiros, sobretudo com os bancos oficiais dos próprios Estados. Esse aumento do grau de inadimplência e as dificuldades de captação externa, bem como a queda dos repasses federais, colocaram em xeque a saúde dos agentes estaduais de crédito. Eles foram obrigados a recorrer ao mercado, pagando altas taxas de juros na captação dos recursos exigidos no financiamento de suas operações, além de valer-se de empréstimos de liquidez e de acordos com o Banco Central para evitar a intervenção.

Os sinais de resistência no plano político ganharam contornos mais claros no transcorrer dos meses, mesmo com a preservação das diretrizes traçadas nos acordos com o FMI. As autoridades econômicas sofreram pressões dos governadores e das instituições financeiras atingidas pelo crescente grau de inadimplência para que definissem condições mais favoráveis de rolagem das dívidas e permitissem um certo desafogo das finanças estaduais. O governo acabou cedendo, facilitando a rolagem das dívidas e a contratação de novos empréstimos.[1] Essas condições, aliadas à pequena recuperação da receita fiscal, atenuaram a situação crítica de 1983. A retomada da taxa de crescimento da economia, baseada nos expressivos saldos da balança comercial, deu amplitude ao movimento e assegurou algum fôlego aos Estados para que elevassem os gastos em relação ao ano

---

1 Como foi visto no Capítulo 6, o governo permitiu algumas medidas que trouxeram significativo esvaziamento da Resolução n° 831: a) facilitou o acesso aos recursos dos bancos internacionais pelos *relendings*; b) flexibilizou os limi-

anterior. Cresceram as resistências à manutenção da lógica recessiva e intensificaram-se as contradições entre a posição do governo a favor de políticas monetária e fiscal restritivas e o processo de liberalização política.

O jogo de forças entre os governos estaduais e as autoridades econômicas não pode ser analisado de modo linear, com o propósito de encontrar um ganhador. O momento deve ser visto como o limiar das mudanças no relacionamento das esferas de governo, dentro de um quadro específico, marcado pela crise e pela particular situação financeira dos governos estaduais. Os avanços no plano político deixaram claro que as decisões econômicas, envolvendo as finanças estaduais, teriam que ser negociadas por interlocutores com vontade política. Isto é, o sucesso das autoridades no controle dos gastos estaduais ocorreu, simultaneamente, com o germinar das condições que negavam esse próprio poder, pelo fortalecimento político e pelo peso dos interesses ligados aos governos estaduais, seja no confronto direto com o governo federal – possível para os representantes de Estados economicamente fortes –, seja na força de articulação no interior do Congresso Nacional, em razão da influência dos governadores sobre as respectivas bancadas.

As mudanças nas relações de poder e a resistência em retardar mais a realização das obras já inviabilizadas nos dois primeiros anos da gestão iniciada em 1982 deixavam antever a dificuldade de manter situação semelhante no momento seguinte. O advento da Nova República e a preocupação de consolidar o pro-

---

tes à sua expansão do crédito controlado pela Resolução nº 831, retirando de sua base de cálculo as operações externas via Resolução nº 63 e os empréstimos com recursos do BNH e do Finame; c) concedeu aos bancos (Resoluções nºs 923 e 926) autorização para o refinanciamento das amortizações e dos juros vencidos e não pagos em 1983 e do principal já vencido e a vencer em 1984; e d) permitiu, a partir de agosto, a ampliação dos limites mensais de expansão dos empréstimos das instituições financeiras. Além disso, foi permitida a rolagem de 100% das amortizações a vencer em 1984 e facilitado o acesso ao crédito.

cesso de transição democrática deram destaque à busca de novos espaços de negociação e à formação de um quadro de alianças capaz de sustentar politicamente o governo. O lugar estratégico dos governadores, nesse jogo de alianças, permitiu viabilizar parte das metas comprometidas nos dois anos anteriores. A ampliação dos gastos públicos era crucial à sobrevivência política dos governadores, e os dirigentes do governo civil recém-empossado teriam de defrontar-se com a questão de como conciliar os interesses dos governos estaduais com as diretrizes de política econômica.

Abriam-se a perspectiva de alterações do quadro vigente nos dois últimos anos e a possibilidade de desencadear-se um programa de obras. Os governadores viram nos momentos político e econômico favoráveis a chance de elevar o valor dos gastos, valendo-se dos ganhos tributários da fase anterior e da maior taxa de crescimento da economia. Em contrapartida, a correlação de forças beneficiou as demandas dos Estados em favor de novos ganhos tributários e de maior facilidade na rolagem da dívida. O apoio do Congresso à tramitação da Emenda Airton Sandoval e à rolagem plena da dívida interna ampliou as perspectivas de ganho dos Estados. Os anseios, no plano político, de alterações na distribuição do poder financeiro entre as esferas de governo colocaram o governo Sarney diante do debate da questão tributária, com a obrigação de oferecer proposições que respondessem a tais aspirações. A ascensão da Nova República, no bojo de um pacto político em que o exercício do poder se realizaria de forma mais descentralizada, fortaleceu as pressões a favor do redesenho do formato tributário para refletir o conjunto das forças políticas atuantes.

Os Estados resistiram às propostas de continuidade da política de austeridade e de corte do déficit defendidas pelo novo governo. O descompasso entre as diretrizes de política econômica e o comportamento real dos gastos evidenciou o confronto de objetivos. O ministro Dornelles não conseguiu aprovar as medidas contra a rolagem integral da dívida e a contratação de novos empréstimos, nem definir as restrições de gastos anunciadas em discurso realizado no Congresso. Os cortes nos gastos foram protelados por longo tempo e, quando anunciados em julho, estiveram longe do que seria necessário para conter o déficit.

A troca de equipe econômica não alterou o quadro, e o ministro Funaro enfrentou problemas semelhantes no tratamento com os governos estaduais. O governo Sarney, coagido, teve dificuldades de limitar o raio de ação dos governos estaduais e municipais e não conseguiu delinear os marcos gerais de uma política capaz de harmonizar os interesses em jogo. Os governos subnacionais resistiram em abrir mão das reivindicações contidas na Emenda Sandoval, contrárias aos interesses da política macroeconômica e, após marchas e contramarchas, conseguiram aprovar a emenda, elevando os seus recursos fiscais.

A fragilidade política do governo e a necessidade de costurar uma ampla rede de alianças colocavam obstáculos à adoção de medidas concretas. O governo federal, envolvido com a administração dos interesses políticos, cedeu às pressões e não conseguiu ditar regras de austeridade. Os governos subnacionais expandiram os gastos em 1985 muito além do crescimento da receita e se tornaram os principais responsáveis pelo aumento do déficit público verificado no ano, indicando a força com que voltaram a gastar, passados dois anos de forte contração das despesas. Nem mesmo a tentativa de conter o endividamento externo teve resultado, pois os Estados elevaram o grau de inadimplência e usaram os Avisos GB 588 e MF na cobertura dos compromissos externos não pagos.[2]

Os Estados viviam perspectivas favoráveis de expansão das receitas graças à retomada da taxa de crescimento da economia e aos ganhos com as transferências constitucionais. Entretanto,

2 O governo proibiu o acesso dos Estados aos *relendings* e limitou em 75% a rolagem da dívida externa.

pesava sobre eles o elevado grau de endividamento. A retomada dos gastos ocorreu, em grande medida, à custa da expansão do déficit e da articulação no interior dos próprios Estados, bem como do não-pagamento de dívidas contraídas no momento anterior, honradas pelo governo federal. Esse quadro financeiro colocava em dúvida o comportamento das finanças estaduais no período subseqüente, que era ano eleitoral. Questionava-se a capacidade de os Estados responderem, com os ganhos esperados de receita, à expectativa de ampliação de gastos e ao pagamento dos custos das dívidas interna e externa. A velha tradição da política de gastos anunciava novos problemas de financiamento e o aumento do déficit.

A incapacidade de enfrentar o problema do financiamento público no Plano Cruzado e a confirmação do aumento do déficit levaram o governo a privilegiar medidas já conhecidas de restrições ao crédito e de controle do endividamento. A constatação de que os Estados atingiram no início do ano o teto do endividamento permitido para todo o período de 1986 levou as autoridades a definirem regras restritivas de atuação dos governos estaduais, procurando evitar a repetição de fatos semelhantes aos de 1982, quando o descontrole nos gastos provocou o comprometimento da saúde financeira de várias unidades e de suas instituições financeiras.[3]

---

3 É nesse sentido que se deve entender o esforço do Ministério da Fazenda, principalmente a partir da criação da Secretaria do Tesouro, de limitar a liberdade dos Estados. No mês de abril, foi anunciada a decisão de manter em 75% a rolagem da dívida externa e de garantir a rolagem plena da dívida interna como meio de atenuar os problemas de fluxo de caixa. O governo procurou ainda conter o endividamento estadual interno, não permitindo a colocação de OTE com prazo inferior a um ano, além de restringir o acesso das unidades aos depósitos em moeda estrangeira no Bacen e de impedir as operações de crédito com o setor bancário, inclusive as antecipações de receitas, a não ser em casos considerados relevantes pela STN.

O governo, apoiado na legitimidade do Plano Cruzado, conseguiu lutar contra o aumento do déficit e impor regras de administração das dívidas, buscando reverter a liberalidade do ano anterior. As medidas enfrentaram resistências dos governadores, receosos de não poderem dar continuidade aos programas de ação e de serem obrigados a contrair os gastos em ano eleitoral. Mas o Ministério da Fazenda, apesar das críticas, manteve as medidas restritivas e não cedeu às pressões contra a fixação de limites de rolagem da dívida externa e aos pedidos de apoio ou formas de compensação aos Estados.

Os efeitos favoráveis do Plano Cruzado garantiram o sucesso da política do governo. O rápido crescimento da economia e a baixa taxa de inflação permitiram a expansão das receitas públicas muito acima do esperado, ao mesmo tempo em que caíram os custos financeiros das dívidas interna e externa. O momento favorável fez que os governos estaduais, embora não tivessem resolvido os seus problemas financeiros, atravessassem 1986 sem os transtornos de anos passados. Apesar do problema com o *estoque* da dívida, o aumento da receita e a queda dos encargos financeiros viabilizaram o atendimento da demanda de curto prazo, ou seja, os *fluxos* financeiros puderam ser honrados sem descontinuidade. Em outras palavras, o crescimento das receitas e a menor pressão dos custos das dívidas deram aos Estados condições de arcarem com os encargos financeiros e de elevarem os gastos em razão da situação particular do país durante o período de crescimento rápido e de baixas taxas de inflação.

Os governos estaduais, premidos pelo ano eleitoral e encorajados pelo crescimento das receitas, abandonaram a preocupação com o ajuste financeiro e elevaram os gastos, de acordo com as expectativas de ganhos. Além disso, valeram-se das instituições financeiras oficiais e das operações ARO, à revelia das restrições federais, em resposta à demanda adicional de recursos.

A *débâcle* do Plano Cruzado recolocou a questão do estrangulamento financeiro que parecia superada em 1986. Primeiro, o aumento da taxa de juros e da aceleração das correções monetária e cambial teve forte impacto sobre o estoque das dívidas, sobretudo sobre as operações de ARO, com vencimento no final do ano. Segundo, a rápida deterioração da situação econômica provocou a queda da arrecadação do ICM[4] e, ao mesmo tempo, elevou o peso da folha de pagamento em razão da rigidez imposta pelo gatilho salarial num momento de aceleração inflacionária. Finalmente, os bancos estaduais, graças à estreita vinculação com a administração estadual, enfrentaram profunda crise patrimonial e contribuíram para agravar as dificuldades de os Estados honrarem os desembolsos financeiros.

As circunstâncias da crise financeira revelaram o *fio da navalha* em que viviam as finanças estaduais. Apesar da austeridade imposta em 1983 e em 1984 e do crescimento econômico observado nos dois anos seguintes, a crise ressurgiu com grande ímpeto no início de 1987. A rápida reviravolta da situação econômica depois do Cruzado II e os gastos no ano eleitoral, sem dúvida, explicaram parte da crise financeira, mas não esclarecem as suas raízes mais profundas. A crise não pode ser vista apenas como conjuntural, dada pelo impacto da taxa de juros e das correções monetária e cambial sobre os fluxos de pagamentos. O problema ia além das suas determinações mais imediatas. A dificuldade estava em como lidar com o estoque da dívida numa conjuntura adversa. Ficou claro que a dívida só era administrável em momentos particulares, quando se combinam condições favoráveis. O risco de crise financeira aberta era latente, ainda que a situação de curto prazo fosse considerada satisfatória dentro do quadro de dificuldades. Os Estados estavam sujeitos a colapsos financeiros a qualquer mudança nas condições do serviço da dívida, o que os obrigava a rediscutir as condições de pagamento e a barganhar novos favores da União.

4 A arrecadação do ICM sofreu uma perda no primeiro trimestre de 1987 de 25%, em termos reais, em relação ao último trimestre do ano anterior.

A crise financeira inviabilizou a política do Ministério da Fazenda de austeridade na rolagem da dívida. As restrições à ampliação das operações de crédito e o controle do endividamento colocaram os dirigentes estaduais diante de uma realidade financeira com a qual só poderiam conviver caso optassem por ajustes draconianos. A alternativa foi a definição de novas regras de pagamento das dívidas estaduais, que permitiriam dar fôlego aos governadores eleitos em novembro de 1986. Na verdade, a indefinição de uma estratégia de política econômica capaz de responder à crise reduziu o raio de manobra das autoridades. O governo teria de administrar a conjuntura e, sem condições de resistir às pressões, acabou cedendo à reivindicação dos agricultores e de pequenas e médias empresas de renegociação de suas dívidas. Nesse quadro, dificilmente poderia se negar a oferecer saídas à crise financeira estadual.

A frágil posição do governo diante do complexo conjunto de questões levou o presidente Sarney a buscar ampla negociação de apoios políticos, com o intuito de atravessar delicado período de seu governo e de influenciar o delineamento da futura Constituição do país ora em discussão. Nessa caminhada, o presidente não poderia desprezar o marcante fato político dado pela vitória do PMDB em 22 Estados nas eleições de novembro de 1986. Os governadores situaram-se, desde logo, como interlocutores privilegiados. Num momento em que o governo nada tinha a oferecer em termos de projeto político-econômico capaz de aglutinar os vários interesses, foi preciso negociar o respaldo político das bancadas estaduais e o apoio na discussão da Constituinte. O espaço de manobra das autoridades econômicas era estreito e pouco restou ao governo senão apelar ao fisiologismo e manipular as regras e os limites de endividamento dos Estados. A solução, negociada politicamente, foi elevar os limites de rolagem da dívida estabelecidos no ano anterior, flexibilizar o acesso a recursos dos órgãos federais e oferecer apoio financeiro aos Estados. A aprovação da Lei nº 7.614, em julho de 1987, levou o Banco do Brasil a assumir parte das dívidas estaduais e reescalonar os pagamentos.

As medidas, definidas na gestão Funaro, embora importantes diante da crise estadual, não contaram com o apoio do novo ministro da Fazenda, que manifestou apreensão com a expansão das necessidades de financiamento e defendeu o congelamento das operações de crédito com o setor público. As reações foram imediatas. As autoridades estaduais alertaram para as dificuldades financeiras a serem criadas caso se tornassem efetivas as restrições de acesso ao crédito dos órgãos oficiais. O ministro, derrotado politicamente, foi obrigado a recuar e aceitar regras frouxas de rolagem das dívidas e de acesso ao crédito. O ministro Bresser Pereira ainda voltou a defender o controle das finanças estaduais e a propor medidas restritivas no orçamento de 1988,[5] mas foi obrigado a se curvar à realidade política e aceitar a política do Banco Central de apoio aos bancos estaduais e a expansão das transferências não regulares aos Estados.

O desenrolar das negociações sintetizou os impasses nos projetos da área econômica e explicitou os entraves na luta contra o déficit público, num quadro de estreitamento das bases de financiamento e de elevado poder de barganha dos governos estaduais. O momento não era propício a decisões de força. As relações entre a União e os governos estaduais acabaram atendendo a amplos interesses políticos e resultaram no consenso possível. O chefe de governo ganhou pontos decisivos no esforço de garantir o mandato de cinco anos, e, para isso, foi fundamental o processo de negociação desenvolvido junto aos governadores do PMDB, que, por sua vez, viram as suas demandas ecoarem em Brasília e venceram o período crítico da crise financeira sem cortes drásticos de gastos públicos e sem elevados custos políticos.

---

5 O ministro Bresser Pereira defendeu a rolagem de apenas 75% do total da dívida interna no orçamento de 1988, o que obrigaria as unidades a responderem pela parcela restante dos juros e encargos a vencer.

Os reflexos na política econômica foram inevitáveis e a ampliação do déficit público recolocou o conflito de objetivos entre as autoridades econômicas e os governadores.[6] A instabilidade econômica e a iminência do processo hiperinflacionário deram força ao novo ministro da Fazenda, Maílson da Nóbrega, para reeditar uma dura política de controle das necessidades de financiamento dos governos estaduais, pela imposição de limites de acesso ao crédito e de restrições à rolagem da dívida pública (cf. Resolução nº 1.469).

As medidas de Maílson, aliadas à contração real da receita tributária e ao crescente custo de carregamento da dívida, geraram dificuldades e agravaram as condições de financiamento dos Estados. A resposta às restrições foram a contestação no plano político e o enfrentamento aberto das decisões federais.[7] O período caracterizou-se pelo confronto dos governadores com os ministros da área econômica em defesa de seus espaços de atuação. O movimento refletiu a correlação de forças políticas entre as esferas de poder. Os governos estaduais reagiram à Resolução nº 1.469 e conseguiram brechas para financiar as áreas de saneamento básico e habitação popular com recursos de origem federal e deixaram de pagar as dívidas externas contraídas com o aval da União. Tal procedimento desencadeou enorme

---

6 As medidas contribuíram para ampliar o déficit público em relação ao ano anterior (5,46%), tendo como principais causas o crescimento da participação dos Estados e municípios (1,55%) – a maior dos últimos quatro anos – e do governo central (3,35%, contra 2,0% em 1986).

7 Essa prática, no entanto, não evitou cortes nos gastos públicos. O resultado imediato foi a suspensão do pagamento da URP dos servidores estaduais e a adoção de reajustes salariais abaixo da inflação. Além disso, caíram os níveis de investimentos estaduais, com exceção das unidades mais importantes (São Paulo, Rio de Janeiro e Minas Gerais – além do Maranhão), cujos aumentos de gastos apoiaram-se no peso político dos governadores – lideranças no enfrentamento das decisões federais – e no valor crescente do endividamento, principalmente via créditos informais e no uso das relações financeiras entre o Tesouro, empresas e bancos estaduais.

polêmica com o ministro Maílson e o levou a decretar, valendo-se de antiga legislação, o congelamento dos repasses do FPE e de recursos de empresas estaduais.

O confronto, após se arrastar pelos caminhos burocráticos, foi solucionado em favor dos interesses estaduais depois da intervenção do presidente Sarney. Entretanto, o impasse político e econômico estava longe de ser resolvido e deixava antever novos desdobramentos. Em 1989, diante da virtual incapacidade de as unidades sustentarem os fluxos de pagamentos nas condições em que se dava a reciclagem do estoque da dívida, o governo foi obrigado a *federalizar* parte das dívidas estaduais, deixando evidente que o raio de manobra do governo era estreito e não lhe restava outra alternativa senão a de intervir e preservar o pacto federativo. Por outro lado, a redefinição da distribuição institucional de renda definida na Constituição de 1988 desencadeou forte reação da União, pela *operação desmonte*, contra a perda de recursos tributários.

Os ministros da área econômica, procurando defender as metas fiscais, definiram na proposta orçamentária de 1989 cortes no repasse de recursos federais e a determinação de os governos subnacionais pagarem 25% das dívidas externas a vencer em 1989 e 25% do estoque da dívida já vencida até 1988 cujo financiamento era feito pela União. O resultado foi o conflito com os governos estaduais e a revisão das propostas contidas no orçamento. O Congresso atendeu à parte das reivindicações estaduais e definiu a rolagem da dívida em termos mais brandos.[8] A *operação desmonte* perdeu parte do ímpeto inicial, mas deixou claros o conflito distributivo entre as esferas de governo e a dificuldade de se chegar a um consenso em torno dos novos rumos do federalismo brasileiro. O conflito repetia a lógica de anos an-

8 A proposta de OGU aprovada estabeleceu o pagamento de 6,5% do serviço da dívida vencida e a vencer em 1989 nos Estados do Norte, Nordeste e Centro-Oeste e de 10,2% nas unidades do Sul e do Sudeste.

teriores, quando ocorreu a seqüência de momentos, todos com soluções precárias, contemplando avanços e retrocessos, vitórias e derrotas circunstanciais da União e dos Estados na defesa de seus interesses, ao sabor das circunstâncias econômicas e do quadro político.

A crise da economia brasileira e a deterioração financeira do setor público alimentaram as relações conflituosas e os impasses entre as esferas de poder, evidenciando a impotência do governo de impor o cumprimento das metas de controle do déficit público e das regras de controle do endividamento. Em outras palavras, eram evidentes os limites do governo de avançar soluções permanentes de controle das contas públicas e de arranjo das relações federativas nas condições políticas e econômicas dadas.

8
A nova ordem das relações entre União e Estados

Relações entre União e Estados

A análise dos anos 80 discutiu a crise dos governos estaduais e a dificuldade de se levarem adiante reformas capazes de reordenar as relações entre as esferas de governo e garantir condições mais favoráveis à condução da política macroeconômica. O resultado foi o agravamento das finanças estaduais e dos conflitos na gestão das contas públicas. Esses problemas, na verdade, arrastaram-se desde a crise da dívida externa, quando se explicitou a falência do padrão de financiamento dos governos estaduais criado com o regime militar. As *Reformas de 1964* marcaram um momento particularmente importante de redefinição das condições de financiamento do setor público. O momento político favoreceu a centralização da receita tributária e o aumento do poder decisório em matéria fiscal e financeira, criando a possibilidade de se reverem as formas de articulação com as outras esferas de governo e de se reformular o padrão de financiamento dos governos estaduais.

Esse movimento delineou-se a partir do aumento do controle federal sobre os fluxos financeiros e dos rumos dados à reforma tributária. Por um lado, as medidas na área financeira deram ao governo federal o controle sobre ampla massa de recursos financeiros. A criação das poupanças compulsórias, o comando sobre a política de dívida pública e a facilidade de acesso aos recursos externos ampliaram o poder de gasto da União e a capacidade de expandir o crédito ao setor privado e às outras esferas de governo.

Por outro, as alterações no sistema tributário provocaram a centralização da receita em mãos da esfera federal e reduziram as prerrogativas dos governos subnacionais nas áreas tributária e fiscal. O reconhecimento de que os Estados e Municípios perderiam participação na distribuição dos recursos tributários levou o governo a criar os fundos de participação (FPE e FPM), beneficiando as unidades de menor poder econômico, como forma de compensar a profunda desigualdade de poder fiscal entre elas. Mas o governo, com a crise política de 1968, cortou à metade o valor das transferências do FPE e FPM e adotou rígidas normas de aplicação dos recursos, elevando o controle sobre a receita.

O domínio das matérias fiscais e tributárias garantiu à União crescente participação na distribuição dos recursos tributários efetivamente disponíveis e cerceou o poder fiscal dos Estados. O controle dos recursos fiscais e o domínio dos fluxos financeiros deram à União condições de comandar parcela elevada dos gastos públicos e parte expressiva das fontes de financiamento internas. A União usou a *folga* fiscal para distribuir recursos aos Estados e Municípios e teve liberdade para utilizar as autoridades monetárias (BC e BB) e o crédito dos bancos e das agências oficiais com o objetivo de atender à gama variada de interesses e fomentar a acumulação.

Os governos estaduais, por sua vez, manietados em termos de poder fiscal e sem recursos próprios para acompanhar a demanda de gastos, passaram a depender de outras fontes de financiamento. O acesso aos financiamentos foi a saída dos Estados e Municípios para superar o limite fiscal imposto pelo arranjo tributário das *Reformas de 1964* e potencializar o poder de gasto.

A dependência de empréstimos externos e do acesso a recursos internos, originários, em grande medida, dos fluxos financeiros dos bancos, órgãos e agências oficiais federais, alterou a estrutura de financiamento estadual. O total dos gastos estaduais passou a ser definido não somente pelo montante dos recursos fiscais, mas pela capacidade de alavancar recursos pela cadeia de relações financeiras mantida com a esfera federal e no interior dos próprios governos estaduais. Assim, as articulações financeiras dos Estados com a União e com as empresas e bancos estaduais tornaram-se fator relevante no entendimento do arranjo federalista brasileiro.

As articulações com a União foram responsáveis por suprir parte importante dos recursos exigidos nas várias frentes de aplicação. O acesso a recursos federais por meio do crédito das agências oficiais, das autoridades monetárias, dos convênios, dos fundos e programas e dos repasses a fundo perdido ou gastos realizados diretamente nas unidades desempenhou papel decisivo no financiamento estadual e no jogo político das autoridades federais com as forças regionais/estaduais. Por outro lado, as empresas estaduais criaram padrões específicos de articulação com a União e dependiam da continuidade do acesso a novos recursos para garantir o valor e o ritmo dos seus gastos.

No plano das relações internas dos Estados, o menor poder fiscal do Tesouro levou à ampliação dos gastos via empresas estatais e órgãos da administração descentralizada, com liberdade para buscar outras fontes de financiamento. Além disso, intensificaram-se as relações financeiras entre o Tesouro, as empresas e os bancos estaduais. Os agentes financeiros ampliaram a oferta de crédito com *funding* baseado em recursos próprios, repasses federais e empréstimos externos, bem como desempenharam papel ativo na rolagem da dívida mobiliária estadual. O uso dos bancos estaduais na alavancagem de recursos financeiros contribuiu para potencializar os gastos e dar certa liberdade aos Estados para fugirem às restrições impostas pela estrutura tributária.

A possibilidade de acesso às várias frentes de recursos federais e às condições de articulação financeira no interior dos próprios Estados, além dos recursos externos, permitiu o *descolamento* das necessidades de financiamento acima da base fiscal e das receitas da atividade empresarial dos Estados, fazendo que os gastos ficassem presos à *continuidade* dos fluxos federais e à ampliação das operações de crédito. As verbas obtidas por meio de negociações com o governo central e suas agências de crédito, do financiamento externo e do endividamento no mercado interno com o sistema bancário privado e com os bancos públicos dos próprios Estados ampliaram o poder de gasto dos Estados e passaram a compor o quadro das relações intergovernamentais.

Assim, a questão do federalismo no Brasil ganhou uma dimensão que não pode ser definida apenas com base nas relações estritamente fiscais. Não se trata de esquecer o caráter das relações na esfera fiscal nem de desconsiderar o problema fundamental de coordenação federativa diante da enorme disparidade econômica e fiscal entre as unidades, colocando a maioria dos Estados na dependência das transferências federais (constitucionais ou negociadas) e presos à barganha política, mas de chamar atenção para a dimensão das articulações financeiras e o papel que desempenharam na composição do quadro institucional responsável por definir o federalismo no Brasil.

A crise da dívida externa alterou a realidade anterior e tornou mais precárias as condições de coordenação federativa. O virtual esgotamento do financiamento externo e o controle do crédito interno dificultaram a reprodução das relações intergovernamentais e comprometeram as contas públicas. A crise de financiamento refletiu-se sobre todos os segmentos do setor público estadual e interferiu na articulação financeira entre eles. O setor empresarial e as entidades da administração descentralizada, enfraquecidos financeiramente, tornaram-se mais dependentes de recursos sujeitos à ingerência do Tesouro estadual e perderam autonomia em suas decisões. Os bancos estaduais, por sua vez, passaram a responder diretamente pela demanda de operações de crédito e pela cobertura das responsabilidades de encargos do setor público estadual. A generalização do não-pagamento dos contratos realizados com a administração direta e com as empresas estaduais, a obrigatoriedade de lastrear o conjunto de suas dívidas, ou, em alguns casos, de financiar parte dos gastos correntes das entidades públicas, provocaram o envolvimento dos agentes financeiros na crise estadual e a situação de insolvência que passaram a enfrentar.

A impossibilidade de encontrar saída para a crise ampliou a dificuldade financeira dos Estados e a dependência em relação a decisões controladas pelas autoridades federais. Os Estados resistiram à política econômica centrada no controle do déficit público, forçando o relaxamento das metas de rolagem da dívida e de controle do acesso a novos créditos fixadas pelas autoridades. Além disso, usaram o caminho da articulação financeira com as empresas e com os seus próprios bancos para fugir às restrições de financiamento e manter parte do poder de gasto.

A falta de encaminhamento para a crise do setor público não permitiu harmonizar a condução da política econômica com os interesses estaduais nem encontrar soluções capazes de redesenhar o pacto federativo. O resultado foi o acirramento das relações conflituosas entre as esferas de governos e os sucessivos fracassos na tentativa de conter o déficit público. Não adiantou as autoridades econômicas buscarem soluções não negociadas, pois acabaram obrigadas a propor programas de renegociação de dívidas e a flexibilizar os parâmetros dos acordos. As propostas de controle dos gastos estaduais esbarraram sempre no risco de se gestar um caos administrativo e nas dificuldades de se fecharem as frentes de endividamento dadas pelo entrelaçamento financeiro entre o Tesouro, as empresas e os bancos estaduais. Os governadores, com o restabelecimento do processo democrático, ganharam peso como interlocutores na definição do pacto político e poder de resistência às medidas contrárias aos seus interesses.

As relações entre a União e os Estados, na luta pelo controle das contas públicas, acabaram resultando em verdadeiro *jogo de empurra*, sem vencedores. A falta de consenso em torno de proposições capazes de balizar os traços fundamentais de um outro modelo de relações entre as esferas de governo deixou em aberto o caminho do conflito, definido ao sabor das circunstâncias do jogo político, com avanços e retrocessos inerentes à realidade política brasileira, gerando impasses na condução da política econômica. A União, quando pressionada pela ameaça de colapso da economia, encontrou forças para definir caminhos duros de ajuste e de controle das finanças estaduais. Os Estados, por sua vez, resistiram e asseguraram as frentes de gastos e o apoio financeiro federal, transferindo à União a responsabilidade de cobrir os desequilíbrios de suas contas, por meio da assunção de dívidas da administração direta, das empresas e do socorro financeiro aos bancos estaduais. Os favores fiscais e a renegociação das dívidas, mesmo contra os objetivos de política econômica, foram sempre a saída quando a crise não era possível de ser superada no âmbito dos próprios Estados.

A falência das condições de financiamento da administração direta, das empresas e dos agentes financeiros estaduais não foi suficiente para desencadear mudanças. O elevado volume dos encargos financeiros e a ausência de uma proposta de reestruturação das relações entre os Estados e a União, e entre as próprias esferas dos governos estaduais, acabaram por inviabilizar a adoção de medidas de longo alcance. Os governadores adotaram uma postura eminentemente defensiva e procuraram preservar os seus espaços de atuação, conservando órgãos, empresas, programas e um alto volume dos gastos, apesar do quadro de penúria financeira e dos problemas da máquina administrativa.

A alta instabilidade na condução da política econômica, com os vários planos de estabilização e as constantes mudanças dos valores das taxas de juros e das regras de rolagem da dívida, cujos reflexos afetaram o endividamento, contribuiu para inviabilizar o planejamento dos gastos e para acelerar a deterioração das finanças estaduais. O governo federal também pouco avançou. Não conseguiu promover alterações nos órgãos federais, não encontrou saídas diante dos problemas de financiamento, não foi capaz de propor a negociação coletiva da dívida dos Estados nem de repensar as relações intergovernamentais.

A redefinição da distribuição institucional de renda, resultante da Constituição de 1988, agregou novos desdobramentos à disputa do governo federal com os Estados e acirrou a crise do pacto federativo. As questões em debate envolviam, de um lado, a distribuição da receita tributária e dos encargos entre as esferas de governo e, de outro, a definição quanto à força de regulação federal e ao grau de autonomia financeira dos Estados. A pauta de discussão envolvia os alicerces da federação brasileira: a relação de poder entre as esferas de governo e a capacidade de conduzir a política macroeconômica.

Os problemas afetavam a consistência da política macroeconômica e teriam de ser enfrentados diante da necessidade de se definirem regras de ajuste do setor público e de controle dos déficits dos governos estaduais. A busca de soluções tornou inadiável o redesenho das relações intergovernamentais e das regras de coordenação federativa. Essas eram questões em aberto e certamente ocupariam posição nuclear na agenda dos anos 90.

Os velhos problemas e a nova realidade econômica

A crise do setor público, aliada ao conflito a respeito da repartição das receitas tributárias e da autonomia financeira dos Estados, reacendeu o debate sobre as relações federativas. A questão mobilizou tempo e energia nos anos 80, mas pouco avançou. A falência do modelo de articulações financeiras existente não foi suficiente para definir uma agenda de negociações e muito menos garantir o consenso em torno de um novo pacto federativo.

A instabilidade econômica retardou as reformas do setor público e criou empecilhos às mudanças mais profundas nas relações de poder entre as esferas de governo. Os Estados, com o fim do regime militar, conseguiram conter as soluções financeiras contrárias aos seus interesses e encontrar saídas nos momentos de crise de endividamento, utilizando a renegociação das dívidas com o plano federal como meio de manter a governabilidade e exercer o poder. A crise dos órgãos e instituições financeiras estaduais, inerente ao papel que cumpriam como parte do governo estadual, foi contornada pelas inúmeras negociações dos governadores com a União, mediadas por discussões no Senado.

As negociações sucessivas, com períodos de sucesso cada vez mais curtos, evidenciavam a deterioração das contas públicas e a crescente dependência do socorro federal. Os governadores, a cada novo momento de renegociação da dívida, tinham o raio de manobra reduzido, ficavam sujeitos a toda ordem de pressões e fragilizados politicamente na defesa dos seus espaços de atuação. Mas a correlação de forças ganhava outra configuração tão logo a fragilidade política do governo federal o levava a negociar o apoio dos governadores em busca de legitimação, dificultando a adoção de medidas mais duras de ajuste e recolocando a força de reivindicação dos Estados.

A alteração da linha de desenvolvimento da economia brasileira nos anos 90, com a abertura econômica e a inserção no processo de globalização, interferiu nas relações de poder características dos anos 80 e serviu de base a partir da qual as relações intergovernamentais passaram a ser discutidas. A dinâmica econômica anterior passou a ser questionada e acabou marcando o limiar de mudanças na relação de poder entre as esferas de governo e influenciando os caminhos do federalismo brasileiro.

O avanço da globalização, com a redefinição das formas de articulação financeira e produtiva, limitou o espaço dos países da periferia de executarem uma política independente e desarticulada das diretrizes traçadas no plano internacional. Os organismos internacionais abandonaram os programas de ajustes voltados à geração dos superávits comerciais exigidos no pagamento da dívida externa e passaram a defender a proposta de estabilização baseada nas políticas liberais apregoadas no que ficou conhecido como Consenso de Washington.[1]

A nova proposta de política econômica negava o antigo modelo de desenvolvimento das economias latino-americanas e defendia um conjunto de reformas com o objetivo de acelerar a integração com a economia globalizada. A adoção de um regime de câmbio estável, a abertura do mercado nacional à concorrência do capital produtivo internacional, a liberalização do mercado financeiro e a participação do capital privado em áreas até então controladas pelo poder público passaram a formar a base mínima para que as economias nacionais se credenciassem dian-

---

1 O termo "Consenso de Washington" foi cunhado pelo economista americano John Williamson para designar as propostas de política de estabilização defendidas pelos organismos internacionais como FMI e Banco Mundial.

te da comunidade internacional a receber novos investimentos industriais e parte dos fluxos financeiros que abarrotavam o mundo capitalista.

As economias nacionais foram compelidas a aceitar as novas regras do jogo e a acatar as proposições liberais como rito de passagem ao mundo globalizado. Os países, diante do receio de uma fuga de capitais e de se verem privados de plantas industriais, perderam graus de liberdade e realizaram políticas coerentes com a expectativa da comunidade internacional e compatíveis com as dos países concorrentes, com o objetivo de se credenciarem como espaço econômico de valorização do capital internacional.

Assim, a abertura econômica e a integração com a economia mundial trouxeram como corolário a obrigatoriedade de se adotarem políticas macroeconômicas compatíveis com os parâmetros de aceitabilidade da economia globalizada. O não-cumprimento desses objetivos é visto como um elemento de risco ao programa de estabilização, pondo em dúvida a capacidade de concorrência internacional e a expectativa de desenvolvimento calcada no aporte de investimentos estrangeiros. Nessa perspectiva, o sucesso econômico passou a depender da habilidade das autoridades econômicas de responderem às demandas do capital internacional e "darem coerência" às políticas macroeconômicas. Vale dizer, a integração com a economia globalizada deixou pouco espaço a medidas não afinadas com a estratégia macroeconômica e cobrou maior controle e poder de decisão sobre as variáveis econômicas fundamentais.

A globalização colocou um desafio à gestão macroeconômica, principalmente dos países com organização federativa.[2] O modelo de economia fechada e de produção voltada ao mercado interno deu maior autonomia à condução da política econômica

2 O trabalho de Fiori (1995) trata com pertinência dessa questão.

interna e espaços de divergências entre as autoridades federais e dos governos subnacionais. Com a abertura, cresceu a necessidade de se obterem consistência e coesão na condução da política interna. Os programas de governo de privatização, controle de gastos, redução do déficit público, desregulamentação dos mercados e outros compatíveis com a proposta de estabilização e integração econômica dependem tanto de decisões federais como de medidas na esfera dos Estados e Municípios, principalmente nos casos, como o brasileiro, em que o peso econômico e financeiro dessas instâncias de poder é bastante importante.

O sucesso do governo passou a depender, em grande medida, da aceitação da estratégia de desenvolvimento e do cumprimento das metas do programa de estabilização pelos governos subnacionais. O endividamento, o déficit, o programa de privatização das empresas e bancos estaduais e a distribuição de encargos e receitas tributárias tornaram-se variáveis decisivas ao bom andamento da estratégia oficial e teriam de se ajustar às diretrizes de política macroeconômica. A liberdade dos governadores passou a ser vista pelas autoridades federais como entrave às metas oficiais. As propostas de governo, para alcançarem o sucesso esperado, deveriam ser seguidas por todas as esferas de governo. O desafio era tornar as diretrizes dos Estados e Municípios coerentes com a política definida no plano federal, de modo a dar coesão à gestão macroeconômica. Era necessário ir além do apoio político de alguns governadores e conseguir a adesão de todos às políticas de caráter liberal, sem ferir o regime político.

A ausência de um acordo nacional quanto à divisão de espaço e de poder entre as esferas de governo colocava barreiras à pretensão de levar adiante o projeto oficial. A consolidação do processo democrático deu condições aos governadores de resistirem a mudanças. As autoridades federais, diante da tarefa de ampliar o controle sobre a ação econômica dos Estados, teriam que vencer a resistência dos governadores e avançar em termos de governança macroeconômica.

As mudanças nos cenários político e econômico dos anos 90, com o sucesso do plano de estabilização e o agravamento da crise das finanças estaduais, enfraqueceram o poder de resistência dos governadores e deram ao governo graus de liberdade na adoção de medidas de reestruturação das finanças estaduais. Primeiro, a alteração do quadro macroeconômico, com a reintegração da economia brasileira à ordem econômica mundial e a adoção da estratégia liberal, cumpriu papel decisivo. O acesso ao mercado financeiro internacional e a reestruturação da dívida externa garantiram o financiamento do balanço de pagamentos independentemente da geração dos megassuperávits e tornaram viável o uso do câmbio como âncora da política de estabilização, rompendo o círculo vicioso em que se encontrava a política econômica. A instabilidade, nos termos em que se colocava na fase anterior, foi superada e cedeu lugar a uma economia de preços estáveis, dando à União credibilidade para impor medidas de controle do déficit. Segundo, os Estados, já debilitados desde longo tempo, tiveram os problemas financeiros agravados a partir da implantação do programa de estabilização. A queda da inflação, ao eliminar a prática comum de usar o atraso nos pagamentos e os reajustes dos gastos abaixo do índice de preços como instrumentos de ajuste fiscal, colocou a nu a dificuldade de gestão dos gastos correntes, sobretudo com a folha de pagamentos. A falta de recursos ainda foi agravada com a expansão da guerra fiscal, a isenção do ICMS dos produtos exportados (Lei Kandir) e a aprovação do Fundo de Estabilização Fiscal (FEF). Além disso, a política de altas taxas de juros, sustentada, sobretudo, no Plano Real, alimentou o componente financeiro do endividamento, dado que a rolagem dos títulos com a capitalização dos juros assegurou o crescimento do estoque da dívida, independentemente da captação de recursos novos.[3]

---

3 Esta discussão está desenvolvida em Almeida (1997), Couto e Silva (1998) e Lopreato (2000b).

As altas taxas de juros geraram um quadro financeiro potencialmente explosivo nos Estados onde o peso da dívida mobiliária era importante. São Paulo, Rio de Janeiro, Minas Gerais e Rio Grande do Sul, responsáveis por cerca de 90% do estoque da dívida mobiliária, foram os mais atingidos, mas o mesmo problema afetou várias outras unidades que tinham parcela substancial da sua dívida total como dívida mobiliária. O crescimento explosivo da dívida mobiliária e o reconhecimento de que a situação não poderia ser resolvida no âmbito interno levaram os Estados a apelar novamente à intervenção federal e a defender a rolagem integral do principal e dos juros dos títulos, sem que, no entanto, evitassem o virtual colapso das finanças estaduais.[4]

---

4 A política de estabilização de Collor fez os títulos estaduais perderem mercado e forçou o governo a intervir para evitar a quebra dos BEs e a crise dos Estados. O Banco Central aceitou trocar títulos estaduais por outros de sua emissão, e o governo criou mercados cativos aos títulos estaduais e municipais na composição das carteiras dos Fundos de Aplicação Financeira (FAF). Na implantação do Real, os BEs entraram em crise com a perda do *floating*, associada à contração da liquidez e ao estreitamento do mercado de títulos estaduais. A intervenção federal foi novamente necessária e se intensificou a troca de títulos estaduais por letras do Banco Central, de modo que quase toda dívida passou a ser custodiada no Banco Central e rolada pela taxa *over* federal. O mecanismo de troca dos títulos permitiu a redução do custo de rolagem, mas não conseguiu enfrentar a questão do crescimento do estoque da dívida mobiliária. O governo insistiu nas regras de controle da expansão da dívida. O principal instrumento foi criado em março de 1993 com a aprovação da Emenda Constitucional nº 3 que limitava, até 31.12. 1999, o lançamento de novos títulos ao valor necessário à rolagem do principal e à correção monetária, deixando de fora os juros, que deveriam ser pagos. Entretanto, apesar das normas vigentes, o rumo dos mecanismos de controle da dívida acabou sendo determinado pela situação financeira dos governos e dos bancos estaduais. A pressão dos Estados levou o Senado Federal a alterar as regras e fixar inicialmente um percentual de rolagem da dívida equivalente a 90% da dívida total a vencer, viabilizando a rolagem parcial dos juros. A seguir, a Resolução nº 11/94 do Senado Federal (bem como a sua sucessora, Resolução 69/95) permitiu a rolagem integral dos juros quando definiu – atendendo ao disposto no artigo 5º da Emenda Constitu-

Os governadores, diante da delicada situação financeira, não tinham muita margem de manobra senão acatar as condições de renegociação dos débitos e garantir a governabilidade, diante dos problemas com os gastos correntes, o endividamento e os bancos estaduais. A crise financeira limitou o grau de autonomia política dos governadores e cresceu a força das autoridades federais muito além do que se poderia esperar após uma década do fim do regime militar. As autoridades federais, diante da correlação de forças favorável, avançaram com o projeto político liberal e usaram os programas de apoio financeiro como instrumento para *enquadrar* os governos subnacionais nas determinações da política macroeconômica.

A União procurou abandonar a prática dos anos 80 de sustentar sucessivos programas de apoio financeiro sem cobrar mudanças na economia dos Estados e pareceu querer negar o velho papel de avalista da unidade territorial nacional pelos fundos públicos e pelas transferências compensatórias. A tentativa anterior de combater o déficit público, pelo corte dos gastos, sem alterar a estrutura e as relações financeiras do setor público, revelou claros limites e esbarrou sempre na resistência política dos governadores. Ao se aprofundarem os cortes dos gastos, cresciam as pressões, e a União via-se compelida a relaxar as regras financeiras em nome do jogo político, reabrindo as opor-

---

cional nº 3 – o *principal devidamente atualizado* como *o valor de emissão devidamente corrigido pelo fator de atualização próprio da espécie de título*. Como a dívida era constituída de LFT-E e a correção era dada pela taxa *overnight*, sem distinguir juros e correção monetária, a legislação acabou permitindo que toda a variação nominal do título fosse considerada correção monetária e, conseqüentemente, a dívida fosse integralmente rolada, levando à capitalização dos juros ao principal da dívida. Restaria ao Senado definir o percentual de refinanciamento adequado dado a partir da análise *das condições próprias de cada solicitante*. As regras definidas no Senado Federal, ao contrário do *espírito* da Emenda Constitucional nº 3, criaram espaço aos Estados de negociarem caso a caso e viabilizarem a rolagem quase integral dos juros.

tunidades de gastos e permitindo a rearticulação dos interesses nos termos tradicionais.

Os desdobramentos da ação do governo federal, a partir do Plano Real, ganharam novos rumos. Certamente, a União, sob o risco de inviabilizar politicamente o governo, não poderia fugir à lógica característica do nosso pacto federativo de negociação de recursos e nem negar o apoio financeiro aos Estados. A necessidade de evitar o caos financeiro, assegurar a governabilidade e ter uma base parlamentar, fundamental à aprovação da agenda de reformas, não permitiria à União fugir do compromisso histórico de atender às demandas regionais e *costurar* o pacto de poder. De modo que os programas de renegociação da dívida e do suporte aos agentes financeiros estaduais, lembrando as práticas passadas, teriam de se repetir.

Entretanto, a repetição de mecanismos usuais no arranjo político brasileiro não se deu pela mera reprodução do padrão anterior. O governo passou a usar esses programas como instrumentos de reforma do aparelho do *Estado* e de imposição de metas coerentes com a estratégia macroeconômica liberal. A União procurou negar o quadro anterior e usar as negociações das dívidas e o apoio financeiro aos Estados para definir um programa de reforma patrimonial, adequado ao projeto em curso, capaz de reduzir o espaço de atuação do setor público, por intermédio da privatização das empresas e dos agentes financeiros estaduais. O objetivo era redesenhar as regras políticas e financeiras das relações intra e intergovernamentais e a convivência com o setor privado, criando oportunidades de ampliação dos investimentos privados e de controle do déficit público.

As propostas de renegociação da dívida, nos primeiros anos da década de 1990, seguiram, no entanto, fundamentalmente, os padrões anteriores. A fragilização financeira dos governos estaduais levou o governo Collor a tentar restringir a rolagem de suas dívidas[5] e a adotar duras medidas contra os bancos estaduais.[6] A política de austeridade esbarrou nas dificuldades de financiamento dos Estados e bancos estaduais e forçou o governo a relaxar a posição de força.[7] A partir de junho de 1993, com o lançamento do Programa de Ação Imediata, o governo de Itamar

---

5 O Banco Central, em substituição à Resolução nº 1.469/89, editou a Resolução nº 1.718, de 29.5.1990, limitando as operações de empréstimos e financiamentos aos saldos existentes em 31.12.1989 e determinando que as instituições financeiras só poderiam renovar até o limite de 80% das parcelas do principal das dívidas a vencer. Mas manteve fora do contingenciamento de crédito, em resposta à pressão dos governadores, as operações AROs e os empréstimos da CEF e do BNH. Por outro lado, o Senado Federal alterou a legislação – substituindo a Resolução nº 94 pela Resolução nº 58, de 13.12.1990 –, restringindo o conceito de margem de poupança real e impondo limites mais estreitos ao dispêndio anual com encargos e amortizações.

6 As principais medidas do Banco Central foram: 1. limitar as operações dos agentes financeiros com o mesmo cliente e estabelecer regras de comprometimento com subscrição e aplicações em títulos e valores mobiliários de um mesmo emitente, bem como impor prazos para que os eventuais excessos fossem eliminados (Resolução nº 1.775, de 6.12.1990, em substituição à Resolução nº 1.995, de 22.12.1988); 2. determinar regras rígidas de transferência para as contas de crédito em liquidação das operações consideradas de difícil execução, inclusive aqueles contratados com o setor público que, até 1988, podiam ser mantidos em créditos em atraso (Resolução nº 1.748, de 30.8.1990, em substituição à Resolução n º 1.675, de 21.12.1989); 3. extinção da linha especial de liquidez instituída pela Resolução nº 1.717, de 25.5.1990, e criação de normas disciplinando a concessão de assistência financeira e o custo dessas operações. Além disso, os problemas de liquidez levaram o Banco Central a decretar a liquidação extrajudicial dos bancos estaduais da Paraíba, Piauí e Rio Grande do Norte e das Caixas Econômicas de Goiás e de Minas Gerais.

7 O governo foi obrigado a recuar em várias medidas: 1. o prazo para as instituições eliminarem os excessos de operações foi estendido até o fim de 1994 (Resolução nº 1.775); 2. as metas de transferências de operações para as contas de crédito em liquidação em 1991 e 1992 não foram cumpridas diante da situação patrimonial dos bancos estaduais; e 3. as operações fora do contingenciamento de crédito determinado pela Resolução nº 1.718 cresceram significativamente no período.

Franco adotou outras medidas contra o desequilíbrio dos Estados e de seus agentes financeiros[8] e voltou a negociar um programa de federalização das dívidas estaduais. A aprovação da Lei nº 8.727, de 5.11.1993, permitiu o refinanciamento, por vinte anos, pelo Tesouro Nacional, dos saldos devedores existentes em 30 de junho de 1993, inclusive das parcelas vencidas, de todas as operações de crédito interno contratadas, até 30.9.1991, junto a instituições financeiras federais e estabeleceu limites de comprometimento das receitas com o pagamento das prestações mensais do refinanciamento.[9]

---

8 O Programa de Ação Imediata (PAI), de 14.6.1993, restringiu o crédito aos Estados; vedou a concessão de empréstimos dos bancos estaduais aos seus controladores, ameaçando com a Lei do Colarinho Branco os dirigentes bancários que não respeitassem a legislação; proibiu o *socorro* financeiro aos bancos estaduais; coibiu as transferências voluntárias aos governos subnacionais inadimplentes com a União e determinou a execução das garantias oferecidas na concessão de avales a operações externas das unidades inadimplentes. A principal mudança definida no PAI quanto à restrição de crédito aos Estados (Resolução nº 1.997), de inclusão das AROs no contingenciamento do crédito, logo foi abandonada com a promulgação de outra medida, Resolução nº 2.008, de 28.7.1993, estabelecendo limites ao financiamento estadual, que decidiu pela não-inclusão das AROs no contingenciamento de crédito.

9 A Resolução nº 11, de 31.1.1994, fixou os limites de comprometimento das receitas com o pagamento das prestações mensais do refinanciamento em 9% da receita líquida real para o exercício de 1994 e de 11% para os exercícios subseqüentes, bastante abaixo dos valores anteriormente estabelecidos pela Resolução nº 36/92. Os valores resultantes da aplicação dos limites citados serão utilizados nos pagamentos das dívidas a seguir, nesta ordem: 1. da dívida externa contratada até 30.9.1991; 2. do refinanciamento de dívidas junto ao FGTS; 3. das dívidas resultantes das negociações com base na Lei nº 7.976/89; 4. das dívidas junto ao INSS com base na Lei nº 8.212/91 e Lei nº 8.620/93 e, finalmente, 5. das obrigações refinanciadas com base na Lei nº 8.727/93. A diferença entre o somatório desses pagamentos e os limites de comprometimento da receita será utilizada para o pagamento dos encargos da dívida mobiliária que não possa ser objeto de rolagem. O valor dos pagamentos citados que exceder aos limites estabelecidos seria passível de um refinanciamento por um prazo adicional de dez anos. A Resolução

O acordo de renegociação significou o alongamento do perfil do endividamento e a possibilidade de retomada dos pagamentos das obrigações estaduais suspensas desde o governo Collor. Entretanto, a solução do problema da dívida foi parcial e cobriu apenas as operações contratadas com as instituições federais, deixando fora as dívidas com as instituições financeiras privadas, bem como as operações de ARO e a dívida pública mobiliária. A renegociação parcial da dívida e as medidas de controle do acesso a novos financiamentos pouco serviram para frear o endividamento. A expansão dos encargos financeiros e o déficit não financeiro gerado pelas dificuldades de gestão dos gastos correntes após a queda da inflação elevaram a dívida e provocaram o descontrole das finanças públicas estaduais, aprofundando a crise dos Estados e realçando a obrigatoriedade de se enfrentar a questão da dívida pública.

Os sinais de mudança de orientação dos rumos da renegociação da dívida estadual surgiram no início do Plano Real quando a equipe econômica defendeu a venda de empresas dos Estados para viabilizar a revisão dos acordos de rolagem das dívidas firmados com base na Lei nº 8.727/93 e o saneamento dos bancos estaduais. A proposta dividiu os governadores, mas a privatização, como instrumento de saneamento das finanças estaduais, passou a fazer parte da agenda de negociações. Nos meses seguintes, o agravamento da crise financeira dos Estados ampliou os debates sobre os caminhos do saneamento e fortaleceu a posição da equipe econômica de defesa do apoio federal à renego-

---

nº 11/94 fixou ainda limites para as operações de crédito da seguinte forma: 1. o volume não deve exceder o montante das despesas de capital fixadas na lei orçamentária anual e não poderá ultrapassar o valor dos gastos com o serviço da dívida vencível no ano ou 27% da receita líquida real, o que for maior; 2. o dispêndio anual máximo com o serviço da dívida não poderá ser maior do que a margem de poupança real ou 15% da receita líquida real, o que for menor; 3. os limites para as AROs são: saldo de 15% da receita líquida estimada e o dispêndio mensal de 7% da receita líquida.

ciação das dívidas estaduais em troca de um forte programa de ajustamento estadual.

O passo inicial nesse sentido ocorreu com a promulgação do Programa de Ajuste Fiscal e Reestruturação Financeira dos Estados, consubstanciado no Voto CMN nº 162/95, de 5.12.1995, voltado ao refinanciamento das dívidas estaduais.[10] O programa é um marco no relacionamento entre as esferas de governo, porque, pela primeira vez, associou o auxílio financeiro federal à reforma do setor público estadual e ao ajuste patrimonial. Os Estados participantes teriam a obrigação de fixar, de forma organizada e monitorada, compromissos com metas de ajuste fiscal e saneamento financeiro, sendo forçados a adotar medidas de controle salarial e corte de pessoal, privatização, concessão de serviços públicos e a obter a aprovação da Assembléia Legislativa à implementação do programa, bem como seriam monitorados pela Secretaria do Tesouro Nacional.[11]

---

10 O programa criou três linhas de crédito aos Estados, tendo como agente financeiro a CEF. Os recursos da linha I foram destinados ao pagamento de débitos em atraso até 30 de novembro de 1995. A linha II tinha por objetivo financiar programas de ajuste do quadro de pessoal, e a linha III abria a possibilidade de empréstimos com recursos de origem externa para a transformação das operações ARO, contratadas até 30.11.1995, em dívida fundada. Por outro lado, o Senado Federal editou a Resolução nº 69, de 14.12.1995, de controle do endividamento, em substituição à Resolução nº 11/94, com pequenas alterações.

11 O programa, ao determinar o monitoramento da Secretaria do Tesouro Nacional, lembrou as Cartas de Intenções assinadas com o FMI e ficou conhecido entre os governadores como o "FMI do Malan". Na área fiscal, estabeleceu a obrigatoriedade de controle e redução das despesas com o funcionalismo público e, para tanto, seria necessário: implementar limites de remuneração e proventos; não conceder ao funcionalismo estadual reajuste de salários e remunerações com periodicidade inferior ou percentual superior ao concedido pelo Poder Executivo da União aos seus servidores; reduzir o quadro atual de funcionários, inclusive por programas de desligamento voluntário. Além disso, caberia ainda: ajustar as Constituições Estaduais às alterações que vierem a ser aprovadas no âmbito das Reformas Administrativa e Previdenciária e

A União, ainda como parte da lógica do processo de renegociação das dívidas estaduais, definiu um programa de reestruturação do sistema de bancos públicos estaduais cuja meta era incentivar a retirada dos Estados da atividade financeira, de modo a reduzir a influência destes agentes na execução monetária e obter condições mais favoráveis de controle das necessidades de financiamento.[12] Com esse objetivo, foi criada uma linha de financiamento a ser usada na renegociação das dívidas dos Estados com os bancos estaduais e na preparação dos agentes financeiros, de preferência, para a privatização, extinção, ou transformação em instituições não financeiras ou agências de fomento.[13] A alternativa dos Estados de optarem pela reestruturação, mas sem perder o controle e sem que se alterasse a espécie dos

---

criar programas de privatização, concessão de serviços públicos à iniciativa privada, reformas e desmobilização patrimonial. Encaminhar mensalmente à Secretaria do Tesouro Nacional (STN) o fluxo de caixa dos Estados; dados de sua execução orçamentária, financeira e patrimonial e um relatório sobre o cumprimento das metas estabelecidas no programa de saneamento, permitindo a realização de auditoria pela STN. Em relação aos aspectos financeiros, os Estados comprometeram-se a manter a adimplência de todos os seus órgãos para com a União e usar os recursos de privatização de suas empresas para reduzir os débitos em atraso; não estar em atraso com o INSS e FGTS; não contratar novas operações de ARO e ter a aprovação da Assembléia Legislativa para contratar os empréstimos e assumir os compromissos referidos no programa e do Senado Federal. Os Estados teriam também de assumir o compromisso de: a) alcançar resultado primário trimestral mínimo requerido para atingir a meta de equilíbrio operacional, tendo em vista o quadro de usos e fontes do Estado e a relação dívida/receita líquida real; b) dotar o orçamento do Estado de recursos necessários ao cumprimento dos compromissos decorrentes do programa de saneamento financeiro e de ajuste fiscal acordado.

12 O texto de Vasconcelos & Ogasawara (1992) discute a influência dos bancos estaduais sobre a execução monetária.

13 Cf. Medida Provisória nº 1.514, de 7.8.1996. A União, a seu critério, poderá: 1. adquirir o controle da instituição financeira, exclusivamente para privatizá-la ou extingui-la; 2. financiar a extinção ou transformação da instituição financeira em instituição não financeira, quando realizada por seu respectivo

seus agentes financeiros, estava contemplada no programa, mas era bem menos vantajosa e praticamente inviável financeiramente. Nesses casos, a participação da União não poderia ultrapassar 50% dos recursos necessários, e as unidades teriam que provar a viabilidade do projeto de saneamento e as condições fiscais para sustentarem o processo de reestruturação.[14]

O passo seguinte foi a criação de uma linha de empréstimos do BNDES, com o objetivo de antecipar parte dos recursos a serem arrecadados com o programa de privatização dos governos estaduais e impulsionar a venda de ativos, desde que os Estados já dispusessem de autorização da Assembléia Legislativa ao programa de privatização de empresas e de concessão de serviços públicos.

A continuidade do problema das finanças estaduais levou o governo a ampliar, com base na Medida Provisória nº 1.560, de 19.12.1996, o âmbito das negociações e defender o refinanciamento total das dívidas. A União, desde que haja a prévia aprovação do Senado Federal e das Assembléias Legislativas dos res-

---

controlador; 3. financiar os ajustes prévios imprescindíveis para a privatização da instituição financeira; 4. adquirir créditos contratuais que a instituição financeira detenha contra seu controlador e entidades por este controladas e refinanciar os créditos assim adquiridos; 5. em caráter excepcional, financiar parcialmente programa de saneamento da instituição financeira, que necessariamente contemplará sua capitalização e mudanças no seu processo de gestão capazes de assegurar sua profissionalização.

14 A Medida Provisória determinou que, nesses casos, as unidades da federação teriam que aportar recursos pelo menos equivalentes ao da participação da União e seguir as seguintes medidas: 1. quitação antecipada de dívidas do controlador e de entidades por este controladas junto à instituição financeira; 2. assunção de dívidas da instituição financeira junto a terceiros, existentes em 31.3.1996 e registradas em balanço, incluindo passivos de natureza atuarial ou trabalhista; e 3. capitalização da instituição financeira. Além disso, as medidas deveriam ter aprovação pelo CMN, a qual se daria à vista da aprovação do Banco Central do projeto de saneamento da instituição financeira e de parecer favorável da STN quanto à capacitação fiscal do Estado.

pectivos Estados, seria responsável por consolidar e refinanciar a dívida mobiliária, os empréstimos da CEF, concedidos ao amparo do Voto CMN nº 162/95, e as dívidas dos Estados com os seus respectivos bancos. As negociações seriam caso a caso, e o refinanciamento dependeria das medidas de reestruturação e ajuste fiscal definidas no âmbito do Programa de Ajuste Fiscal e Reestruturação Financeira dos Estados, cuja meta básica é a redução da dívida financeira total dos Estados a valor não superior ao da receita líquida real. O programa, como será detalhado adiante, introduz um mecanismo de controle global do endividamento, não permitindo a emissão de nova dívida mobiliária até que a meta fiscal seja alcançada e só autoriza a contratação de novos empréstimos caso a relação dívida/receita se mantenha sempre decrescente.

A proposta da União alterou o processo de renegociação da dívida e os mecanismos de controle do endividamento. Os Estados teriam de mexer na estrutura patrimonial construída em anos anteriores e trabalhar com horizontes estreitos, obedecendo a rígidas metas de ajuste fiscal. Esse mecanismo, diferentemente do que havia ocorrido até aquele momento, definiu nova dinâmica de ajuste dos Estados, envolvendo um amplo programa de privatizações e alterações nas relações inter e intragovernamentais. O governo passou a usar os programas de renegociação da dívida e de apoio financeiro aos Estados como instrumento de reforma patrimonial e de imposição de metas coerentes com a estratégia macroeconômica.[15]

---

15 O Senado Federal editou a Resolução nº 78, de 8.7.1998, em substituição à Resolução nº 69/95 e as seguintes, reforçando o controle do endividamento. Há limites mais estreitos à contratação de operações de crédito, que não poderá exceder a 18% da receita líquida anual, e os dispêndios máximos com as amortizações, juros e demais encargos não poderão exceder a 13% da RLR, enquanto o saldo total da dívida não poderá superar valor equivalente ao dobro da RLR anual.

A renegociação da dívida estadual

O processo de renegociação das dívidas estaduais desencadeado a partir de 1994 alterou a prática de anos anteriores e determinou novos rumos ao controle do endividamento. A fragilidade financeira dos Estados e o crescimento do estoque da dívida levaram o governo a criar um programa de renegociação envolvendo a dívida global e a definir regras rígidas de ajustamento dos Estados. Os Estados, reféns da crise financeira, não estavam em condições de defender uma posição de força. A correlação de forças e o quadro de crise deixaram poucas opções aos Estados senão acatarem as regras do programa de renegociação, uma vez que, fora dele, a situação financeira era insustentável e o risco de ingovernabilidade elevado. O governo, fortalecido politicamente, pôde avançar, definir regras de difícil aceitação em outros momentos e contar com apoio dos governadores aliados na implantação do seu programa.

O primeiro eixo do programa foi o ajuste da relação entre fluxo e estoque das dívidas com a capacidade de pagamento dos Estados. O crescimento do estoque da dívida havia colocado restrições à gestão econômica dos Estados, porque a simples rolagem da dívida, dada a taxa de juros vigente, criava um fluxo de obrigações incompatível com a capacidade estadual de gerar recursos líquidos. Assim, mesmo considerando a hipótese de os Estados pagarem parcela da dívida, o curso do endividamento apontava a insustentabilidade das finanças estaduais, diante do crescimento inexorável da relação entre dívida e receita estadual. A inadimplência nos pagamentos das dívidas bancária e mobiliária geraria um quadro de instabilidade colocando em risco o plano de estabilização. Nessa situação, a opção foi socorrer os Estados encaminhando o programa de renegociação do conjunto das dívidas, em vez da solução parcial de outros momentos.

O programa teria de obedecer a alguns passos. Os Estados teriam de se submeter a rígido ajuste fiscal: era preciso eliminar os desequilíbrios primários e evitar o crescimento das necessidades de financiamento. O objetivo de garantir a *digestão dos estoques de passivos* implicava definir metas de pagamentos dos fluxos das obrigações financeiras superiores ao índice de crescimento do estoque. Vale dizer, a redução da dívida requeria a geração de superávit operacional e de superávit primário superiores ao valor das despesas com juros reais. A possibilidade de obter tais resultados dependeria do esforço fiscal e da conjugação de três outros fatores: 1. o alongamento do perfil da dívida estadual; 2. a imposição de limites à incidência de juros, de modo a impedir que o custo da simples rolagem da dívida superasse a capacidade de pagamento estadual; e 3. a restrição a novas operações.

A intervenção federal mostrou-se necessária porque tais condições não seriam obtidas via mercado. Primeiro, não era do interesse dos agentes financeiros, donos dos contratos ou títulos estaduais, repactuar dívidas e aceitar prazos compatíveis com a disponibilidade de recursos estaduais. Mas a renegociação forçada, pelo não-pagamento, não interessava a ninguém e teria de ser evitada. Segundo, a rolagem da dívida à taxa de juros vigente nos anos 90 era incompatível com o equilíbrio financeiro dos Estados. Logo, o problema teria de ser enfrentado com a fixação das taxas de juros e a renegociação do estoque da dívida.

O acordo traria, certamente, ônus à União e subsídio aos Estados cujo valor seria determinado pelo diferencial entre a taxa de juros fixada nos acordos e o valor dos juros pagos nos títulos federais usados como *funding* dessas operações.[16] A questão fun-

16 Como observam Rigolon & Giambiagi (1998, p.15): "O subsídio implícito na renegociação resulta da diferença entre a taxa de juros contratual e a taxa de juros de mercado. Ele pode ser desagregado em três componentes: (1) o subsídio inicial, que se refere ao diferencial de juros entre a data de corte e a data de assinatura dos contratos; (2) o subsídio da conta gráfica, cuja fonte é o diferencial de juros aplicado à capitalização dessa conta até 30/11/98 e (3) o subsídio da dívida remanescente assumida pelos Estados, que dependem do comportamento da taxa de juros de mercado durante os 30 anos previstos para a amortização".

damental, no entanto, não estava no valor do subsídio potencial dado aos Estados, mas na decisão de negociar ou não as dívidas. A deterioração financeira dos Estados parece não ter deixado outra alternativa à União senão a de assumir o valor total das dívidas. A possibilidade de a União não intervir, embora presente, ameaçava a governabilidade e a estabilidade do plano econômico diante do risco de colapso financeiro dos Estados e *default* das dívidas. A União, diante desse quadro, cumpriu com a tarefa política que lhe cabe de preservar a federação e assegurar as condições de reprodução do sistema. A não-intervenção ampliaria o conflito federativo e restringiria a reestruturação das contas públicas.

O segundo eixo do programa definiu o caráter da renegociação. A intenção não foi apenas a de conter o valor do estoque da dívida e adequar o fluxo de pagamentos à capacidade fiscal dos Estados. A novidade em relação a outros momentos foi o uso da renegociação da dívida como fator indutor da transformação do *Estado* e das formas de articulação inter e intragovernamentais. A especificidade do programa foi vincular ajuste fiscal e reforma patrimonial: obter o ajuste fiscal e a eliminação dos focos possíveis de expansão fiscal e de descontrole das contas públicas pela privatização dos bancos e empresas estaduais. Esse processo cumpriu dupla tarefa: de um lado, a de retirar dos governadores o domínio dos elementos usados no momento anterior para negar a política de ajuste federal e garantir o potencial dos gastos estaduais; de outro, a de cumprir o ideário liberal de reduzir o campo de atuação do *Estado* e abrir espaço aos investimentos privados.

As condições dos acordos

Os acordos criaram metas direcionadas ao ajuste fiscal e à reforma patrimonial. O objetivo não foi só o de buscar o ajustamento das contas estaduais, mas o de introduzir mecanismos de controle do endividamento de longa duração de modo a garantir a durabilidade desse processo até o momento em que os Estados sejam considerados saneados econômica e financeiramente.

Os acordos foram individualizados com o propósito de respeitar a especificidade de cada unidade. Essas variações, embora relevantes, não mudavam os objetivos centrais do programa e sugeriam o princípio de retirar de cada Estado o máximo que ele podia oferecer. O programa abrangia o conjunto das dívidas estaduais de natureza financeira, excluídas as que já haviam sido objeto de renegociação, consolidadas em contrato único, com prazo de refinanciamento de trinta anos. Os juros devidos variavam de 6% a 7,5% ao ano, com correção mensal pelo IGP-DI e amortização mensal pela Tabela Price. As receitas próprias e as transferências do Fundo de Participação do Estado (FPE) serviam de garantia ao refinanciamento, e, em caso de inadimplência, o governo federal seria autorizado a sacar diretamente das contas bancárias centralizadoras da arrecadação dos Estados as importâncias exigidas no cumprimento dos acordos firmados.

A incidência de taxas de juros mais baixas foi condicionada ao pagamento de 20% da dívida à vista. Os recursos usados no pagamento dessa parcela da dívida originaram-se fundamentalmente da venda de patrimônio estadual. No caso de opção por quitar parcela da dívida à vista, os Estados teriam de transferir à União ativos privatizáveis, aceitos pelo BNDES, de valor correspondente a percentuais mínimos das dívidas refinanciadas,[17] conforme discriminado nos contratos. Esse valor é registrado –

17 Os acordos estabelecem percentual mínimo de amortização extraordinária com os ativos. Assim, no caso de São Paulo, o percentual mínimo de amortização é de 20% para a dívida mobiliária, de 50% no que se refere aos empréstimos concedidos pela NCNB e de 12,5% do saldo da dívida na data de corte para os empréstimos do Banespa.

definida uma data de corte – como obrigação dos Estados numa *conta gráfica* no Tesouro Nacional. Os ativos oferecidos pelos Estados recebiam um valor provisório definido por avaliação prévia e eram incorporados ao Programa Nacional de Desestatização. O valor apurado na venda desses ativos serviria para quitar o débito registrado na *conta gráfica*. Se houvesse diferença, os Estados seriam obrigados a quitar o saldo à vista ou entregar novos bens, aceitos pelo BNDES, para privatização. Na falta dessas alternativas, os Estados seriam penalizados. O saldo da *conta gráfica* seria incorporado ao refinanciamento, mas a parcela correspondente a um múltiplo dessa diferença (cinco vezes, no caso de São Paulo) seria refinanciada pelo custo médio de captação da dívida mobiliária interna do governo federal e não pelas condições de juros e correção monetária estabelecidas nos acordos.

Além das privatizações das empresas, os acordos determinavam ainda o comprometimento com a reestruturação do sistema financeiro estadual e a adoção de um mecanismo de controle global do endividamento. Os Estados comprometiam-se a estabelecer, em acordo com a União, uma trajetória da relação (A/B) – entre o total (A) da dívida financeira estadual em todas as suas modalidades e origens e a receita líquida anual do Estado (B) – sempre decrescente de modo que em determinada data-limite a relação (A/B) atinja o valor 1, isto é, o valor da dívida estadual seja igual à sua receita anual real líquida. Enquanto essa meta não fosse atingida, os Estados estariam proibidos de fazer novos lançamentos de dívida mobiliária e só poderiam contratar novos empréstimos, incluindo empréstimos junto a organismos financeiros internacionais, se fosse mantida sempre decrescente aquela relação, sem postergar a data para que o valor 1 fosse alcançado.

O programa estabeleceu também, como mostra a Tabela 7, limites de comprometimento da receita líquida real mensal estadual com o pagamento das dívidas refinanciadas. O limite passou a existir para o total das dívidas refinanciadas junto ao governo federal,[18] e caso as obrigações de pagamentos excedessem esse valor, o *resíduo* seria incorporado ao refinanciamento e pago no momento em que o serviço da dívida comprometesse valor inferior ao estabelecido.

Finalmente, foram determinadas penalidades para quando os Estados não observarem as cláusulas do contrato. No caso de inadimplência, durante o período de não-cumprimento do contrato, os encargos financeiros do refinanciamento e os juros de mora de 1% a.a. serão substituídos pelo custo médio de captação da dívida mobiliária interna do governo federal, bem como o limite de comprometimento da RLR será elevado, podendo atingir, como no caso de São Paulo, 17%.

Tais cláusulas impuseram metas rígidas às finanças estaduais e critérios quanto ao *timing* de ajustamento às regras. A obrigação de manter a relação A/B sempre decrescente e a fixação das taxas de juros definiram a dimensão do ajuste a que os Estados teriam de se submeter. De um lado, a relação A/B decrescente tem como objetivo evitar a expansão da dívida em comparação com o PIB e garantir a sustentabilidade das condições de financiamento dos governos estaduais. A obediência a essa regra nega a contratação de novos empréstimos e a rolagem plena da dívida passada, isto é, pressupõe que as unidades alcancem superávits operacionais. De outro, o valor da taxa de juros determina a trajetória de crescimento dos gastos com a amortização da dívida e o limite de comprometimento da RLR, caso se mantenha o tempo máximo de integralização do contrato. Assim, o valor da taxa de juros passou a ocupar papel nuclear no ajuste estadual, pois define o tamanho do esforço fiscal necessário para atender à cobertura dos gastos com a dívida e manter a relação A/B sempre decrescente.

---

18 Esse limite aplica-se somente às dívidas contratuais renegociadas com base na Lei nº 7.976/89 e Lei nº 8.727/93; dívida externa existente em 30.9.1991 e dívidas renegociadas com base nesse acordo.

Tabela 7 – Programa de apoio à reestruturação e ao ajuste fiscal de Estados – contratos firmados entre a União e os Estados

Estados	Lei nº 9.496/7								Medidas Provisórias 1.773/98	
	Assinatura do contrato	Dívida assumida	Dívida refinanciada	Diferença	Conta gráfica	Prazo	Limite e comprometimento	Encargos	Assinatura do contrato	Financiamento prévio
AC	30.4.98	19.252	18.226	1.026	3.645	30 anos	11,5%	IGP-DI + 6,0% aa	31.3.98	101.068
AL	29.6.98	677.887	648.241	29.646	0	30 anos	15,0%	IGP-DI + 7,5% aa	29.6.98	427.250
AM	11.3.98	120.000	120.000	0	24.000	30 anos	11,5%	IGP-DI + 6,0% aa	13.11.98	317.000
AP									26.5.98	26.000
BA	1º.12.97	959.662	883.010	76.652	181.365	30 anos	11,5% a 13,0%	IGP-DI + 6,0% aa	19.3.98	1.353.000
CE	17.10.97	138.081	126.916	11.165	25.383	15 anos	11,5%	IGP-DI + 6,0% aa	12.11.98	954.224
DF	29.7.99	642.272	647.984	5.711	128.454	30 anos	13,0%	IGP-DI + 6,0% aa		
ES	24.3.98	429.887	387.308	42.579	27.305	30 anos	13,0%	IGP-DI + 6,0% aa	31.3.98	208.000
GO	25.3.98	1.340.356	1.163.057	177.299	232.611	30 anos	13,0% a 15,0%	IGP-DI + 6,0% aa	13.11.98	418.868
MA	22.1.98	244.312	236.502	7.810	47.300	30 anos	13,0%	IGP-DI + 6,0% aa	30.6.98	275.000
MG	18.2.98	11.827.540	10.185.063	1.642.477	972.887	30 anos	6,79% a 13,0%	IGP-DI + 7,5% aa	8.5.98	4.344.336
MS	30.3.98	1.236.236	1.138.719	97.517	83.188	30 anos	14,0% a 15,0%	IGP-DI + 6,0% aa		
MT	11.7.97	805.682	779.943	25.739	155.988	30 anos	15,0%	IGP-DI + 6,0% aa	16.12.97	174.632
PA	30.3.98	274.495	261.160	13.335	26.116	30 anos	15,0%	IGP-DI + 7,5% aa	30.3.98	97.500
PB	31.3.98	266.313	244.255	22.058	11.348	30 anos	11,0% a 13,0%	IGP-DI + 6,0% aa		
PE	23.12.97	163.641	157.571	6.070	31.514	30 anos	11,5%	IGP-DI + 6,0% aa	12.6.98	1.245.000

Continuação

Estados	Lei nº 9.496/7								Medidas Provisórias 1.773/98	
	Assinatura do contrato	Dívida assumida	Dívida refinanciada	Diferença	Conta gráfica	Prazo	Limite e comprometimento	Encargos	Assinatura do contrato	Financiamento prévio
PI	20.1.98	250.654	240.522	10.132	48.104	15 anos	13,0%	IGP-DI + 6,0% aa		
PR	31.3.98	519.944	462.339	57.605	92.467	30 anos	12,0% a 13,0%	IGP-DI + 6,0% aa	30.6.98	3.850.000
RN	26.11.97	73.272	72.479	793	11.295	15 anos	11,5% a 13,0%	IGP-DI + 6,0% aa	13.5.98	99.293
RO	12.2.98	146.950	143.677	3.273	28.512	30 anos	15,0%	IGP-DI + 6,0% aa	12.2.98	502.487
RR	25.3.98	7.247	6.601	646	1.318	30 anos	11,5%	IGP-DI + 6,0% aa	25.3.98	33.000
RS	15.4.98	9.427.324	7.782.423	1.644.901	1.150.000	30 anos	12,0% a 13,0%	IGP-DI + 6,0% aa	31.3.98	1.987.500
SC	31.3.98	1.552.400	1.390.768	161.632	267.086	30 anos	12,0% a 13,0%	IGP-DI + 6,0% aa	31.3.98	311.907
SE	27.11.97	389.065	355.162	33.903	41.226	30 anos	11,5% a 13,0%	IGP-DI + 6,0% aa	30.3.98	31.500
SP	22.5.97	50.388.778	46.585.141	3.803.637	6.242.043	30 anos	8,86% a 13,0%	IGP-DI + 6,0% aa		
Total		81.901.250	74.037.067	7.875.606	9.833.155					16.757.565
	Obs.: Os Estados de AP e TO não refinanciaram suas dívidas no âmbito da Lei nº 9.496. O RJ permanece em negociação. Em negociação									
RJ [1]	24.6.98	12.946.395	12.924.711	21.684	71.592	30 anos	12,0%	IGP-DI + 7,5% a. a.		

(1) Dívidas a serem assumidas (R$ milhões): Mobiliária: 8.262,2; CEF/Banerj: 3.946,5; CEF saneamento e cessão: 348,9; CEF Votos: 302; BNDES: 86,5.

Fonte: STN.

As dívidas renegociadas

O programa promoveu o refinanciamento praticamente integral das dívidas estaduais, incorporando: as operações de ARO e as dívidas contratuais e mobiliária, das administrações direta e indireta, com um valor aproximado de R$ 74 bilhões. A renegociação deu previsibilidade ao comportamento do estoque da dívida, e os Estados deixaram de sofrer o efeito direto das mudanças da política monetária no comportamento da taxa de juros.

A incidência de taxas de juros variáveis havia comprometido a possibilidade de ajuste fiscal e tornado os Estados reféns da política monetária, uma vez que a simples rolagem dos títulos, com a capitalização dos juros, impulsionava o crescimento do estoque da dívida, apesar da proibição existente desde 1993 de lançamento de novos títulos determinada na Emenda Constitucional nº 3. A rolagem dos títulos com a capitalização dos juros deu ritmo ao crescimento do estoque da dívida independentemente da captação de recursos novos. A análise da taxa de crescimento nominal da dívida mobiliária e dos juros acumulados no ano, como mostra a Tabela 8, revela que a expansão da dívida esteve quase sempre abaixo do valor dos juros. Vale dizer, o Banco Central fez prevalecer a proibição em vigor, não permitindo a colocação de títulos novos e forçando o pagamento de parte dos juros. As poucas exceções à regra ocorreram fundamentalmente em razão dos precatórios usados – como ficou provado em CPI do Senado – como forma de fugir ao controle do Banco Central e ampliar o espaço de financiamento.

Tabela 8 – Dívida mobiliária estadual. Taxa de crescimento no ano e taxa de juros acumulada no ano

	1990	1990	1991	1991	1992	1992	1993	1993	1994	1994	1995	1995	1996	1996	1997	1997
	Taxa cresc.	Juros	Taxa cresc.	Juros	Taxa cresc.	Juros	Taxa cresc.	Juros	Taxa cresc.	Juros	Taxa cresc.	Juros	Taxa cresc.	Juros	Taxa cresc.	Juros
Alagoas	0	1.153	0	537	0	1.549	0	3.059,8	0	1.154	(1)	53,1	24	27,4	23	24,8
Bahia	675	1.153	392	537	1.082	1.549	2.271	3.059,8	781	1.154	48	53,1	24	27,4	23	24,8
Ceará	300	1.153	420	537	1.163	1.549	2.356	3.059,8	25	1.154	48	53,1	24	27,4	(2)	24,8
Espírito Santo	400	1.153	433	537	1.063	1.549	2.354	3.059,8	688	1.154	60	53,1	24	27,4	23	24,8
Goiás	1.100	1.153	431	537	1.174	1.549	2.311	3.059,8	798	1.154	48	53,1	24	27,4	23	24,8
Mato Grosso	(1)	1.153	413	537	1.147	1.549	2.250	3.059,8	820	1.154	48	53,1	25	27,4	22	24,8
M. Grosso do Sul	0	1.153	0	537	(1)	1.549	2.354	3.059,8	775	1.154	48	53,1	24	27,4	22	24,8
Minas Gerais	591	1.153	430	537	1.209	1.549	2.300	3.059,8	780	1.154	48	53,1	24	27,4	22	24,8
Paraíba	400	1.153	140	537	1.180	1.549	8.093	3.059,8	180	1.154	48	53,1	23	27,4	24	24,8
Paraná	(1)	1.153	418	537	1.175	1.549	2.317	3.059,8	774	1.154	47	53,1	24	27,4	23	24,8
Pernambuco	0	1.153	0	537	0	1.549	0	3.059,8	0	1.154	0	53,1	(1)	27,4	23	24,8
R. G. Norte	600	1.153	325	537	1.002	1.549	3.449	3.059,8	0	1.154	0	53,1	0	27,4	0	24,8
R. G. Sul	745	1.153	409	537	1.127	1.549	2.293	3.059,8	783	1.154	48	53,1	24	27,4	22	24,8
Rio de Janeiro	647	1.153	390	537	1.093	1.549	2.229	3.059,8	775	1.154	47	53,1	24	27,4	22	24,8
Santa Catarina	540	1.153	397	537	1.099	1.549	2.354	3.059,8	781	1.154	48	53,1	120	27,4	22	24,8
São Paulo	648	1.153	398	537	1.240	1.549	2.484	3.059,8	783	1.154	48	53,1	25	27,4	(2)	24,8
Sergipe	0	1.153	0	537	0	1.549	(1)	3.059,8	818	1.154	48	53,1	24	27,4	22	24,8

(1) A dívida não existia em janeiro.
(2) A dívida foi renegociada com a União.
Juros = over-Selic federal.
Fonte: Bacen. *Boletim das Finanças Estaduais e Municipais.*

Os juros, no entanto, afetaram de modo diferente os Estados. A política monetária do Plano Real atingiu menos as unidades de menor nível de renda que já haviam renegociado parcela relevante das suas dívidas nos processos de federalização definidos nas Leis nº 7.976/89 e nº 8.727/93 e tinham alta participação dessas dívidas no saldo total. Nesses casos, as condições de rolagem das dívidas renegociadas condicionaram a relação entre juros, crescimento do estoque e comprometimento da receita corrente, de forma independente da política monetária e da taxa de juros vigentes. As dívidas renegociadas mantiveram-se estáveis e previsíveis, com prazo de pagamento longo e limite definido de comprometimento da receita corrente com os seus encargos. Quando o custo do serviço da dívida superava o valor estipulado de comprometimento da receita, havia um refinanciamento automático desse montante por um período adicional de dez anos, impedindo que a mera capitalização dos juros pressionasse a capacidade de pagamento dos governos estaduais.

Apesar dos ganhos obtidos não se evitou a deterioração do quadro de endividamento desses Estados, porque as renegociações limitaram-se às operações de crédito contratadas até 1991 e cobriram apenas parte das dívidas estaduais.

O novo programa centrou-se fundamentalmente no refinanciamento das dívidas mobiliárias e por isso beneficiou mais São Paulo, Rio de Janeiro, Minas Gerais e Rio Grande do Sul. Esses Estados, donos da maior parcela da dívida não renegociada, viram o saldo da dívida crescer ao sabor das flutuações dos juros e receberam cerca de 90% do refinanciamento total. Tal percentual refletiu, em grande medida, a disparidade de poder econômico e de capacidade de endividamento entre os Estados, não podendo ser tomado como sinal de que os de menor renda deixaram de ser atendidos nem de que o impacto da renegociação nas finanças públicas tenha sido menos relevante. Em outras unidades, o valor dos títulos, embora tivesse baixa participação na dívida mobiliária estadual total, representava parcela expressiva do estoque de dívida daquele Estado, como é o caso, entre outros, de Santa Catarina, Sergipe, Alagoas, Paraná e Pernambuco. Portanto, a renegociação, diante do quadro geral de endividamento, favoreceu todos e terá papel determinante na evolução financeira estadual.

Alcance e limite do ajuste fiscal

As metas fixadas nos acordos impuseram enorme esforço fiscal. O compromisso de manter a relação dívida/receita líquida real anual decrescente e não emitir nova dívida mobiliária até o valor da relação atingir 1 obriga ao pagamento de juros e amortização de parte das dívidas. Cada Estado é forçado a obter superávit primário e operacional capaz de pagar amortizações de modo que haja redução da dívida. Conseqüentemente, o compromisso dos Estados é gerar um superávit operacional que seja superior ao valor de comprometimento da receita líquida real fixado no acordo de renegociação.

O esforço fiscal esperado só poderá deixar de ser cumprido se os Estados obtiverem novas fontes de financiamento ou se as metas fixadas nos contratos forem relaxadas. É possível se ter idéia da magnitude do esforço fiscal caso se considere, como exemplo, a situação de um Estado que, obrigado a dedicar 15% da receita líquida ao pagamento da dívida, gaste 25% com despesas de custeio e investimento, 60% com o pagamento de pessoal da ativa e tenha compromisso com pensionistas e inativos da ordem de 35% da folha de pessoal, isto é, 21% da receita líquida. O Estado, nesse caso, é obrigado a gerar um superávit primário equivalente a 36% da receita líquida do Tesouro para atender ao compromisso com a dívida e os inativos e pensionistas, muito acima do que se tem observado nas estatísticas disponíveis.[19]

---

19 Esse exemplo é formulado no Boletim de Finanças Públicas: Estados e Municípios, de 3/1999, disponível no site do Ipea.

No caso de o valor da despesa de pessoal superar o limite determinado na Lei de Responsabilidade Fiscal, esse Estado seria forçado a cortar custeio e investimentos ou financiar parte das despesas com novas dívidas ou ainda atrasar pagamentos (ou uma combinação dessas possibilidades). A dificuldade de conseguir empréstimos e de elevar a receita líquida na fase atual de retração econômica deixa poucas opções aos Estados senão adotar cortes rigorosos de custeio e investimento, reduzir a despesa de pessoal e obter outros caminhos fora do Tesouro, visando ao financiamento da despesa com pensionistas e inativos.

A exigência dos protocolos de refinanciamento de que os Estados gastem até 15% da receita líquida com o serviço da dívida resultou, na prática, em enorme tensão nas relações entre União e Estados. O esforço fiscal exigido dificulta a obtenção das metas previstas, mas os Estados são forçados a cortes significativos diante da obrigação de cumprir os contratos. Os dados da Secretaria do Tesouro Nacional mostraram que, apesar do esforço de contenção de despesa já realizado, as obrigações financeiras limitam o ajuste fiscal. Além disso, a possibilidade de contar com as receitas de privatizações permitiu o adiamento de alguns cortes, mas, com o fim desses recursos, a pressão sobre os Estados tende a crescer e dificultar a sustentabilidade no tempo do ajuste.

O governo federal, diante do sucesso da estabilização e da favorável correlação de forças, conseguiu manter o direcionamento do programa e as metas rigorosas de ajustamento. Entretanto, eventuais mudanças na conjuntura política e no quadro das finanças estaduais podem levar o governo a ser forçado a rever algumas metas. Na verdade, os valores do serviço da dívida a serem pagos constituem amplo campo de negociação e de conflito potencial. O montante exigido nos protocolos de refinanciamento devem sofrer alterações *ad hoc* adaptando-se aos limites financeiros dos Estados. Nesse sentido, o resultado fiscal a ser obtido dependerá dos rumos futuros das negociações e da situação macroeconômica, bem como do ajuste do setor público em geral. As restrições à retomada do crescimento colocam limites estreitos ao ajuste do setor público e à capacidade de financiamento dos governos estaduais.

Reforma patrimonial e transformação do *Estado*

O processo de renegociação da dívida não pode ser entendido apenas como instrumento de controle do endividamento estadual. O programa foi bem mais amplo e cumpriu papel relevante na estratégia liberal de desenvolvimento. A idéia foi reestruturar o setor público estadual e abrir espaço à presença do setor privado nos setores de infra-estrutura e serviços e induzir à expansão de investimentos cuja responsabilidade era alavancar a competitividade e alimentar o crescimento econômico.

O programa de privatização, no entanto, não havia avançado no âmbito estadual no mesmo ritmo observado no plano federal, e a estratégia oficial não poderia desconsiderar a presença estadual nos setores de energia elétrica e telecomunicações nem avançar na reestruturação do sistema financeiro nacional sem definir o papel e a participação dos bancos oficiais nesse mercado.

O governo usou o programa de renegociação da dívida com o objetivo de estender a visão dominante no centro do poder ao plano estadual. A vinculação entre ajuste fiscal e reforma patrimonial abriu caminho à transformação do papel do *Estado*. Os mentores oficiais partiram da premissa de que o equilíbrio fiscal de longo prazo não seria viável enquanto os Estados detivessem o controle de empresas e agentes financeiros. Nesse sentido, a reestruturação do setor público estadual passou a ser defendida como condição de sustentabilidade das metas fiscais, dado que retiraria dos governadores o domínio de espaços de circulação financeira e de gestão de gastos. Os acordos de renegociação cumpriram, então, a dupla tarefa de ser instrumento da estratégia liberal e de eliminar focos de expansão fiscal e de descontrole das contas públicas, criando condições ao governo federal de ditar as regras de ajustamento. Os governadores com visão semelhante valeram-se da oportunidade e alavancaram os projetos de privatização, enquanto os demais não tiveram alternativa senão seguir o mesmo caminho, pois a manutenção das empresas e dos bancos estaduais mostrou-se quase sempre inviável diante da fragilidade financeira estadual.

Reformulação do sistema financeiro estadual

A reformulação dos bancos estaduais era importante na estratégia oficial de alterar a estrutura do sistema financeiro nacional e criar as condições de adaptação ao Plano Real. A perda da receita inflacionária e os efeitos da política monetária restritiva trouxeram dificuldades às instituições financeiras sem uma estrutura enxuta e condições de sustentarem a liquidez quando cresceu a inadimplência de pessoas físicas e empresas.

A crise de liquidez acabou vitimando instituições com concentração de crédito em operações problemáticas e obrigou o Banco Central a intervir, criando, em novembro de 1995, um programa de assistência ao sistema financeiro (Proer) voltado à reorganização operacional e societária das instituições privadas em crise, além de facilitar a entrada de novos bancos estrangeiros e a expansão dos que já atuavam no mercado brasileiro com o objetivo de impulsionar a concorrência e a reestruturação do setor.

A dificuldade do setor financeiro, entretanto, afetou particularmente os bancos estaduais. A perda da receita inflacionária e a baixa liquidez do mercado agravaram a situação patrimonial e a capacidade de concorrência dos BEs. Os programas de ajuste adotados desde 1983 não haviam eliminado a fonte dos problemas das instituições estaduais, e o envolvimento com a crise estadual restringiu a compensação das perdas de tesouraria com as receitas de operações de crédito. A elevada concentração de empréstimos no setor público não permitiu aos BEs acompanhar a rápida reação dos bancos privados diante da perda do *float*.[20] A rigidez da estrutura ativa e passiva dificultou a busca de novas fontes de rentabilidade e acabou gerando rápida deterioração da rentabilidade operacional das instituições após a queda da inflação.

O governo aproveitou-se da frágil situação patrimonial dos BEs e usou o momento favorável da correlação de forças políticas para lançar o Programa de Incentivo à Redução do Setor Público Estadual na Atividade Bancária (Proes) e dar novos rumos às negociações com os Estados. O Proes, diferente de outros programas de ajustamento, visava "redesenhar, de maneira definitiva, o perfil do sistema financeiro estadual ... pode-se dizer que a idéia ... era reduzir ao mínimo a presença de instituições financeiras controladas por governos estaduais no sistema financeiro" (Brasil, 1999, p.8). O programa praticamente não deixou outra opção aos governos estaduais senão a venda dos agentes financeiros, diante do direito de financiarem 100% do custo de ajuste das instituições a serem incluídas no programa de privatização e de só terem acesso a 50% dos recursos exigidos no caso de saneamento das instituições, além de terem de demonstrar condições fiscais satisfatórias para arcar com a outra metade dos recursos.

O resultado foi bastante rápido, e das 35 instituições participantes do sistema financeiro estadual em 1996, sendo 23 bancos comerciais e/ou múltiplos, restaram atualmente (agosto de 2000) apenas oito instituições financeiras sob o comando de governos estaduais.[21]

---

20 Cf. Brasil (1999, p.6): "no período de janeiro de 1995 a julho de 1996, 75% da expansão dos créditos das instituições estaduais foram direcionados ao próprio setor público, para garantir, fundamentalmente, a simples rolagem de dívidas vencidas e não pagas".

21 As oito instituições que ainda restam são: Banestes, Bandes, Banpará, Nossa Caixa Nosso Banco, Banrisul, Banese, BRB e Paraiban.

A privatização das empresas estaduais

A privatização das empresas estaduais foi, em grande medida, resultado do uso dos acordos de renegociação da dívida como instrumento de reestruturação do aparelho do *Estado*. O programa federal iniciado no começo dos anos 90 esbarrou em áreas sob o controle dos governos estaduais que continuaram ocupando espaços reservados aos investimentos privados na nova estratégia de desenvolvimento.

Apesar da deterioração financeira das empresas estaduais, não se observou, nos anos 80 e início da década seguinte, nenhum movimento de reestruturação do setor empresarial. Os governadores mantiveram o domínio das áreas de serviços públicos e de infra-estrutura, mas pouco avançaram na discussão de uma proposta alternativa de configuração do setor público estadual e de estrutura de financiamento das empresas. A falência do modelo anterior de descentralização administrativa realçou o papel das empresas como unidades de gastos e a debilidade das suas estruturas de financiamento fortemente dependentes da articulação com o próprio governo e com a esfera federal. A ausência de um projeto alternativo fragilizou a posição do setor empresarial e criou campo fértil ao avanço das idéias de privatização prcconizadas no governo central.

As privatizações estaduais ganharam impulso quando os bens públicos passaram a ser usados no abatimento de parte da dívida e redução do custo dos contratos de renegociação da dívida. A decisão de não aceitar as privatizações implicaria o aumento das taxas de juros do programa e complicaria ainda mais a débil situação financeira estadual. A partir desse momento, o processo ganhou ritmo, e os setores onde se concentram os investimentos – energia elétrica e telecomunicações – foram rapidamente privatizados ao mesmo tempo em que cresceu a presença do setor privado nas áreas de distribuição de gás, transporte e concessão de rodovias. O movimento deve englobar no curto prazo a área de saneamento básico e continua avançando nos demais setores em que a participação dos Estados e Municípios é menos expressiva.

A perda de controle estadual nos setores de prestação de serviços públicos e de infra-estrutura consolida a estratégia liberal oficial e retira dos governadores o domínio de fontes potenciais de geração de financiamento e focos de pressão sobre as contas fiscais. As conseqüências da privatização, no entanto, vão mais longe. De um lado, os governadores perderam poder e espaços de atuação, dado que o domínio de alto volume de investimentos ampliava a autonomia e o campo de ação política como interlocutores privilegiados de interesses privados. De outro, o processo de privatização negou as relações financeiras que davam sustentação às atividades do setor empresarial estadual e abriu campo à reformulação das diferentes áreas a partir da maior atuação do setor privado.

A busca de um novo formato das relações governamentais

O programa de privatização federal e o ajuste patrimonial dos Estados abriram a perspectiva de reestruturação do aparelho de *Estado* e de redesenho das relações intra e intergovernamentais características de anos anteriores. A nova configuração dessas relações é difícil de ser avaliada. Esse é um processo longo e depende das transformações ainda em curso. Em primeiro lugar, não se conhecem, até o momento, o alcance final do programa de privatização federal e o seu desdobramento no plano estadual. É preciso saber até que ponto os Estados irão levar adiante a privatização, embora o quadro já existente indique que o processo avançou significativamente incorporando as áreas do setor empresarial de maior concentração de investimentos e grande parte do sistema financeiro estadual. Entretanto, o resultado final dependerá do rumo das negociações em torno da situação financeira de cada Estado. Em segundo, a Constituição de 1988 e as reformas liberais deram força a um movimento de descentralização caótico e impuseram outra dinâmica à distribuição dos recursos tributários e dos encargos entre as esferas de governo. Os Estados e Municípios ganharam autonomia no exercício das respectivas competências tributárias e ampliaram a participação no valor da receita disponível e do gasto, impondo outras características às relações governamentais.

Esse processo, embora não se conheçam *a priori* os seus desdobramentos, colocou a perspectiva de redesenho das relações inter e intragovernamentais e de transformações na vida política e econômica do país. É verdade que, em razão da enorme heterogeneidade socioeconômica, não se alteram o peso das transferências nem o papel dos Estados na barganha política envolvendo a distribuição de verbas federais. No entanto, o avanço da proposta oficial, com a definição de um novo arranjo institucional, trouxe implicações sobre questões básicas para pensar o federalismo no Brasil. Em primeiro lugar, está em discussão o poder dos Estados de manipularem recursos financeiros, comandarem gastos e terem autonomia nas decisões de investimentos. A revisão dessas questões abriu a oportunidade de se definirem novas regras políticas e financeiras de relações governamentais e a possibilidade de se redesenhar o pacto de poder. Em segundo, está em jogo a capacidade regulatória da esfera federal, isto é, a força da gestão macroeconômica da União no controle do déficit público e na definição das condições de crescimento.

Os governadores, até então, haviam usado o poder político para obter favores financeiros e sustentar gastos acima do que seria possível com base nos recursos fiscais. A possibilidade de ver sempre aberto o caminho da negociação dos débitos permitiu aos Estados manterem praticamente intacto o aparelho estatal, mesmo que em condições financeiras deterioradas, conservando a força política inerente à manipulação dos interesses envolvidos na atuação de vários órgãos públicos ligados aos setores financeiro, agrícola, de energia elétrica, de transporte, de saneamento, de telefonia e outros. Esse poder permitiu aos Estados, principalmente aos mais fortes, a alavancagem de recursos financeiros via empresas e bancos e a manutenção de investimentos, burlando o poder regulatório da política macroeconômica. Não foi suficiente as autoridades econômicas denunciarem o comprometimento das metas fiscais e monetárias fixadas pelo governo, em razão dos déficits estaduais e das dificuldades de seus agentes financeiros, pois os problemas se arrastaram sem alterações de vulto.

O programa do governo, ao negar esse quadro e forçar o ajuste patrimonial dos Estados, aliado ao programa de privatizações de órgãos federais, abriu uma fase de transição a um novo pacto federativo, acenando com a perspectiva de transformação das articulações com a União e da cadeia de relações financeiras no interior dos governos estaduais. As mudanças no ordenamento institucional, ainda em gestação, interferiram nas articulações financeiras presentes nas relações governamentais e restringiram as possibilidades de os Estados usarem a vinculação com as suas empresas e bancos para fugir aos limites dados pela órbita fiscal.

O *Estado* central, com as privatizações, abriu caminho ao loteamento do velho patrimônio público. A presença do setor privado em áreas até então restritas ao poder estatal permitiu eliminar os padrões específicos de relações intergovernamentais definidos a partir das articulações dos órgãos federais com as empresas e com os bancos estaduais, que, como vimos, resultaram das *Reformas de 1964*. Além disso, desencadeou mudanças das regras políticas de convivência entre as esferas de governo, colocando fim a um dos elos do arranjo político usado para atender aos interesses particulares de regiões e Estados. Certamente, não deixará de haver a barganha política em troca de verbas federais de apoio aos interesses estaduais e regionais, pois não se alterou a característica do federalismo fiscal brasileiro de forte assimetria do poder econômico e de dependência estadual de transferências de recursos federais. Mas o sucesso da estabilização e o avanço da privatização deram novos rumos às negociações. Vários canais de onde fluíam os recursos foram fechados, e a posição das autoridades econômicas de condicionarem os repasses e os empréstimos ao ajuste patrimonial dos Estados fortaleceu-se, abrindo caminho à definição de novas formas de relações entre as esferas de governo.

A proposta, no plano das relações internas dos Estados, contribuiu para repor o Tesouro como *locus* fundamental de atuação estadual. A privatização das principais empresas públicas e dos bancos estaduais – embora ainda não tenha se completado – alterou a composição dos gastos e das condições de financiamento dos governos estaduais. A entrega ao setor privado dos interesses ligados às áreas como energia, telecomunicações e transporte esvaziou o papel das empresas estaduais, eliminando parcela dos gastos públicos e a influência sobre áreas de grande interesse em anos anteriores. O corte na presença das estatais recolocou o orçamento do Tesouro como núcleo central das decisões e responsável direto pela realização dos gastos. Por outro lado, a complexa teia de articulações financeiras entre a administração central e as empresas públicas perdeu-se, com o fim dos repasses às empresas e do uso de recursos captados por elas, por meio de operações triangulares ou atrasos de pagamentos, para o financiamento dos gastos do Tesouro. Assim, a venda dos ativos públicos tanto acarretará mudanças na composição e no volume dos gastos estaduais como cortes no acesso das administrações centrais a novos financiamentos. Além, é claro, de alterar as tradicionais relações entre o setor público e o privado e retirar dos governadores o poder de manipular elevado volume de gastos e influenciar áreas vitais da economia.

A privatização dos bancos estaduais eliminou outro elo da lógica de financiamento anterior. A articulação com as instituições financeiras elevou o poder de gasto do setor público estadual acima do que seria possível com a receita fiscal e constituiu um caminho por onde foi viável elevar o endividamento e burlar as restrições macroeconômicas. A possibilidade de romper essas relações, aliás, já debilitadas em razão da crise dos agentes financeiros e das restrições impostas ao financiamento de seus controladores (de concessão de novos créditos e o controle na aquisição de novos títulos da dívida mobiliária),[22] ampliou o domínio das autoridades econômicas sobre os fatores de expansão monetária e sobre o endividamento, bem como limitou o acesso estadual a fontes de financiamento do déficit.

O sucesso da proposta do governo de controle das formas pretéritas de articulação financeira com a esfera federal e com as empresas e agentes financeiros dos próprios Estados – usadas anteriormente na alavancagem de recursos e como meio de fugir às restrições macroeconômicas – delimitou o campo de atuação dos governadores à potencialidade fiscal dos Tesouros e à ação de empresas pouco dinâmicas ausentes do programa de privatização. Eles perdem o poder de alavancagem financeira

22 A tentativa de regular a ação dos bancos estaduais não é recente. Várias medidas já anunciadas em momentos anteriores foram reeditadas pelos governos Collor e Itamar. O plano anunciado pelo então ministro da Fazenda, Fernando Henrique Cardoso, em junho de 1993, deu ênfase à idéia de restringir a liberdade de ação das instituições financeiras e disciplinar as suas relações com os controladores. Em primeiro lugar, reafirmou as regras que estabelecem os montantes mínimos de capital dessas instituições e os limites de concessão de novos empréstimos para o setor público, inclusive na forma de carregamento de títulos mobiliários dos respectivos Tesouros (Resolução nº 1.990, de 30 de junho de 1993). Em segundo, proibiu a concessão de socorro financeiro por parte do Bacen ou do Tesouro Nacional para atender a programas de saneamento dos bancos estaduais (Resolução nº 1.995, de 30 de junho de 1993). Em terceiro, determinou a aplicação aos bancos oficiais do dispositivo da Lei do Colarinho Branco, que pune com dois a seis anos de reclusão o administrador de instituição financeira que conceder empréstimos a seu acionista controlador ou empresa por ele controlada (Lopreato, 1994).

dado pelo controle de um banco e de empresas com valor patrimonial elevado e ficam privados do poder de comandar volume ampliado de gastos correntes e de investimentos. Há sempre a possibilidade de extrapolar essas barreiras, como no momento anterior, com a ampliação do endividamento. Mas as restrições a esse caminho devem ser maiores, pois, na ausência de empresas de porte e dos agentes financeiros, a expansão do endividamento estaria vinculada à capacidade fiscal de cada unidade em arcar com novos encargos e à expectativa do setor financeiro privado em adiantar novos créditos. Nessa perspectiva, o endividamento estaria limitado pela disposição do mercado em ampliar o risco de crédito e aceitar títulos da dívida mobiliária estadual.

A retomada do caminho do endividamento, a curto e médio prazos, na proposta oficial, no entanto, está obstruída em razão das restrições impostas nos acordos de renegociação das dívidas estaduais, determinando que a dívida total deverá ser sempre decrescente em relação à receita estadual e que a emissão de nova dívida mobiliária só poderá ocorrer quando o estoque da dívida for inferior à receita anual líquida do Estado. Além disso, a aprovação da Lei de Responsabilidade Fiscal (LRF) trouxe outro elemento de restrição à autonomia estadual e deverá barrar a ampliação do endividamento. A definição de parâmetros estreitos para contratar novos empréstimos limita as alternativas de financiamento e a possibilidade de gastos fora da via fiscal, forçando a adoção de um programa de reestruturação que vise à ampliação da poupança fiscal por meio de corte de gastos e serviços públicos.

É verdade que os acordos e os limites determinados na LRF podem ser burlados e revistos, mas, sem dúvida, está em andamento a gestação de um novo ordenamento institucional capaz de restringir a liberdade dos Estados em ampliar gastos sem a estrita cobertura de recursos fiscais. Esse processo carrega, implicitamente, transformações importantes no que se conhece do caráter da federação brasileira. Há, em grande medida, o redesenho das articulações de poder envolvendo as esferas de governo, com os governadores cedendo espaços para Brasília. Ao abrirem mão dos agentes financeiros e das empresas estaduais, tornaram-se mais limitados economicamente e deixaram de lado parcela do poder de ação política e autonomia financeira, dado que a perspectiva de mando sobre os gastos tende a se prender à potencialidade dos recursos fiscais. Por outro lado, cresceram o poder das autoridades na gestão macroeconômica e a força de regulação da União. As autoridades econômicas, no novo arranjo político, ganharam espaço para interferir na política de gastos estaduais, à medida que conseguiram conter o potencial das articulações financeiras e do endividamento e vincular o poder de gasto aos recursos fiscais.

Perspectivas

O avanço dessas condições coloca-nos diante da gestação de um novo ordenamento institucional no país. A transformação é lenta e depende das reformas ainda em curso, mas a base para as alterações está sendo construída. Certamente, é cedo para se conhecerem o alcance e o impacto das mudanças sobre as relações inter e intragovernamentais, bem como os seus reflexos no campo econômico e político, mas não podem ser desconsideradas.

A proposta das autoridades econômicas de associar a renegociação do estoque das dívidas com o ajuste patrimonial dos Estados, aliada ao programa de cortes de gastos e privatização no plano federal, gerará mudanças nas relações entre as esferas de governo e nas articulações mantidas no interior dos próprios Estados. A tendência principal repousou no controle dos caminhos financeiros usados pelos Estados para ampliarem o endividamento e fugirem aos limites da órbita fiscal. A desmontagem das articulações financeiras com a União, com as empresas e com os bancos estaduais buscou restringir a alavancagem dos gastos e torná-los dependentes dos recursos fiscais.

O resultado pretendido foi elevar o poder de governança macroeconômica e limitar a autonomia dos Estados nas decisões de investimentos sem a restrita cobertura de recursos fiscais. Essa perda de autonomia não se coloca mais, como nos anos do regime militar, na obrigação de obedecer à determinação oficial de vincular recursos fiscais a gastos específicos ou na dependência estadual de negociações em torno das taxas de juros, dos limites na rolagem da dívida e da política das agências oficiais de crédito para se chegar ao valor dos encargos financeiros a serem pagos e dos recursos disponíveis. A questão ganhou um novo caráter. A negociação da dívida, associada ao ajuste patrimonial, afastou os Estados de áreas nas quais controlavam elevados gastos e restringiu a força das articulações financeiras na alavancagem de novos investimentos. A negociação dos acordos limitou as operações de endividamento com a colocação de títulos da dívida mobiliária e barrou o caminho das relações financeiras com os órgãos federais ou com as empresas e instituições dos próprios Estados.

As autoridades econômicas, ao interferirem nesse jogo financeiro, tiveram como objetivo ampliar o controle sobre as finanças estaduais. *A autonomia estadual, nos novos tempos, estaria diretamente vinculada à manipulação dos recursos fiscais*. Os Tesouros voltaram a ser o *locus* onde se expressa o desequilíbrio, e ganhou destaque a discussão em torno da órbita fiscal, uma vez que a busca de outras fontes de financiamento não seria facilitada pelo uso das empresas e dos bancos estaduais. Assim, definiu-se um espaço mais restrito de ação dos governos estaduais e ganhou força o poder de gestão macroeconômica.

As mudanças alimentaram o sonho liberal em favor das forças de mercado e deram poder ao controle federal sobre a política econômica, mas, até o momento, não asseguraram o ajuste intertemporal dos Estados e acirraram os conflitos em termos de coordenação federativa. O revigoramento da órbita fiscal, com o fim das formas de articulação financeira anteriormente existentes, fechou parte dos espaços por onde era possível compensar as dificuldades fiscais e deu destaque ao caráter nuclear da heterogeneidade da federação brasileira. Desse modo, recolocou-se o problema de como conciliar a coordenação federativa, atendendo a demandas e interesses de unidades com poder fiscal e econômico diferenciados, com as metas de política econômica.

As condições favoráveis dos anos iniciais do Plano Real permitiram, apesar das rusgas, encaminhar as mudanças e dar condições ao governo central de levar adiante a sua estratégia. Entretanto, os anos de baixo crescimento econômico que se seguiram à crise da Ásia, os elevados encargos financeiros definidos no processo de renegociação da dívida e a dificuldade política de harmonizar interesses indicam os limites do poder de atuação dos governos estaduais e o acirramento dos conflitos *verticais* e *horizontais* na ordem federativa.

À guisa de conclusão

A crise da federação

Os pilares de sustentação do pacto federativo no período de crescimento acelerado foram a centralização do poder político e econômico e a capacidade da União de realizar volume expressivo de gastos e manter um esquema de articulação com os governos estaduais, por meio das empresas estatais, das transferências constitucionais e negociadas, dos subsídios e incentivos fiscais e repasses financeiros. Tudo isso permitiu à União o controle da política fiscal e o poder de atender a interesses diferenciados dos Estados.

A crise do início dos anos 80, no entanto, não permitiu a continuidade das regras básicas de sustentação do pacto federativo. A eleição do déficit público como metassíntese do programa econômico acertado com o FMI levou ao corte dos gastos públicos e ao controle do crédito das agências oficiais, provocando o progressivo desmantelamento dos pilares do pacto federativo.

A União deixou de alimentar os vários interesses regionais e de ter à disposição os recursos usados para *costurar* as alianças políticas, além de perder a capacidade de conduzir e dinamizar o processo de crescimento.

A transferência de recursos ao exterior restringiu a retomada do crescimento e amarrou a política cambial e as taxas de juros, com reflexos na situação financeira do setor público. De um lado, as desvalorizações cambiais e a regra de indexação plena inviabilizavam a adoção de políticas fiscal e monetária restritivas e deixavam a alta taxa de juros como alternativa possível de política econômica. Os valores do câmbio e dos juros serviam de *farol* aos preços, que alimentavam a inflação e, ao mesmo tempo, pressionavam o déficit público. O seu financiamento dependia da colocação de novos títulos e da emissão monetária e gerava novas pressões sobre o processo inflacionário, com conseqüências sobre o câmbio e os juros, fechando o círculo vicioso em que se encontrava a política econômica. De outro, o impacto das desvalorizações no custo da dívida externa e os elevados juros internos ampliaram o valor dos encargos financeiros e provocaram a crise fiscal, comprometendo a capacidade de atuação do Tesouro, das empresas estatais e das instituições federais de crédito.

O resultado foi a perda de funcionalidade do sistema de sustentação do pacto federativo e o limiar do que se pode pensar como crise da federação. O traço nuclear dessa crise está na incapacidade de os elementos que cumpriam o papel de articulação do pacto federativo manterem a forma de atuação. A falência da dinâmica anterior gerou rachaduras e deflagrou conflitos que, até aquele momento, haviam sido contornados graças às políticas de gasto e de crédito da União e à liberdade dos Estados de recorrerem às suas próprias empresas e bancos como fontes alternativas de financiamento.

A estatização da dívida externa comprometeu a estrutura de financiamento público e o acesso a novos recursos financeiros. A dívida interna, com o crescimento dos encargos atrelado ao pagamento da dívida externa, deixou de gerar recursos líquidos. Os agentes financeiros públicos, atingidos com a inadimplência, com o corte dos repasses orçamentários, a perda de captação externa e a queda do potencial de arrecadação das poupanças compulsórias, viram crescer o comprometimento da estrutura ativa e passiva e deixaram de ser fontes de novos empréstimos. O mesmo ocorreu com os bancos estaduais que, sem o repasse de recursos internos e externos e com os ativos vinculados a créditos ao setor público, com alto índice de inadimplência, entraram em crise e passaram a depender do socorro do Banco Central. Os fundos públicos que transitavam pelo orçamento monetário também perderam recursos e deixaram de exercer o papel ativo do momento anterior.

A área fiscal viveu processo de deterioração semelhante. O pagamento dos encargos da dívida, a inflação e o menor potencial de arrecadação, derivado da queda da atividade econômica e do aumento dos subsídios e incentivos fiscais vinculados à expansão das exportações, determinaram um quadro de crise fiscal, que, aliado à determinação de se cumprirem as metas fiscais fixadas nos acordos com o FMI, levou ao controle dos gastos diretos da União e dos repasses a outras esferas de governo.

As empresas estatais, donas de elevado passivo externo, sem acesso a novos financiamentos e sujeitas a controles tarifários e a cortes das transferências do Tesouro, sofreram brutal deterioração da estrutura de financiamento. O resultado foi a queda do valor dos investimentos de praticamente todas as empresas federais e a redução dos gastos direcionados ao atendimento das empresas e órgãos da administração indireta estadual dependentes dos repasses federais.

A falência da complexa rede de gastos do Tesouro e dos órgãos federais nos Estados, bem como a queda dos valores das transferências negociadas, dos incentivos regionais e setoriais, dos repasses das estatais, dos fundos e programas, dos recursos do INSS e dos créditos das agências oficiais, comprometeu a reprodução das relações intergovernamentais e o poder da União de atender aos interesses dos blocos regionais. A queda dos repasses gerou atritos com os governos estaduais e com o sistema de alianças locais, prejudicando os gastos com educação, saúde, saneamento, habitação e outros que eram alimentados com créditos das agências federais e com as transferências negociadas.

O colapso das relações intergovernamentais e os cortes dos recursos externos comprometeram a estrutura de financiamento dos governos estaduais, que se apoiava fortemente na continuidade da expansão do endividamento, e provocaram a crise. O Tesouro estadual, pressionado com a queda da receita, a não-rolagem das dívidas e o aumento das despesas financeiras, viu-se forçado a seguir a determinação federal de reduzir o déficit público, realizando cortes nos gastos e nos repasses à administração indireta e às empresas públicas. Estas, dependentes da articulação com a União e com o Tesouro e os bancos estaduais, passaram a viver um quadro de deterioração da estrutura financeira. Os bancos estaduais, por sua vez, sem a rolagem automática dos financiamentos externos e internos e pressionados pela inadimplência do setor público, entraram em insolvência e passaram a depender do apoio financeiro do Banco Central.

A crise das condições de financiamento público, no momento em que se redesenhava o quadro político, colocou a nu o conflito federativo e reforçou o questionamento às regras de repartição da receita tributária e de autonomia dos governos estaduais. A abertura política certamente recolocaria na ordem do dia esses temas. O peso político dos governadores a partir das eleições de 1982 e o sistema de alianças no Congresso apontavam a necessidade de revisão das atribuições e da distribuição dos recursos tributários. Entretanto, dificilmente se viabilizaria a reestruturação ordenada do pacto federativo, envolvendo a redistribuição da receita tributária e dos encargos entre as esferas de governo e a ampla revisão das relações intergovernamentais, num momento de crise econômica e de quebra do padrão de financiamento do setor público.

O não-redesenho do pacto federativo, ao lado da deterioração das finanças estaduais, fez o país conviver com relações federativas conflituosas. O problema estava em como enfrentar essa questão e evitar focos de instabilidade política e econômica que colocassem em risco a governabilidade. A União, em meio à crise, não poderia desconsiderar o pacto federativo e negar apoio à demanda dos Estados, mas, ao mesmo tempo, lutava em defesa do controle da política fiscal e da austeridade monetária, abrindo espaços ao antagonismo de posições. O conflito colocou-se em três planos que, embora analiticamente distintos, guardavam estreita vinculação entre si: primeiro, a luta dos Estados por autonomia e melhor distribuição da receita tributária; segundo, o tratamento dado ao problema da crise financeira dos Estados; e, terceiro, a posição da União ante o quadro de crise estadual quando a solução não era encontrada no interior dos próprios Estados.

O conflito, no primeiro plano, manifestou-se, sobretudo, na demanda por maior participação na receita tributária. A heterogeneidade socioeconômica impôs limites ao redesenho do quadro tributário e da distribuição dos recursos entre as esferas de governo. Os Estados economicamente fracos e presos às transferências federais desfrutavam de baixa capacidade de alavancagem de recursos e procuraram se valer do peso político desproporcional no Congresso, reivindicando maior participação na receita tributária total via aumento das alíquotas do Fundo de Participação dos Estados (FPE) e do Fundo de Participação dos Municípios (FPM). Os Estados de maior porte econômico, por por sua vez, ganhavam pouco com o aumento das alíquotas das transferências constitucionais e defendiam a idéia de maior autonomia de tributação e o fim do direito da União de conceder incentivos baseados no ICMS.

A luta pela aprovação das Emendas Passos Porto e Airton Sandoval, culminando com os ganhos na Constituição de 1988, ampliou as transferências aos governos subnacionais e favoreceu os interesses regionais. Entretanto, o encaminhamento da questão regional pela via das transferências constitucionais, embora tenha permitido maior equilíbrio vertical na repartição da receita tributária, pouco contribuiu na solução da crise da federação e agravou os desequilíbrios horizontais ao manter inalteradas as regras de partilha das transferências.

Os ganhos tributários não permitiram a superação do quadro de crise latente. A distância entre a relativa estabilidade das finanças estaduais e a crise aberta era curta e dependia fundamentalmente da porcentagem de renovação dos empréstimos a vencer, das condições de rolagem da dívida mobiliária e da contratação de novos empréstimos. A gestão das finanças estaduais, nesse sentido, estava presa às decisões federais relacionadas ao problema do estoque da dívida e à política de crédito dos agentes oficiais. Os governadores, apesar dos ganhos na distribuição da receita disponível, contraditoriamente, perdiam autonomia nas decisões de investir, uma vez que o volume de seus gastos dependia de variáveis controladas pela esfera federal.

Colocava-se, portanto, como espaço de conflito, nesse segundo plano, a definição dos parâmetros relacionados ao endividamento estadual e à contratação de novos créditos. O embate entre União e Estados ocorria em torno de qual seria: a) o percentual de rolagem das dívidas interna e externa vencidas e a vencer; b) o valor dos tetos de empréstimos concedidos ao setor público pelo sistema financeiro público e privado; c) o valor da dívida mobiliária a ser rolada e a possibilidade de lançamento de novos títulos; e d) a política de crédito das agências oficiais (CEF, BB etc.).

Os valores desses parâmetros determinavam o montante dos encargos financeiros a serem pagos e dos recursos livres. Os governadores, diante dos problemas financeiros, pressionavam a esfera federal defendendo regras frouxas de rolagem da dívida e facilidades de acesso a novos créditos. A postura conservadora ou mais flexível da União – que se alternou ao longo dos anos 80 ao sabor da conjuntura, com a União ora defendendo posições duras em nome do controle do déficit público, ora relaxando as metas na tentativa de conter o agravamento da crise estadual – explicou, na maioria das vezes, o equilíbrio precário entre a crise aberta e a estabilidade financeira dos Estados.

A deterioração das finanças estaduais e a instabilidade das regras de rolagem da dívida pública, dos juros e da política de crédito dos agentes oficiais, abriram nova frente de conflito federativo. O confronto, nesse outro plano, ocorria na busca de apoio da União à crise dos Estados. Os governadores, quando a crise fugia ao controle, demandavam novos recursos e defendiam políticas de renegociação da dívida, procurando superar o momento crítico de desequilíbrio financeiro. As autoridades econômicas resistiam em abandonar as metas de controle do déficit público e sair em socorro dos Estados. Entretanto, a instabilidade econômica e o risco político de inviabilizar o sistema de alianças responsável pela base de sustentação do governo acabavam por minar a resistência dos dirigentes, que eram obrigados a ceder e sair em defesa dos governos estaduais.

A União, apesar dos problemas financeiros e da perda de funcionalidade do esquema de articulação com os governos subnacionais, cumpriu a tarefa de sustentar a articulação do pacto federativo e garantir a governabilidade, socorrendo os governos estaduais em crise. Os mecanismos usados pelo governo federal entre eles: o pagamento da dívida externa via Avisos GB 588 e Avisos MF; os acordos da dívida de 1987 e 1989; e os programas de reestruturação bancária e empréstimos de liquidez do Banco Central aos bancos estaduais – tinham a finalidade última de ajudar os Estados a superarem a fase aguda da crise, mas não eram capazes de reverter o quadro de desequilíbrio latente, porque, de um lado, as condições macroeconômicas determinantes da crise fiscal continuavam presentes e, de outro, a política de apoio aos Estados tratou de enfrentar as questões mais imediatas e não se colocou como proposta ampla de solução dos problemas.

O uso desses instrumentos resultou, na verdade, na transferência dos problemas estaduais de financiamento para o Banco Central e no crescente comprometimento financeiro da União que era obrigada a elevar a dívida pública e expandir a oferta monetária para atender às pressões sobre as necessidades de financiamento.

A transferência de encargos ao Banco Central e o uso das articulações entre o Tesouro, empresas e bancos estaduais permitiram aos Estados expandirem os gastos públicos e negarem a política macroeconômica restritiva. Essa prática, entretanto, revelou-se perversa, porque os Estados, ao usarem as brechas disponíveis e elevarem os gastos, nem sempre estiveram atentos às condições das finanças públicas e viveram momentos de deterioração da situação fiscal. Além disso, os Estados mais beneficiados foram os de maior poder de alavancagem financeira e força política perante a União, dado que as soluções eram *ad hoc* e impregnadas de conteúdo político.

O ganho diferenciado reforçou a situação de desigualdade entre os Estados e constituiu outro fator de acirramento do confronto horizontal. Desse modo, a crise da federação, que se colocou inicialmente como conflito envolvendo a União e os governos estaduais, ganhou outra dimensão com a expansão do conflito horizontal. O crescimento das transferências constitucionais sem a alteração dos critérios de partilha, a facilidade de alavancagem dos gastos por parte dos Estados de renda mais elevada e as medidas de caráter *ad hoc* nas relações com a União reforçaram as disputas regionais e estaduais e ampliaram a resistência a soluções negociadas.

A generalização do conflito deixou claros o esgarçamento do tecido federativo e a dificuldade de dar novos passos sem o encaminhamento dos problemas macroeconômicos. A solução da crise revelou-se complexa, sobretudo quando se considera a obrigatoriedade de manter as transferências de recursos reais ao exterior. O estreito raio de manobra da política econômica inviabilizou as mudanças e não deixou outro caminho senão o de empurrar os problemas para frente, mesmo com a visível deterioração das finanças públicas. O enfrentamento das questões dependia da ruptura do círculo vicioso que envolvia a política econômica e da superação do quadro de transição política que deixavam a União refém da demanda dos Estados e sem condições de definir rumos alternativos.

Os anos 90 trouxeram novas perspectivas, com o limiar das transformações definidas a partir das mudanças nos cenários político e econômico. A reinserção da economia brasileira na nova ordem econômica mundial e o sucesso da estabilização, simultaneamente ao agravamento da crise das finanças estaduais, enfraqueceram o poder de resistência dos governadores, permitindo ao Executivo federal adotar medidas de reestruturação das finanças estaduais.

As alterações tiveram como pano de fundo as mudanças no quadro macroeconômico e a adoção da estratégia liberal. De um lado, o acesso ao mercado financeiro internacional e a reestruturação da dívida externa garantiram as condições de financiamento do balanço de pagamentos e viabilizaram o uso do câmbio como âncora dos preços. O fim da instabilidade dos anos 80 deu credibilidade à União para desencadear políticas de controle do déficit e para forçar as outras esferas de governo a adotarem o mesmo caminho. De outro, o sucesso da estabilização favoreceu o avanço da proposta liberal de reestruturação do setor público. A privatização de grande parte do aparelho estatal eliminou um dos elos de sustentação das relações intergovernamentais, reduzindo o valor dos gastos das estatais usados como instrumento de apoio aos pactos regionais e de reprodução das relações federativas.

Além disso, o novo ambiente macroeconômico afetou a perspectiva de atuação dos governos estaduais. A mudança do regime inflacionário eliminou a prática de atrasar pagamentos e de realizar reajustes abaixo do índice de preços como instrumentos de ajuste fiscal. As decisões de gastos nominais se mantinham como valores reais, e a deterioração das finanças dos Estados só seria evitada com alterações na administração pública. A inviabilidade de adotar profundos cortes de gastos colocou os Estados diante de uma crise fiscal e sujeitos a conviverem com a ampliação do déficit primário e a redução dos investimentos.

A dificuldade de conter os gastos primários, entretanto, foi agravada, em muito, pelo impacto das altas taxas de juros reais sobre o estoque de dívida já existente. A reciclagem da dívida pela taxa de juros de mercado comprometeu a saúde financeira dos Estados e a capacidade destes de honrarem o pagamento da dívida. A dívida líquida dos Estados apresentou um crescimento contínuo desde 1991 e ganhou impulso a partir de 1994. Os Estados, diante dessa situação, tornaram-se reféns do arbítrio federal e passaram a ocupar posição subalterna no jogo de correlação de forças, sendo forçados a acatar as duras regras de ajuste diante do descontrole do endividamento.

O acirramento dos conflitos

A mudança do ambiente político e econômico interferiu na dinâmica da crise da federação e abriu espaços a movimentos de continuidade e de ruptura em relação ao momento anterior. Assiste-se, de um lado, à continuidade da crise do setor público que aponta a incapacidade de reconstrução das condições favoráveis de financiamento público e das regras de convivência federativa a partir do modelo liberal adotado nos anos 90. De outro, é possível falar em superação da fase anterior. A mudança da correlação de forças, definida a partir do novo quadro macroeconômico e do agravamento das finanças estaduais, reduziu o poder de resistência dos governadores à política de controle do endividamento, de ajuste fiscal e de reestruturação do setor público, abrindo caminho ao redesenho do pacto federativo.

Assim, não se viveu à simples extensão da crise dos anos 80, mas a um outro momento, de natureza diferente, em que os conflitos anteriores, embora tenham se reproduzido em parte, ganharam outra conformação e desdobramentos coerentes com as novas condições macroeconômicas e de equilíbrio das forças políticas, que resultaram no acirramento da tensão das relações federativas.

Colocou-se, no plano da relação vertical, em primeiro lugar, o debate em torno da distribuição da carga tributária. Essa questão, embora já estivesse presente no início dos anos 80, ganhou impulso a partir da Constituição de 1988, quando a União, procurando conter a perda potencial de recursos disponíveis, adotou novos procedimentos tributários com o objetivo de cortar gastos e ampliar a receita.

A redução das despesas, via corte dos gastos diretos e das transferências voluntárias aos Estados e Municípios, reforçou o processo de desestruturação dos mecanismos tradicionais das relações intergovernamentais e debilitou os serviços públicos que contavam com recursos de origem federal. Além disso, a União deu ênfase à arrecadação das contribuições sociais e dos impostos não partilhados com as outras esferas de governo, objetivando alterar o processo de distribuição da receita tributária. Os recursos vinculados à seguridade ganharam participação destacada na receita total e representam hoje praticamente dois terços dos recursos *livres* usados no financiamento dos gastos da União, cerca de 12% do PIB e 36% da carga tributária bruta. A reação à Constituição de 1988 ampliou a desfiguração do sistema tributário e deu força à descentralização, impondo outra dinâmica à distribuição dos recursos tributários e dos gastos entre as esferas de governo. A principal característica desse processo foi o seu caráter não estruturado. A distribuição organizada de receitas e encargos entre as esferas de governo certamente enfrentaria dificuldades e teria poucas chances de sucesso em face das disparidades econômicas, sociais, financeiras e gerenciais da federação brasileira. Entretanto, a falta de definição das linhas gerais da nova organização da federação brasileira desencadeou um movimento de descentralização caótico que constituiu fator de desagregação do tecido federativo.

O segundo ponto de conflito foi o tratamento dado à crise financeira dos Estados. A discussão deixou de centrar-se, como ocorreu na fase anterior, na definição dos parâmetros de endividamento e de contratação de novos créditos, bem como na escolha da forma de apoio aos governos e bancos estaduais nos momentos em que a crise não era possível de ser resolvida no âmbito dos próprios Estados. O governo deixou de atender às reivindicações sem cobrar alterações de fundo das finanças estaduais. Se, de um lado, a União não podia deixar de renegociar a dívida estadual diante do risco de inadimplência generalizada, de outro, o novo quadro político e econômico deu a ela condições de impor a reforma patrimonial e exigir o comprometimento de elevado percentual da receita líquida como parte dos acordos da dívida. A liberdade de ação permitiu ao governo definir as regras de renegociação da dívida pública e de restrição ao endividamento, cujo objetivo foi ampliar o controle sobre as finanças estaduais e evitar a prática usual de alavancagem dos gastos via articulação do Tesouro, empresas e bancos estaduais.

A negociação dos termos dos acordos da dívida criou tensão na relação da União com os Estados. A definição do programa de privatização e do montante de comprometimento da receita estadual com os encargos financeiros provocou atritos constantes e intenso jogo de pressão política, embora não restasse aos governadores outro caminho diante da deterioração acelerada das finanças estaduais. Os Estados, com a assinatura dos acordos, voltaram a realizar os pagamentos da dívida antes suspensos e foram obrigados a destinar cerca de 13% da receita líquida ao serviço da dívida. Alguns, penalizados pela não-privatização de empresas e do banco estadual, defrontaram-se com condições ainda mais severas de negociação e entraram em conflito aberto com a esfera federal.

O compromisso financeiro com os encargos da dívida levou várias unidades a enfrentarem sérias dificuldades financeiras e a reagirem contra a perda de capacidade de gasto e de autonomia. A moratória de Minas Gerais foi o episódio de maior visibilidade, mas a situação de outros Estados é semelhante, e o cumprimento das obrigações contratuais coloca sérios entraves à expansão dos gastos e torna os governadores reféns da política de controle federal. A União, diante das pressões para a revisão dos acordos, foi obrigada a relevar atrasos, porém se manteve firme na defesa das regras vigentes. O resultado foi um quadro de conflito latente que, vez ou outra, ganhou transparência e está longe de chegar ao fim.[1] A difícil situação fiscal dos Estados deixa antever novos desdobramentos e a continuidade das pressões em favor da redução do comprometimento máximo da receita real líquida com o pagamento dos encargos da dívida.

A terceira fonte potencial de atrito é conseqüência do processo de descentralização fiscal. Ele gerou a transferência de encargos às esferas subnacionais de governo sem a correspondente transferência de recursos e colocou a questão de como conciliar a participação federal no valor da receita tributária disponível e nos gastos públicos com a governança macroeconômica.

A discussão das transferências de encargos entre as esferas de governo marcou todo o período pós-1988 e ainda é um processo em estruturação e, conseqüentemente, aberto a atritos. A

1 Os atritos com os Estados de Minas Gerais, Rio de Janeiro, Alagoas e Rio Grande do Sul são exemplos dessa situação. O governador Olívio Dutra contestou abertamente o acordo assinado no governo anterior e só em abril de 2000 resolveu as pendências com a União e suspendeu o processo em tramitação na justiça. A assinatura de um novo acordo, no entanto, não demoveu o governador de sua posição crítica quanto à postura federal. Ver Olívio Dutra (2000).

questão da governança macroeconômica, por sua vez, tem merecido atenção especial dos mentores de política econômica. Na fase anterior, o domínio de parcela substancial da receita tributária, dos gastos correntes e de capital, além do controle das fontes de financiamento de vários programas estaduais, dava à União melhores condições de influenciar o montante dos gastos públicos e o valor do déficit. A política de descentralização fiscal e o fim dos repasses das instituições de crédito oficiais, aliado à privatização das empresas públicas, enfraqueceram a posição da União e colocaram a política de controle do déficit público a reboque das decisões dos governos subnacionais, o que, aos olhos da burocracia federal, é um fator de risco à política de estabilização.

O governo, preso à visão de que deve subordinar as outras esferas de poder e ter o controle das relações federativas, propôs a criação de instrumentos capazes de coibir o aumento dos gastos dos Estados e Municípios, se estes não observarem o estrito controle do déficit público, e de garantir a reconcentração do poder em mãos da esfera federal.

As condições da renegociação da dívida, nesse sentido, são relevantes, dado o papel que cumprem na redefinição do pacto federativo e como instrumento de controle do déficit público. A reforma patrimonial embutida nos contratos de renegociação procurou estender aos Estados a visão dominante no centro do poder sobre o papel do setor público na estratégia de desenvolvimento. Ao mesmo tempo, eliminou focos de expansão fiscal e de descontrole das contas públicas, retirando dos governadores o domínio de espaços de circulação financeira e de gestão de gastos.

A privatização de empresas e bancos estaduais e a proibição de novos contratos de endividamento, até que a relação dívida/receita líquida estadual seja de um para um, colocaram os Estados presos à lógica dos recursos fiscais na definição da política de gastos. Os Estados, limitados em termos financeiros e pressionados pelo ajuste fiscal, perderam capacidade de atuação e foram compelidos a buscar saídas na revisão dos contratos e na distribuição dos recursos tributários, fomentando um quadro de instabilidade das relações federativas.

A Lei de Responsabilidade Fiscal, nos termos em que foi aprovada, constitui outro instrumento cujo objetivo é garantir o poder federal e restringir a autonomia dos governos subnacionais. Essa questão é delicada, pois, se é verdade que não se pode aceitar a falta de compromisso dos dirigentes com a evolução responsável das finanças públicas, é preciso reconhecer que a rigidez excessiva das metas definidas na nova lei estreita os espaços de autonomia dos Estados e Municípios em favor da União e abre campo à desobediência consentida das regras. A possibilidade de não respeitar, plenamente, as regras vigentes introduz a prática de negociações *ad hoc* em que prevalecem as decisões caso a caso e o arbítrio de quem tem poder de impor sanções.

Os embates na relação vertical, no entanto, não esgotam o caráter conflitivo no âmbito da federação. O confronto nas relações horizontais ganhou corpo nos anos 90, e o encaminhamento dessas questões terá de ser considerado na definição do pacto federativo. A chamada guerra fiscal colocou-se como um ponto de destaque. O fenômeno, embora presente em outros momentos, esteve praticamente esquecido desde meados dos anos 70 até o final dos 80 e ressurgiu com força no início dos 90. A retomada dos investimentos desencadeou a guerra fiscal, refletindo o conflito de interesses entre Estados e Municípios, na tentativa de estes atraírem novos investimentos e ganharem participação na receita tributária. Não se pode, entretanto, atribuir a explicação da guerra fiscal unicamente a esse caráter conflitivo. Na verdade, a questão só ganha dimensão quando há um *peculiar acirramento do caráter competitivo das políticas regionais de desenvolvimento* num momento em que *o processo político-institucional de regulação dos conflitos entre interesses políticos e econômicos regionais* (Prado, 1999, p.1-2) não consegue mais harmonizar os interesses divergentes. Os entes federados deixam, então, de cumprir as regras vigentes e burlam os acordos, gerando o descrédito da prática político-institucional responsável por dirimir os conflitos e reduzir os espaços de confronto.

A guerra fiscal, no entanto, é apenas parte da disputa envolvendo os interesses políticos e econômicos regionais. Outras questões precisam ser enfrentadas. A proliferação de novos Municípios ampliou a heterogeneidade e constituiu fator de desagregação. Além disso, a política de expansão das transferências constitucionais, embora tenha contribuído para atenuar o conflito regional e o desequilíbrio da repartição da receita tributária entre as esferas de governo, não atentou para o impacto horizontal da distribuição tributária. O valor crescente das transferências, sem a definição de novos critérios de distribuição, agravou os desequilíbrios horizontais já existentes e gerou outras formas de disputa, dificultando a definição de regras que permitam estabelecer certa correspondência entre a capacidade financeira e as responsabilidades de cada ente da federação.

O elevado peso das transferências na receita total dos governos subnacionais é um fator de resistência a qualquer modificação das regras de partilha, uma vez que as mudanças dos critérios interferem com estruturas de receitas e despesas já arraigadas, dificultando as alterações das regras de partilha ou a criação de instrumentos de equalização de receita e gastos. O ponto é importante porque o avanço dessa preocupação colocará em xeque os critérios de repartição das transferências constitucionais e ganhará força o desafio de definir novas idéias, comum em países avançados, de repartição dos recursos tributários inter e intragovernamentais obedecendo a objetivos de equalização de gastos e de redução da heterogeneidade socioeconômica. O problema está longe de ser trivial, e o seu desdobramento se dará de modo lento e conflitivo, uma vez que mexe com interesses consolidados.

Na verdade, o Brasil vive uma fase de redefinições e alguns passos ora em gestação devem delinear a nova estrutura das relações federativas. O imobilismo que marcou os anos 80 foi superado, e a União conseguiu aproveitar a conjuntura dos anos 90 para promover mudanças de difícil realização nos anos anteriores. A mudança do quadro macroeconômico e o esgotamento da capacidade dos Estados de conviverem com a crise financeira permitiram a imposição de duras regras de atuação aos governos estaduais. A descentralização fiscal, a renegociação da dívida estadual, a reforma patrimonial do setor público e a aprovação da Lei de Responsabilidade Fiscal criaram novas bases para analisar os rumos do federalismo brasileiro e o papel dos governos estaduais, mas estão longe de dar os contornos definitivos de uma estrutura federativa capaz de atender às várias demandas dos interesses envolvidos.

Essa moldura – em construção – das relações federativas ampliou os conflitos e colocou a federação brasileira diante de impasses. A ocorrência de mudanças significativas, simultaneamente à generalização dos enfrentamentos, gerou incertezas quanto às relações de poder entre as esferas de governo. A incapacidade de responder às várias questões em aberto contribuiu para alimentar a crise e turvar o horizonte. O desafio que ora se coloca é como avançar e gestar uma estrutura capaz de atender a interesses diversificados e muitas vezes contraditórios.

Referências bibliográficas

ABRUCIO, F. L., COSTA, V. M. F. *Reforma do Estado e o contexto federativo brasileiro*. s. l.: Fundação Konrad Adenauer, 1998. (Série Pesquisas, 12).

AFONSO J. R. R. *Empresa estatal produtiva no Brasil*: um instrumento de política econômica de curto prazo e uma abordagem setorial dos principais grupos. Brasília: Cepal/Ipea, 1985a.

______. Relações intergovernamentais e finanças públicas nos Estados e Municípios. *Revista de Finanças Públicas (Brasília)*, ano XLV, n.363, jul-ago.-set., 1985b.

______. *Considerações sobre desempenho e perspectivas recentes das receitas e despesas fiscais da União*. Rio de Janeiro, 1985c. (Mimeogr.).

______. Autarquias, fundações e empresas dos estados e municípios. *Revista de Finanças Públicas (Brasília)*, ano XLVI, n.367, jul./ago./set. 1986a.

______. Considerações preliminares sobre a administração indireta dos estados e municípios. In: XIV ENCONTRO NACIONAL DE ECONOMIA, 1986, Brasília. *Anais...* Brasília: Anpec, dez. 1986b. v.1.

______. *Endividamento público estadual e municipal*: evolução recente e perspectiva da nova ordem institucional. 1989. (Mimeogr.).

______. *Descentralização fiscal*: revendo idéias. Disponível na internet: <http://federativo.bndes.governos.br>. 1994.

AFONSO J. R. R. A questão tributária e o financiamento dos diferentes níveis de governo. In: AFFONSO, R. B. A., SILVA, P. L. B. (Org.) *A federação em perspectiva*. São Paulo: Fundap, 1995.

AFONSO, J. R. R., DAIN, S. *O setor público e as finanças públicas da América Latina*: o caso do Brasil. Rio de Janeiro, 1987. (Mimeogr.).

AFONSO, J. R. R., LOBO, T. *Federalismo fiscal*. Rio de Janeiro: Ipea, Impes, 1987. (Texto de Discussão Interna, 12).

AFONSO, J. R. R., SOUZA, M. C. Sistema das relações financeiras intergovernamentais e seu papel no financiamento dos estados e municípios. *Revista de Finanças Públicas (Brasília)*, ano XLV, n.362, abr./mai./jun. 1985.

AFONSO, J. R. R., VILLELA, R. Estimativa da carga tributária no Brasil em 1990 e sua evolução nas duas últimas décadas. *Boletim Conjuntural (Rio de Janeiro)*, n.13, abr. 1991.

AFONSO, J. R. R. et al. *Breves notas sobre o federalismo fiscal no Brasil*. Disponível na internet: <http://federativo.bndes.governos.br>. s. d.

AFFONSO, R. B. A. A federação no Brasil: impasses e perspectivas. In: AFFONSO, R. B. A., SILVA, P. L. B. (Org.) *A federação em perspectiva*. São Paulo: Fundap, 1995.

______. *Os estados e a descentralização no Brasil*. Santiago do Chile: Cepal, Nações Unidas, 1997. (Série Política Fiscal, 93).

______. *Federalismo tributário e a crise econômica* – Brasil: 1975-1985. Campinas, 1988. Dissertação (Mestrado) – Instituto de Economia, Universidade Estadual de Campinas.

______. A federação na encruzilhada. *Rumos – Os caminhos do Brasil em debate*, ano 1, n.2, mar./abr. 1999. (Publicação da Comissão Nacional para as comemorações do V centenário do descobrimento do Brasil).

ALMEIDA, A. O. *Déficit e endividamento estadual (1990-1995)*. Campinas, 1997. Dissertação (Mestrado) – Instituto de Economia, Universidade Estadual de Campinas.

ALMEIDA, J. S. G. de. (Coord.) *Sistema bancário público e privado*: mudanças na estrutura de recursos e tendências de custo e lucro (1985-1987). São Paulo: Iesp, Fundap, 1988. (Texto para Discussão, 13).

ALMEIDA, J. S. G. de. et al. *Financiamento e desempenho corrente das empresas privadas e estatais*. São Paulo: Iesp, Fundap, 1988a. (Relatório de Pesquisa, 3).

ALMEIDA, J. S. G. de. et al. *Evolução e impasses do crédito.* São Paulo: Iesp/Fundap, 1988b. (Relatório de Pesquisa, 4).

AMARAL FILHO, J. B. de S. *Centralização e transferência de recursos no setor elétrico brasileiro*: a Reserva Global de Reversão (RGR) e a Reserva Global de Garantia (RGG). Campinas, 1991. Dissertação (Mestrado) – Instituto de Economia, Universidade Estadual de Campinas.

ARAÚJO, A. C. et al. *Transferência de impostos aos estados e municípios.* Rio de Janeiro: Ipea, Inpes. 1973. (Relatório de Pesquisa, 16).

BACHA, E. Plano Real: uma avaliação. In: MERCADANTE, A. (Org.) *O Brasil pós-real.* Campinas: Editora da Unicamp, 1997.

BACHA, E. L. Prólogo para a Terceira Carta. In: Fórum Gazeta Mercantil. *FMI x Brasil*: a armadilha da recessão. São Paulo: Gazeta Mercantil, 1983.

BAER, M. (Coord.) *Estudos especiais sobre a década de 80*: política externa. São Paulo: Seade, 1991.

______. *O rumo perdido*: a crise fiscal e financeira do Estado brasileiro. Rio de Janeiro: Paz e Terra, 1994.

BATISTA JÚNIOR, P. N. Formação de capital e transferência de recursos ao exterior. *Revista de Economia Política (São Paulo)*, v.7. n.1, jan./mar. 1987.

______. Fluxos financeiros internacionais para o Brasil desde o final dos anos 60. In: BATISTA, P. N. (Org.) *Novos ensaios sobre o setor externo da economia brasileira.* Rio de Janeiro: Ibre, FGV, 1988.

______. *Ajustamento das contas públicas na presença de uma dívida elevada*: observações sobre o caso brasileiro. Rio de Janeiro: Fundação Getúlio Vargas, Instituto Brasileiro de Economia, 1989.

______. Déficit e financiamento do setor público: 1983-1988.*Revista de Economia Política (São Paulo)*, v.10, n.4, out./dez. 1990.

______. O Plano Real à luz das experiências mexicana e argentina.*Estudos Avançados*, n.28, set./dez. 1996.

BELUZZO, L. G. *Financiamento externo e déficit público.* São Paulo: Iesp, Fundap, 1988. (Texto para Discussão, 15).

BELLUZZO, L. G., ALMEIDA, J. S. *Depois da queda*: a economia brasileira da crise da dívida dos impasses do real. Rio de Janeiro: Civilização Brasileira, 2002.

BENEVIDES, M. V. *O governo Kubitschek*: desenvolvimento econômico e estabilidade política, 1956-1961. Rio de Janeiro: Paz e Terra, 1976.

BIASOTO JÚNIOR, G. *Endividamento externo e desequilíbrio financeiro do setor público na primeira metade dos anos oitenta*. Campinas, 1988. Dissertação (Mestrado) – Instituto de Economia, Universidade Estadual de Campinas.

_____. *A questão fiscal no contexto da crise do pacto desenvolvimentista*. Campinas, 1995. Tese (Doutorado) – Instituto de Economia, Universidade Estadual de Campinas.

BIASOTO JÚNIOR, G. et al. *Refinamento da dívida externa das empresas estatais, estados e municípios*. São Paulo: Iesp, Fundap, 1990. (Mimeogr.).

BONINI, M. R. *O setor público paulista no contexto da crise econômica dos anos 80*. Campinas, 1988. Dissertação (Mestrado) – Instituto de Economia, Universidade Estadual de Campinas.

BONTEMPO, H. C. Aspectos da política de ajustamento à crise financeira internacional – o caso brasileiro. *Revista Brasileira de Mercado de Capitais (Rio de Janeiro)*, v.11, n.35, p.243-81, jul./set. 1986.

_____. *Transferências externas e financiamento do governo federal e autoridades monetárias*. São Paulo: Iesp, Fundap, 1988 (Texto para Discussão, 17).

BOUÇAS, V. Comissão de estudos financeiros e econômicos dos estados e municípios. *Coleção Finanças dos Estados do Brasil, Ministério da Fazenda*, V.I, 2.ed., 1934.

BRASIL. Ministério do Planejamento e Coordenação Econômica, EPEA. *Programa de Ação Econômica do Governo – 1964/1966, Síntese (PAEG)*. Rio de Janeiro, Documento EPEA n.1, 1964.

_____. O acordo do Brasil com o FMI. *Revista de Economia Política (São Paulo)*, v.3, n.4, out./dez. 1983.

_____. 3ª Carta de Intenções do Governo Brasileira ao FMI. *Revista de Economia Política (São Paulo)*, v.4, n.1, 1984a.

_____. 5ª Carta de Intenções do Governo Brasileira ao FMI. *Boletim de Conjuntura Industrial (Rio de Janeiro)*, v.4, n.2, abr./1984b.

_____. Banco Central. *Os bancos estaduais e o Proes*. Brasília: Direm-Dedip, 5 ago. 1999.

_____. *Coleção de Decretos e Leis do Brasil*.

BRESSER PEREIRA, L. C. Os limites da política econômica. *Revista de Economia Política (São Paulo)*, v.8, n.3, jul./set. 1988.

CALABI, A. S., PARENTE, P. P. *Finanças públicas federais, aspectos institucionais*: evolução recente e perspectivas, 1990. (Mimeogr.).

CAMARGO, A. *A federação acorrentada*. In: XVI ENCONTRO ANUAL DA ANPOCS. Caxambu, 20 a 23.10.1992.

CANO, W. *Raízes da concentração industrial em São Paulo*. São Paulo: Difel, 1977.

CARDOSO DE MELLO, J. M. *O capitalismo tardio*. São Paulo: Brasiliense, 1981.

CARNEIRO, R. M. (Org.) *Política econômica da nova república*. Rio de Janeiro: Paz e Terra, 1986.

______. *Política econômica do cruzado*. São Paulo: Bienal, 1987.

______. *A heterodoxia em xeque*. São Paulo: Bienal, 1988.

______. *Crise, estagnação e hiperinflação*. Campinas, 1991. Tese (Doutorado) – Instituto de Economia, Universidade Estadual de Campinas.

______. *O novo formato institucional do sistema financeiro brasileiro*. Relatório 1 – Estratégia e padrão de rentabilidade dos bancos múltiplos privados (1988/1992). São Paulo: Iesp, Fundap, 1993. (Mimeogr.).

______. *Reformas liberais, estabilidade e estagnação* (A economia brasileira na década de 90). Campinas, 2000. Tese (Livre-Docência) – Instituto de Economia, Universidade Estadual de Campinas.

CARNEIRO, R. M., BUAIANIN, A. M. (Org.) *O retorno da ortodoxia*. São Paulo: Bienal, 1989.

CASTRO, A. B., SOUZA F. E. P. *A economia brasileira em marcha forçada*. Rio de Janeiro: Paz e Terra, 1985.

CASTRO, A. L. P. de., LUNDBERG, E. L. Desequilíbrio financeiro do setor público e seu impacto sobre o orçamento monetário. In: LOZARDO, E. (Org.) *Déficit público brasileiro*: política econômica e ajuste estrutural. São Paulo: Paz e Terra, 1987.

CAVALCANTI, C. B. *Transferências de recursos ao exterior e substituição de dívida externa por dívida interna*. Rio de Janeiro: BNDES, 1988.

COSTA F. N. *Banco do Estado*: o caso Banespa. Campinas: IE/Unicamp, 1988.

______. Bancos: da repressão à liberalização. *Economia & Empresas*, v.2, n.1, jan./mar. 1995.

COUTINHO, L. G. Evolução da administração descentralizada em São Paulo: questões relevantes para as políticas públicas. *Revista de Administração de Empresas*, v.19, n.2, abr./jun. 1979.

COUTO E SILVA, M. M. y A. *O processo de endividamento dos Estados*: problemas e limites à descentralização e à autonomia. Rio de Janeiro, 1998. Dissertação (Mestrado) – Universidade Federal do Rio de Janeiro.

CRUZ, P. R. D. C. *Dívida externa e política econômica*. São Paulo: Brasiliense, 1984.

______. Endividamento externo e transferência de recursos reais ao exterior. *Nova Economia*, UFMG, Belo Horizonte, v.5, n.1, ago.1995.

DAIN, S. *Crise fiscal e dilema distributivo*. Rio de Janeiro: FEA/UFRJ, 1988. (Tese Concurso Professor Titular).

______. *Reforma tributária e da previdência*: muito mais do mesmo. 1999. (Mimeogr.).

DELFIM NETTO, A. O Plano Real e a armadilha do crescimento econômico. In: MERCADANTE, A. (Org.) *O Brasil pós-real*. Campinas: Editora da Unicamp, 1997.

DRAIBE, S. *Rumos e metamorfose* – Estado e industrialização no Brasil: 1930/1960. Rio de Janeiro: Paz e Terra, 1985.

DUTRA, O. Pacto federativo: vitórias e ameaças.*Folha de S.Paulo*, caderno 1, p.3, 13.4.2000.

ERBER, F. S. A política industrial – paradigmas teóricos e modernidade. In: TAVARES, M. C. (Org.) *Aquarela do Brasil*. Rio de Janeiro: Rio Fundo, 1991.

FAGNANI, E., BRAGA, J. C., SILVA, P. L. B. *Recessão e financiamento das políticas sociais*. São Paulo: Iesp, Fundap, 1986. (Texto para Discussão, 7).

FERREIRA, E. F. Administração da dívida política monetária no Brasil. In: Seminário de Política Monetária e Administração da Dívida Pública. Rio de Janeiro: IBMEC, 1974. p.279-400.

______. *Política monetária no Brasil*: o Banco Central como banco de fomento e a atual controvérsia sobre o modelo institucional. Trabalho apresentado na XVI Reunião de Técnicos de Bancos Centrais do Continente Americano. San José, Costa Rica, 1979.

FIORI, J. L. *Dilema ou sucata*. O dilema estratégico do setor público brasileiro. São Paulo: Iesp, Fundap, 1991 (Texto para Discussão, 4).

______. Para repensar o papel do Estado sem ser um neoliberal.*Revista da Economia Política (São Paulo)*, v.12, n.1, jan./mar. 1992.

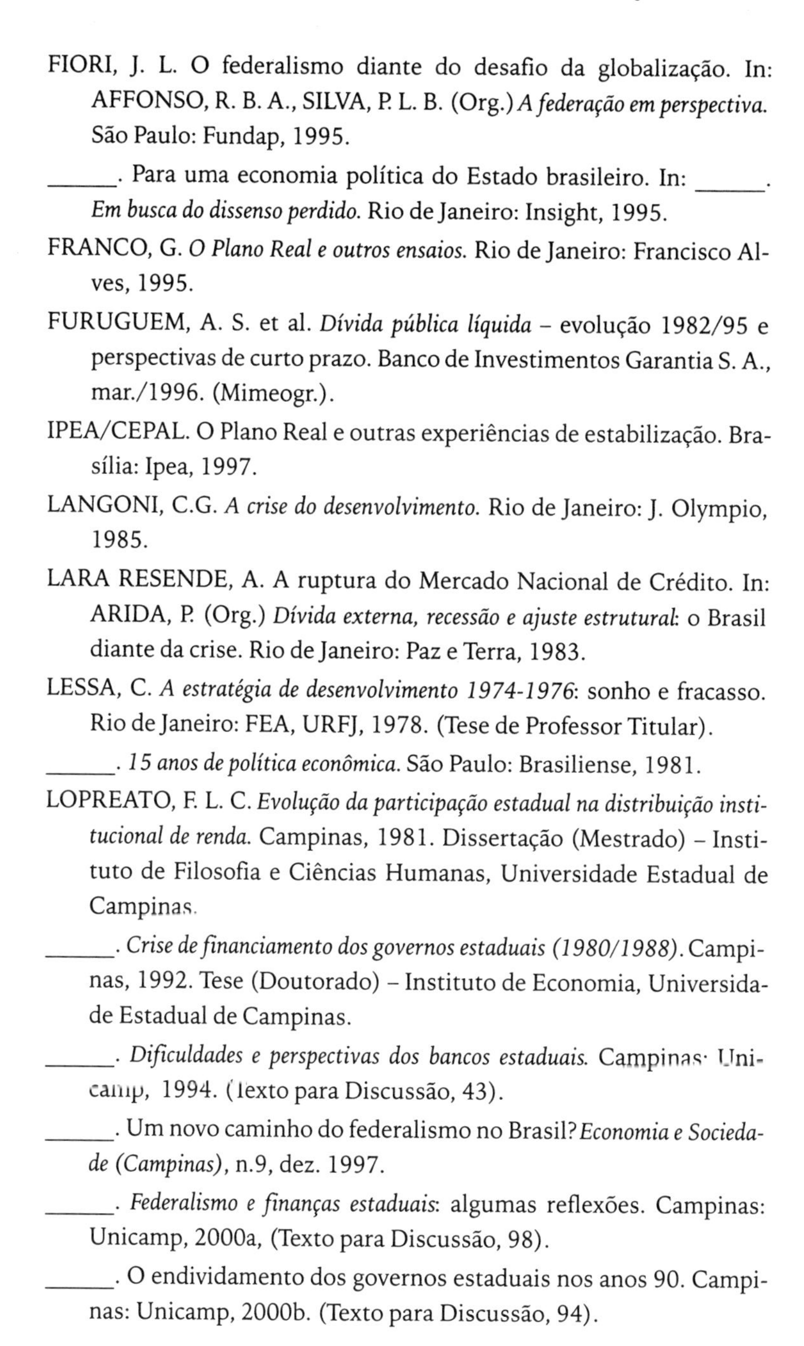

FIORI, J. L. O federalismo diante do desafio da globalização. In: AFFONSO, R. B. A., SILVA, P. L. B. (Org.) *A federação em perspectiva.* São Paulo: Fundap, 1995.

______. Para uma economia política do Estado brasileiro. In: ______. *Em busca do dissenso perdido.* Rio de Janeiro: Insight, 1995.

FRANCO, G. *O Plano Real e outros ensaios.* Rio de Janeiro: Francisco Alves, 1995.

FURUGUEM, A. S. et al. *Dívida pública líquida* – evolução 1982/95 e perspectivas de curto prazo. Banco de Investimentos Garantia S. A., mar./1996. (Mimeogr.).

IPEA/CEPAL. O Plano Real e outras experiências de estabilização. Brasília: Ipea, 1997.

LANGONI, C.G. *A crise do desenvolvimento.* Rio de Janeiro: J. Olympio, 1985.

LARA RESENDE, A. A ruptura do Mercado Nacional de Crédito. In: ARIDA, P. (Org.) *Dívida externa, recessão e ajuste estrutural*: o Brasil diante da crise. Rio de Janeiro: Paz e Terra, 1983.

LESSA, C. *A estratégia de desenvolvimento 1974-1976*: sonho e fracasso. Rio de Janeiro: FEA, URFJ, 1978. (Tese de Professor Titular).

______. *15 anos de política econômica.* São Paulo: Brasiliense, 1981.

LOPREATO, F. L. C. *Evolução da participação estadual na distribuição institucional de renda.* Campinas, 1981. Dissertação (Mestrado) – Instituto de Filosofia e Ciências Humanas, Universidade Estadual de Campinas.

______. *Crise de financiamento dos governos estaduais (1980/1988).* Campinas, 1992. Tese (Doutorado) – Instituto de Economia, Universidade Estadual de Campinas.

______. *Dificuldades e perspectivas dos bancos estaduais.* Campinas: Unicamp, 1994. (Texto para Discussão, 43).

______. Um novo caminho do federalismo no Brasil? *Economia e Sociedade (Campinas)*, n.9, dez. 1997.

______. *Federalismo e finanças estaduais*: algumas reflexões. Campinas: Unicamp, 2000a, (Texto para Discussão, 98).

______. O endividamento dos governos estaduais nos anos 90. Campinas: Unicamp, 2000b. (Texto para Discussão, 94).

LUNDBERG, E. L. O orçamento monetário e a socialização dos prejuízos da crise cambial. *Revista de Economia Política (São Paulo)*, v.5, n.1, jan./mar. 1985.

MAIA, C. Bancos estaduais: passado, presente e futuro. *Folha de S.Paulo*, São Paulo, 10 de julho, 1987. p.3.

MALAN, P., BONELLI, R. *Brasil 1951-1980*: Three Decades of Groth-Oriented Economics Policies. Rio de Janeiro: Ipea, Inpes, 1990. (Texto para Discussão Interna, 187).

MARQUES, M. S. B. Estratégia de ajustamento externo: 1983-1986. In: BATISTA, P. N. (Org.) *Novos ensaios sobre o setor externo da economia brasileira*. Rio de Janeiro: FGV, 1989.

MARTINS, L. A crise do nacional-desenvolvimentismo. *Folha de S.Paulo*, São Paulo, 29 de dez., 1991. p.3.

______. O Estado no Brasil e sua crise. *Folha de S.Paulo*, São Paulo, 9 de fev., 1992. p.3.

MIRANDA, J. C. da R. Dinâmica da economia brasileira na década de 70 e 80. In: ______. *São Paulo no limiar do século XXI*: cenários e diagnósticos. São Paulo: Seade, Seplan, 1992. v.1.

MOURA DA SILVA, A. *Intermediação financeira no Brasil*: origens, estrutura e problemas. São Paulo: Fipe, USP, 1979. (Mimeogr.).

OATES, W. E. *Public Finance with Several Levels of Government*: Theories and Reflections. Brussels: International Institute of Public Finance, 46th. Congress, 27-30 August, 1990.

OLIVEIRA, F. A. de. *A crise do sistema fiscal brasileiro 1965-1983*. Campinas, 1985. Tese (Doutorado) – Instituto de Filosofia e Ciências Humanas, Universidade Estadual de Campinas.

______. *A política fiscal e o processo reordenamento institucional do setor público e na Nova República*. Campinas, 1990. (Mimeogr.).

______. Política monetária e política fiscal no Brasil: o estrangulamento imposto pela dívida externa. *Nova Economia (Belo Horizonte)*, v.1, n.1, nov. 1990.

______. *A reforma tributária de 1996 e a acumulação de capital no Brasil*. Belo Horizonte: Oficina de Livros, 1991.

OLIVEIRA, F. A. et al. *Déficit e endividamento do setor público*. São Paulo: Iesp, Fundap, 1988. (Relatório de Pesquisa, 5).

OLIVEIRA, J. C. *O papel das autoridades monetárias no Brasil*. Brasília, 1985. (Mimeogr.).

OLIVEIRA, J. C. *Reordenamento financeiro do governo federal*: implicações da Lei Complementar nº 12. Brasília: UnB, 1986. (Texto para Discussão).

PASTORE, A. C., PINOTTI, M. C. Câmbio e inflação. In: VELLOSO, J. P. R. (Org.) *O real e o futuro da economia*. Fórum Nacional. Rio de Janeiro: J. Olympio, 1995.

______. Câmbio flutuante, inflação e crescimento econômico. In: VELLOSO, J. P. R. (Org.) *O real e o futuro da economia*. Fórum Nacional. Rio de Janeiro: J. Olympio, 1995.

______. Inflação e estabilização: algumas lições da experiência brasileira. *Revista Brasileira de Economia*, v.53, n.1, jan./mar. 1999.

PAULA, T. B. de *Estrutura e evolução das contas fiscais*. São Paulo: Iesp, Fundap, 1988. (Relatório de Pesquisa).

______. *Padrões de financiamento do setor público* – uma análise do sistema fiscal e do setor produtivo estatal no Brasil. Campinas, 1989a. Dissertação (Mestrado) – Instituto de Economia, Universidade Estadual de Campinas.

______. (Coord.) *Financiamento das empresas estatais*. São Paulo: Iesp, Fundap, 1989b. (Relatório de Pesquisa, 8).

PISCITELLI, R. B. (Org.) *O sistema tributário na Nova República*: da crise financeira às perspectivas com o novo sistema. Brasília: Editora da UnB, 1988.

PRADO, S. Questões relevantes para as políticas. *Revista de Administração de Empresas (São Paulo)*, v.19, n.2, abr./jun. 1979.

______ *A descentralização do aparelho de estado e empresas estatais*: um estudo sobre o setor público descentralizado brasileiro. Campinas, 1985. Dissertação (Mestrado) – Instituto de Filosofia e Ciências Humanas, Universidade Estadual de Campinas.

______. Guerra fiscal e políticas de desenvolvimento estadual no Brasil. *Economia e Sociedade (Campinas)*, n.13, dez. 1999.

RESENDE, F. Autonomia política e dependência financeira: uma análise das transformações recentes nas relações intergovernamentais e seus reflexos sobre a situação financeira dos Estados. *Pesquisa e Planejamento Econômico (Rio de Janeiro)*, v.12, n.3, p.489-540, dez. 1982.

______. *Federalismo fiscal*: novo papel para estados e municípios. Disponível na internet: <http://federativo.bndes.governos.br>. 1995.

RESENDE, F. *Globalização, regionalismo e federação*: novos desafios para a federação brasileira. Disponível na internet: <http://federativo.bndes. governos.br>.

RESENDE, F., AFONSO, J. R. R. *Increased Descentralization and Macroeconomic Polilicy in Brazil*, s. d. (Mimeogr.).

______. *O (des)controle do endividamento dos estados e municípios* – análise crítica das normas vigentes e propostas de reforma. Rio de Janeiro: Ipea, Inpes, 1988. (Texto para Discussão Interna, 132).

RESENDE, F., DAIN, S. Reforma institucional, finanças públicas e controle dos gastos sociais. *Pesquisa e Planejamento Econômico (Rio de Janeiro)*, v.15, n.2, ago. 1985.

RESENDE, F., SILVA, M. C. *O sistema tributário e as desigualdades regionais*: uma análise da recente controvérsia do ICM. Rio de Janeiro: Ipea, Inpes, 1973. (Série Monográfica, 13).

RIGOLON, F., GIAMBIAGI, F. *Renegociação das dívidas estaduais*: um novo regime fiscal ou a repetição de uma antiga história? 1998. Disponível na Internet: <http://federativo.bndes.gov.br>.

______. *Regime fiscal dos estados*. In: GIAMBIAGI, F., MOREIRA, M. M. (Org.) *A economia brasileira nos anos 90*. Rio de Janeiro: BNDES, 1999.

ROARELLI, M. L. M. O controle do endividamento dos estados e municípios. In: MATTOS FILHO, A. O. (Coord.) *Reforma fiscal*. s. l.: s. n., 1992. v.II. (Coletânea de Estudos Técnicos).

SAMPAIO JÚNIOR, P. A. *Padrão de reciclagem da dívida externa e política econômica do Brasil em 1983 e 1984*. Campinas, 1988. Dissertação (Mestrado) – Instituto de Economia, Universidade Estadual de Campinas.

SANTOS, G. C. dos. A dívida dos estados: composição, evolução e concentração. In: MINISTÉRIO DA FAZENDA, SECRETARIA DO TESOURO NACIONAL. *Finanças Públicas III Prêmio de Monografia Tesouro Nacional*. Brasília, DF, 1999.

SAREM/SEPLAM. *Roteiro para operações de crédito dos estados e municípios*. Brasília: s. n., 1983.

SERRA, J., AFONSO, J. R. R. Federalismo fiscal à brasileira: algumas reflexões. *Economia e Sociedade (Campinas)*, n.12, dez. 1999.

SILVA, A. M. da. *Intermediação financeira no Brasil*: origem, estrutura e problemas. São Paulo: IPE/USP, 1979. (Mimeogr.).

SILVA, L. M. A. *No limiar da industrialização.* São Paulo: Brasiliense, 1981.

SILVA, M. T. da. A crise financeira do setor público no Brasil e a Reforma Tributária. *Revista de Finanças Públicas (Brasília)*, n.366. abr./maio/jun. 1986.

SOCOLIK, H. Transferências de impostos aos estados e municípios. *Revista de Finanças Públicas (Brasília)*, ano XLVI, n.367, 1986.

TAVARES, M. C. *Acumulação de capital e industrialização no Brasil.* Rio de Janeiro, 1976. Tese (Livre-Docência) – Faculdade de Economia e Administração, Universidade Federal do Rio de Janeiro.

_____. *Ciclo e crise* – O movimento recente da industrialização brasileira. Rio de Janeiro, 1978. Tese (Titular) – Faculdade de Economia e Administração, Universidade Federal do Rio de Janeiro.

_____. O desequilíbrio financeiro do setor público. *Boletim da Conjuntura Industrial (Rio de Janeiro)*, 1988.

_____. A economia política do Real. In: MERCADANTE, A. (Org.) *O Brasil pós-real.* Campinas: Editora da Unicamp, 1997.

TEIXEIRA, A. Vinte anos da política econômica. In: _____. *São Paulo no limiar do século XXI*: cenários e diagnósticos. São Paulo: Seade/Seplan, 1992. v.1.

TEIXEIRA, E., BIASOTO JÚNIOR., G. *Setor público nos anos oitenta*: desequilíbrios e ruptura do padrão de financiamento. Campinas: Cecon, IE, Unicamp, 1988. (Estudo Especial).

VASCONCELOS, J. R., OGASAWARA, R. S. *Análise econômico-financeira dos bancos estaduais.* Brasília: Ipea, 1992. (Texto para Discussão).

WERNECK, R. L. F. *Empresas estatais e política macroeconômica.* Rio de Janeiro: Campus, 1987.

_____. Uma análise do financiamento e dos investimentos das empresas estatais federais no Brasil: 1980/1983. *Revista Brasileira de Economia (Rio de Janeiro)*, v.39, n.1, p.3-26, jan./mar. 1985.

WORLD BANK. *The Dilema of Brazil's State Banking System*: An Analysis And Suggestions For Reform. Washington: Report n.8247-BR, 1990.

SOBRE O LIVRO

Formato: 14 x 21 cm
Mancha: 23 x 44,5 paicas
Tipologia: Iowan Old Style 10/14
Papel: Offset 75 g/m² (miolo)
Cartão Supremo 250 g/m² (capa)
1ª edição: 2003

EQUIPE DE REALIZAÇÃO

Coordenação Geral
Sidnei Simonelli

Produção Gráfica
Anderson Nobara

Edição de Texto
Nelson Luís Barbosa (Assistente Editorial)
Carlos Villarruel (Preparação de Original)
Ada Santos Seles e
Carlos Villarruel (Revisão)

Editoração Eletrônica
Lourdes Guacira da Silva Simonelli (Supervisão)
Edmílson Gonçalves (Diagramação)

Impressão e Acabamento:
Gráfica e Editora Alaúde ltda.
R. Santo Irineu, 170 - SP - Fone: (11) 5575-4378